全民健身与
全民健康深度融合研究

王洪妮　李洪波　著

吉林科学技术出版社

图书在版编目（CIP）数据

全民健身与全民健康深度融合研究 / 王洪妮，李洪
波著． -- 长春：吉林科学技术出版社，2022.11
ISBN 978-7-5578-9878-6

Ⅰ．①全… Ⅱ．①王… ②李… Ⅲ．①全民健身－关
系－健康－研究－中国 Ⅳ．① G812.4

中国版本图书馆 CIP 数据核字（2022）第 201609 号

全民健身与全民健康深度融合研究

著　　　　王洪妮　李洪波
出 版 人　　宛　霞
责任编辑　　杨超然
封面设计　　树人教育
制　版　　树人教育
幅面尺寸　　185mm×260mm
字　　数　　250 千字
印　　张　　11.25
印　　数　　1-1500 册
版　　次　　2022年11月第1版
印　　次　　2023年3月第1次印刷

出　　版　　吉林科学技术出版社
发　　行　　吉林科学技术出版社
地　　址　　长春市福祉大路5788号
邮　　编　　130118
发行部电话/传真　0431-81629529 81629530 81629531
　　　　　　　　　　81629532 81629533 81629534
储运部电话　0431-86059116
编辑部电话　0431-81629518
印　　刷　　三河市嵩川印刷有限公司

书　　号　　ISBN 978-7-5578-9878-6
定　　价　　70.00元

前　言

树立卫生健康的生活理念，建立全民健康体系，促进全民健康与健身的融合发展，对健康中国具有重大意义。在 2016 年印发的健康中国规划纲要当中，在人均寿命及健康指标和健康素养等方面提出了一定的要求，要在 2030 年达到与高收入国家同样的健康水平。2017 年，党的十九大报告中，将健康中国的战略提上重要日程，与此同时，也将全民健康推到了历史舞台之上，使得全民健身的种类越来越多。在全民健身计划纲要当中指出了全面健身的定义是增强锻炼，促进身体健康。因此，这种健身并没有固定的活动方式，也没有年龄限制，只需要达到锻炼身体的目的，起到保持健康的重要作用，就可以定义为全民健身。比如，打太极、跳广场舞、打乒乓球等活动。全民健身是保持健康的重要手段，也是健身活动开展的重要基础，二者相辅相成，如果没有锻炼的过程就不能够真正的达到健康状态。

国家健全法律体制、政府加大资源支持、群众增强健身意识、人才提高综合水平，这 4 个方面有利于完善全民健身与全民健康融合发展。我国的体育社区团体数量在不断增多，但是体育骨干队伍，以及专业人才建设方面仍然有所缺陷，科学健身离不开社会指导员，但是如果社会指导员的专业素养过低，就会影响全民健身的科学性，政府需要加强健康人才队伍的培养，促进社会体育指导员的相关培训，促进健身指导向健康指导转变，促进专业素质队伍的建设，通过发掘退役运动员及公益健身达人等手段来进行健身指导工作，不断壮大志愿者队伍，促进全民健康及全民健身人才的深度融合与发展。

为了提升本书的学术性与严谨性，在撰写过程中，笔者参阅了大量的文献资料，引用了诸多专家学者的研究成果，因篇幅有限，不能一一列举，在此一并表示最诚挚的感谢。由于时间仓促，加之笔者水平有限，在撰写过程中难免出现不足的地方，希望各位读者不吝赐教，提出宝贵的意见，以便笔者在今后的学习中加以改进。

目　录

第一章 体育与健康

健康是人类生活的永恒话题，现代社会的迅速发展加速了人们的生活节奏，同时也给人们的健康问题带来了新的特征。了解健康与体育锻炼的关系，掌握促进体质健康的原则与方法，合理选择适宜的体育锻炼手段来促进自身的心理健康和社会适应，是高校体育学习的重要内容。

第一节 健康与体育锻炼

"生命在于运动"，这句话很好地诠释了体育锻炼对保持健康的重要性，人类通过体育锻炼达到强身健体、延年益寿的目的。拥有一个健康的身体是每个人的愿望。本节就将对健康的概念和标准，以及体育锻炼对健康的促进等问题进行全面的阐述。

一、健康概述

（一）健康的概念

1948 年，世界卫生组织（WHO）首先提出了健康的概念，认为"健康不仅是免于疾病和衰弱，而且是保持身体、精神和社会适应方面的完善状态"。1974 年 WHO 对健康的定义是："健康是人的肉体、精神与社会的康乐的完善状态，而不仅仅指无疾病或无体弱的状态。"1979 年，世界卫生组织又在《阿拉木图宣言》中重申："健康不仅是疾病和体弱的匿迹，而且是身心健康、社会幸福的完美状态。"

近年来，世界卫生组织将关于健康的概念再次外延拓宽，即把道德修养和生殖质量也纳入健康的范畴。将道德修养作为精神健康的内涵，其内容包括健康者不以损害他人的利益来满足自己的需要，具有辨别真与伪、善与恶、美与丑、荣与辱等是非观念，能按照社会行为规范准则来约束自己及支配自己的思想和行为。加强道德修养不仅对自身健康有益，也对社会文明、人类长寿大有裨益。生殖健康是指人在生殖过程中，生理、心理和社会关系等方面都处于良好状态，妇女可以安全地经历妊娠和分娩，出生的婴儿能存活并健康成长。生殖健康这个新概念把生殖问题从单纯的医学范畴扩展到经济、社会等更加广阔的领域，把生殖的健康与整个社会的发展、人口的增长、人的生命素质，与全人类的共同进步等重大问题都紧紧地联系在一起。

根据生物、心理、社会等多种因素对体育与医学的渗透和对健康的影响，世界卫生组织精辟地指出：健康乃是人在躯体上、精神上和社会上的完美状态，而不仅是没有疾病和衰弱状态。人的健康是同生物的、心理的、社会的、道德的、生殖的等五个因素联系在一起的。目前，世界各国学者公认它是一个全面的、明确的、广泛适用的、科学的健康概念。

（二）健康的标志和表现

我国医学专家认为健康的表现包括四个方面：①身体各部分发育正常，功能健全，没有疾病。②体质状况好，对疾病有高度的抵抗能力，并能吃苦耐劳，担负各种艰巨繁重的任务，能经受多种自然环境的考验。③精力充沛，能经常保持清醒的头脑，全神贯注，思想集中，工作、学习都有较高的效率。④意志坚强，情绪正常，精神愉快。

世界卫生组织提出"五快三良好"的健康表现："五快"是针对生理健康而言的：①吃得快，是指胃口好，不挑食；吃得迅速，表明消化功能正常。②便得快，是指上厕所时很快排通大小便，表明胃肠功能良好。③睡得快，是指上床即能熟睡、深睡；醒来时精神饱满，头脑清醒，表明中枢神经系统的兴奋、抑制功能协调，且内脏不受任何病理信息的干扰。④说得快，是指语言表达准确、清晰流利，表明思维敏锐，反应良好，心肺功能正常。⑤走得快，是指行动敏捷自如，表明运动系统功能良好。"三良好"是针对人的心理健康而言的：①良好的个性，是指性格温和，意志坚强，感情丰富，胸怀坦荡，心境达观，不为烦恼、痛苦、伤感所左右。②良好的处事能力，是指沉浮自如，客观地观察问题，具有自我控制能力而能适应复杂的社会环境，对事物的变迁保持良好的情绪，常有知足感。③良好的人际关系，是指待人接物宽和，不过分计较小事，能助人为乐、与人为善。

此后，世界卫生组织总结并确定了人群健康十项标准：①精力充沛，能从容不迫地担负日常繁忙的工作。②处世乐观，态度积极，乐于承担责任，事无巨细。③善于休息，睡眠良好。④应变能力强，能适应环境的各种变化。⑤能抵抗一般的感冒和传染病。⑥体重适中，身体匀称，站立时头、肩、臀位置协调。⑦眼睛明亮，反应敏捷，眼和眼睑不发炎。⑧牙齿清洁，无龋齿，不疼痛，牙龈颜色正常，无出血现象。⑨头发有光泽，无头屑。⑩肌肉丰满，皮肤有弹性，走路轻松。

（三）亚健康状态

世界卫生组织的一项全球性调查表明，真正健康的人占5%，患有疾病的人占20%，而其余75%左右处于非健康、非疾病的中间状态。这种处在健康和患病之间的过渡状态，世界卫生组织称其为"第三状态"，国内常常称之为"亚健康"状态。具体地说，亚健康是指机体在内外环境不良刺激下引起心理、生理发生异常变化，但尚未引起器质性损伤，医学检查所得各项生理、生化指标均无明显异常，无法做出明确诊断。亚健康状态在心理上表现为精神不振、情绪低沉、反应迟钝、失眠多梦、白天困倦、注意力不集中、记忆力减退、烦躁、焦虑、易惊等。在生理上表现为疲劳、乏力、活动时气短、出汗、腰酸腿疼、心悸、心律不齐等。"第三状态"处理得当，则身体可向健康转化；反之，则易患病。

造成亚健康状态的原因很多，主要有以下四方面：

过度紧张和压力：研究表明，长时期的紧张和压力对健康有四害：一是引发急慢性应激直接损害心血管系统和胃肠系统，造成应激性溃疡和血压升高、心率增快、加速血管硬化进程和心血管事件发生；二是引发脑应激疲劳和认知功能下降；三是破坏生物钟，影响睡眠质量；四是免疫功能下降，导致恶性肿瘤和感染机会增加。

不良生活方式和习惯：高盐、高脂和高热量饮食，大量吸烟和饮酒及久坐不运动是造成亚健康的最常见原因。

环境污染的不良影响：水源和空气污染、噪声、微波、电磁波及其他化学、物理因素污染是防不胜防的健康隐性杀手。

不良精神、心理因素刺激：这是造成心理亚健康和躯体亚健康的重要因素之一。

（四）影响健康的因素

影响健康的因素有很多，但总结起来有以下几点：

卫生服务因素对健康的影响：卫生服务是保证人类健康极为重要的因素，是人类征服疾病、控制疾病的重要措施。一个国家、一个民族，要求得生存发展，国民必须有健康的身体，这是一个基本条件。要保证国民的身体健康，国家和社会就需要加强卫生服务，这体现在医疗政策、制度和经费保障，人力、物力、财力的投资力度上。如近年来，我国人口的发病率、死亡率及人均预期寿命等多项健康指标，已经达到或接近世界发达国家水平。

1978年世界卫生组织在《阿拉木图宣言》中提出的"初级卫生保健"是实现"2000年人人享有卫生保健"战略目标的关键。初级卫生保健是最基本的卫生保健制度，它的特点是能针对本区域人群中存在的主要卫生问题，相应的提供增进健康、预防疾病、治疗伤病及促进身心健康等方面的卫生服务。例如，开展针对性的健康教育，提供安全饮用水和基本卫生设施，改善食品供应及合理营养，开展妇幼保健和计划生育、地方病的预防和控制、常见病和外伤的妥善处理、主要传染病的免疫接种、提供基本药物等。这样就使所有个人和家庭在能接受和能提供的范围内，享受到基本的卫生保健。

行为和生活方式对健康的影响：行为和生活方式是指人们长期受一定的社会、经济、文化、民族、家庭等因素影响而形成的一系列比较固定的生活习惯、生活制度和生活意识。

良好的个人行为和生活方式有利于提高身体健康水平，降低损害健康的危险因素。

这包括经常自觉参加体育锻炼、平衡膳食、保持充足适宜的睡眠、能对精神紧张和压力予以放松和处理、安全出行、不吸烟、节制饮酒、不吸毒、无不正当的性行为等。而不良的个人行为和生活方式会对人体健康产生不利的影响。比如：①吸烟。烟草可以说是一种慢性自杀剂，它的化学成分复杂、燃烧后可排出750种以上的刺激和毒害细胞的物质。②酗酒和嗜酒。长期酗酒将形成慢性酒精中毒，对人体的危害极大。长期大量嗜酒者死亡率比一般人高1~3倍。对于学生来说酒的最大危害是损害脑细胞，导致智力下降、记忆力减退，严重的甚至会引起酒精中毒性精神病。③吸毒。我国将毒品定义为"鸦片、海洛因、大麻、可卡因以及国务院规定管制的其他能够使人形成瘾癖的麻醉药品和精神药品"。毒品对人体健康的危害主要有以下方面：a.吸毒抑制食欲，使人营养不良。b.吸毒可引起神经系统病变，如惊厥、震颤、麻痹、周围神经炎，使人智力减退和个性改变，还能引起颅内出血、抽搐、持续性或机械性重复动作、步态异常等。c.吸毒能引起各种心律失常和缺血性改变，血管痉挛，冠状动脉痉挛，导致心肌梗死。d.经呼吸道滥用毒品对呼吸道有直接刺激，中毒时可发生海洛因性肺水肿，如抢救不及时可引起死亡。④不良的性行为。不良的性行为是传播性病的主要途径。目前国际上列为性病的病种已逾20种，我国重点防治的性病有8种，即淋病、梅毒、生殖疱疹、非淋菌性尿道炎、尖锐湿疣、软下疳、性病淋巴肉芽肿、艾滋病等。当性病患者与健康人进行性接触时，健康人体很容易被病原体侵入而感染。但有些病原体亦可通过非性接触途径传染，如被病原体污染的毛巾、内衣、便器、浴盆、注射器针头等，或通过输血、注射血制品、接受器官或组织移植而感染。此外，某些性病还可以在妊娠和分娩过程中，由母体传给胎儿或新生儿。

环境因素对健康的影响：人类环境主要是指环绕于我们周围的各种自然及社会因素的总和，是指人类赖以生存，从事生产和生活的外界条件。人类不仅生活在自然界，具有生物属性，而且是生活在人与人之间关系总和的复杂的社会中，又具有社会属性。因此，人类环境包括自然环境和社会环境两个部分。

（1）人类与自然环境：自然环境是指由地球表层的大气圈、岩石圈、水圈、生物圈所组成的相互渗透、相互制约和相互作用的庞大、独特、复杂的物质体系。

自然环境中某些化学元素含量的多少，会影响人体的生理功能，对健康不利而形成疾病。尽管人体的生理功能具有一定的适应和调节能力，但这种调节能力是有一定限度的。如果环境中的某些化学元素含量过多或过少，超过人体生理的调节范围时，便会使人和环境之间的平衡遭到破坏，从而使机体的健康受到不同程度的影响，甚至形成地方病和流行病。例如，在环境中缺乏碘，可导致地方性甲状腺肿的发生和流行；环境中含氟量过多可引起氟骨症；饮用软水的地区，易患心脏病，饮用硬水的地区，冠心病的发生率低。所以，人类的各种疾病都与生活的环境条件有密切关系。

（2）人类与社会环境：社会环境主要是指聚落环境，它以人群聚集和活动作为环境的主要特征和标志。社会环境包括社会体制、社会经济状况和文化教育等几方面。①体制与健康。一个国家的政治局势稳定、政治制度的完备、利于人类发展体制的完善都有助于国民健康的提高，人民的健康水平需要国家、政府的保障和支持。②经济与健康。经济与健康的关系是辩证统一的关系。经济的发展是人民健康水平提高的根本保证，是确保人民体质健康的物质基础。如要保证国民的身体健康，国家和社会就需要对卫生投资，卫生投资的效益表现为国民健康水平提高。健康水平的提高必然带来经济效益，对社会经济发展起到积极作用。③教育与健康。教育水平的高低将直接影响人类社会发展和民族整体素质的提高。体育教育属于教育的重要组成部分，它对人类的健康发展起着积极的促进作用。学校体育教育作为终身体育的起始阶段，将为每个人一生的不断发展奠定基础。这一基础不仅仅局限于增强体质方面，而且在于健康、心理发展各个方面，以及余暇生活质量的提高。体育教育将为人们提供获得身心可能发展的基础，它将是现代人设计和选择未来健康生活的基础。

遗传因素对健康的影响：遗传是指子与父代之间在形态结构和生理功能上的相似。遗传的物质基础是细胞体中的染色体。存在于细胞核的染色体中的脱氧核糖核酸（DNA）包含着生物体的传递信息，在遗传过程中通过 DNA 分子复制，将遗传信息传给子代，从而得到与父代相同的一定遗传特征。这个过程要在一定的环境条件下才能发挥作用，在某些环境条件影响下可能发生变异。人的体质受遗传因素的影响，但是遗传对体质的影响只提供了发展的可能性，而体质强弱的现实性，则有赖于后天的环境条件。通过遗传获得良好的体质，无疑将有助于形成良好的健康状况。但如受到后天较差的环境影响，其健康状况也会向不良方向发展。同时，较弱的体质状况在后天优越的环境培养下，其健康状况依然会向良好的方向发展。

二、健康管理

（一）"健康管理"理念的起源

"健康管理"是舶来的理念，西方许多国家早在二三十年前，就开始推行"健康管理"理念，以此来干预和指导人们的生活，使整个社会人群患病率明显下降。1976 年，加拿大卫生部就提出了以周期性健康检查为核心的"终身预防医学计划"，提倡依照不同年龄、性别进行定期健康检查。1984 年，美国预防专家组成立，公布了定期体格检查和其他预防措施的临床预防服务方案，建议公民每年做一次体检。我国专家认为，看似健康的人也应每年或至少两年进行一次体检，应认识到定期体检是十分必要的，对40 岁以上的人来说尤其如此。因为，随着年龄的增长，各种疾病出现的概率越来越高，体检能够早期发现一些无痛或症状不明显的疾病，如肿瘤、高血压、糖尿病、脂肪肝、高血脂等，而早期发现并及时治疗又对逆转病情、恢复健康、提高生活质量至关重要。

可以说，从 20 世纪中后期开始，"健康体检"的服务已经被称之为"新时尚"。但这种服务的最大问题在于缺乏延续性。没病求安心，有病赶紧治，这种被动的、防守型服务模式距离预防和避免疾病的发生还有相当的距离。

随着科学的发展，人们已经可以通过合理的干预来延缓或防此各种疾病的发生。这种具有前瞻性的健康服务模式——"健康管理"一经推出，立刻引起了世人的关注，并很快风靡西方世界。资料显示，在过去 20 余年中，西方国家通过有效的健康管理，使 90% 的个人、单位的医疗开支减少到原来的 10%。

（二）健康管理的含义

健康管理是指对个体或群体的健康进行全面监测、分析、评估、提供健康咨询和指导以及对健康危险因素进行干预的全过程。健康管理的宗旨是调动个体和群体及整个社会的积极性，有效地利用有限的资源来达到最大的健康效果。健康管理的具体做法就是为个体和群体（包括政府）提供有针对性的科学健康信息并创造条件采取行动来改善健康。健康管理是基于个人健康档案基础上的个性化健康事务管理服务，是建立在现代生物医学、营养学和信息化管理技术的模式上，从社会、心理、生物的角度来对每个社会成员进行全面的健康保障服务，协助人们成功有效地把握与维护自身的健康。

健康管理的基本步骤和常用服务流程。健康管理有以下三个基本步骤：第一步是了解你的健康；第二步是进行健康及疾病风险性评估；第三步是进行健康干预 。健康管理的常用服务流程由五个部分组成：健康管理体检；健康评估；个人健康管理咨询；个人健康管理后续服务；专项的健康及疾病管理服务。

各级政府和所有的企事业单位要确立"健康管理"的新理念，从自身担负的职能和职责出发，加强对人民群众的健康管理。要定期向职工进行健康教育，引导职工树立自我保健意识，提高自我保健能力，定期对职工进行体检，使职工了解自己的身体状况，无病防病，有病早治；科学安排作息时间，坚持工间操，严格控制加班、加点和熬夜；注重环境卫生，清除污染，从工作环境、工作条件上保障职工健康。健康管理加强了，单位和企业的劳动生产效率自然而然地就会提高，同时，还可以大大减少单位和个人医疗费用的支出。

对我们每个人来说，"健康管理"就是要做到"健康上的自我管理"。管理是一种规范和制约，特别是管理自己，一要自觉，二要能经得住约束，要能把自己的思想和行为纳入正确的生活准则和行为规范上来。凡符合"强身健体之道"的就积极奉行，违背的就禁止。具体说，个人"健康管理"先要了解自己身体的基本情况，包括遗传因素、先天缺陷、营养失衡等方面的问题，然后，进行针对性的防范和弥补。特别是要有计划、有步骤地纠正吸烟、酗酒、赌博、放纵、熬夜、饥饱无常等不良生活习惯。同时，我们还要加强思想修养和体育锻炼，保持积极进取、豁达开朗、热心助人的心态。这样才能促进身体健康，健康管理的成效也才能越来越凸现。

（三）健康管理的重要意义

简单地说，健康管理就是要将科学的健康生活方式传导给健康的需求者，变被动的护理健康为主动的管理健康，更加有效地保护和促进人类的健康。因此，人人需要健康管理。据世界卫生组织研究报告：人类三分之一的疾病通过预防保健是可以避免的，三分之一的疾病通过早期的发现是可以得到有效控制的，三分之一的疾病通过信息的有效沟通能够提高治疗效果。因此，对健康的管理与维护应该是在疾病没有到来之前的预防。

健康管理最重要的意义在于实现了一种管理功能，使健康问题处理变得井然有序。通过健康管理，使个人对自身健康状况有了一个深刻的认识，知道了自己身体的薄弱环节和优势，可以做到扬长避短；针对本人特点，健康管理对饮食起居、生活保健、日常防护等也可以做出专业的指导。

在疾病的预防和治疗方面，健康管理也能发挥重大作用。通过定期的检查、评估和健康专业咨询，做到提前预防，及时指导就医治疗，避免拖延病情，或者得到治疗后的身体恢复与保养。这种管理具有双重意义，对个人来说，身体状况得到了改善，节约了更多的治疗经费；对社会来说，也节省了大量的医疗资源。

健康管理作为一门学科和新兴职业悄然兴起并发展壮大。经济学家指出，健康对经济的增长有反作用。健康问题的解决，可以促进经济增长，健康问题不解决，经济会出现负增长。

世界银行曾预测，我国肝炎的直接经济损失每年约3600亿；艾滋病毒感染者按现行速度增长，到2010年会使2400万~3000万的人口致贫；吸烟致癌造成的经济损失约5600亿人民币，相当于烟草税收的3.5倍；癌症的死亡数每年150万人，心血管病死亡数每年300万人，这两项死亡人数每年的经济负担就超过了几千亿人民币；糖尿病患者4000多万人；高血压患者1.5亿人；精神和心理疾病日益增多，实际患者已达1600万。以上患者的增加使我国医疗费用大幅度上升，制约着经济发展的速度，也会使已摆脱了贫困的人口重新回到贫困。因此，中国能否实现可持续发展的关键是中国能否解决国民的健康问题，认真管理我国的健康资源，引进"健康管理"的新理念是中国可持续发展的当务之急。

三、体育锻炼与大学生的健康促进

（一）体育运动对运动系统的作用

运动系统的主要功能是使人体运动。它由骨骼、骨连接（关节）、肌肉三部分组成，在神经系统的支配下，肌肉收缩牵动骨骼能产生各种运动，这种运动是以骨骼为杠杆、关节为枢纽、肌肉为动力来实现的。

骨骼肌：任何身体活动都表现为肌肉的运动，所以，肌肉系统必然是受体育锻炼影响最显著的器官之一。骨骼肌在人体中分布极为广泛，全身有肌肉 400~600 块，成年人骨骼肌占人体体重的 40%（女性 35%）左右，不同年龄、性别的骨骼肌占人体体重的比例不同，四肢占全身肌肉总重的 80%，其中下肢 50%、上肢 30%。

体育运动对骨骼肌形态结构的影响：①肌肉体积增大。大多数人认为肌肉体积增大是因为肌纤维增粗的结果，力量练习可使肌纤维最大限度地增粗，而耐力性练习如中长跑、自行车等项目对肌肉的肌纤维增粗并不明显。②肌纤维中线粒体增多，体积增大。线粒体是供能中心。③肌肉中脂肪减少。在活动不多的情况下，骨骼肌表面和肌纤维之间有脂肪堆积，影响了肌肉的收缩效率，通过体育运动，特别是耐力性项目（长跑），可以减少肌肉的脂肪，提高肌肉的收缩效率。④肌肉内结缔组织增多，使肌腱和韧带中的细胞增殖而变得结实粗大，从而抗拉断能力增高。⑤肌肉内的化学成分发生变化，如肌肉中肌糖原、肌球蛋白、水分等都会增加。物质的增多提高了肌肉的收缩能力，及时供给肌肉能量。⑥肌肉中毛细血管增多，体力运动可使肌肉毛细血管数量和形态都有所改变，提高了肌肉的工作能力。

骨骼：成年人的骨骼共有 206 块，但其中大约只有 177 块直接参与随意运动，多数骨是成对的，骨中有丰富的血管和神经。体育运动对骨形态结构的影响：①长期坚持体育锻炼，可使骨密质增厚、骨变粗、骨小梁排列更加整齐、有规律，使骨变得更加粗壮和坚固，在抗折、抗弯、抗压缩和抗扭转方面的性能都有了提高。体育运动的项目不同，对各部分骨骼的影响也不同。经常从事下肢活动的跑跳运动，对下肢骨骼的影响较大；而经常从事举重运动，对上肢和下肢的骨骼影响较大。②体育锻炼可以使关节面骨密质增厚，从而能承受更大的负荷；体育锻炼增强了关节周围肌肉力量，使肌腱和韧带增粗，关节面软骨增厚，加大了关节的稳固性，增加了关节的运动幅度。在体育运动停止后，骨骼所获得的变化慢慢消失，因此，体育锻炼应经常化，项目要多样化。

（二）体育运动对心血管系统的影响

人体细胞的生存并发挥作用，需要足够的营养物质供应；同时在细胞代谢中所产生的代谢产物（废物）能够被及时地运走并清除体外，这一切均依赖于心血管系统来完成。心血管系统是由心脏、动脉、毛细血管和静脉血管组成的密封管道。心脏是血液循环的动力；血管主要充当血液运输的管道系统；血液充当运输的载体。在心脏"泵"的推动作用下，沿着血管周而复始地运行，将细胞所需物质带来，运走代谢产物。由此可见，血液循环系统对于生命有何等重要的意义。

体育运动对心脏功能的影响：①心脏增大：一般人心脏重量约 300g，运动员可达 400~500g。心肌纤维增粗，其内所含蛋白质增多。心肌毛细血管口径变大，数量增多，供血量相应加大，为适应运动，心脏出现心脏功能性增大。②心脏的容量和每搏输出量增加。一般人的心脏容量为765~785ml，而运动员可达1015~1027ml，由于心脏肌纤维变粗，心壁增厚，收缩力增强，故每搏动一次输出量也明显增加，一般人安静时为50~70ml，而运动员可达130~140ml，同时也提高了心脏的储备力量。例如：心脏在安静状态下，脉搏的频率较低（40次左右），一般活动时升高不多，紧张剧烈活动时则升高明显，但停止运动后又能很快地恢复到安静状态。

体育运动对血管的影响：①可以使动脉管壁的中膜增厚，弹性纤维增多，使血管的运血功能加强。②改善毛细血管在器官内的分布和数量。例如：骨骼肌的毛细血管可以增多、口径变大、行程迂曲、分支吻合丰富，故可以改善器官的血液供应，以提高和增强器官的功能。

（三）体育运动对呼吸系统的影响

增强呼吸肌力，呼吸功能提高，使肺通气量增加。运动时，由于运动肌肉对能量的需求剧增，机体对氧气的需求也相应显著增加，即需氧量与运动强度、运动时间成正比。而机体为了尽力满足肌肉运动的氧需求，会充分利用呼吸肌的潜力，使之发挥最大功能，力争吸入尽可能多的氧气。长此以往呼吸肌会得到更好的锻炼。

提高胸廓顺应性、增加呼吸肌（尤其是吸气肌）活动幅度来增大肺容量和肺通气量。

（四）体育运动对神经系统的影响

促进神经系统的发育：人类在婴儿时期进行适当的运动，有助于大脑发育和提早学会走路。科学实验也证明，加强婴儿右手的屈伸训练，可加速大脑左半球语言区的成熟，加强左手的屈伸训练，则可加速大脑右半球语言区的成熟。科学家还发现，一个以右手劳动为主的成年人，其大脑左半球的语言机能占优势，体积也是左侧比右侧大。这些科学实验表明，身体锻炼对神经系统的发育和完善有着非常重要的意义。

提高神经系统的灵活性：体育运动丰富了神经细胞突触中传递神经冲动的介质，并在传递神经冲动时引起较多介质的释放，缩短神经冲动在突触延搁的时间，加快突触的传递过程，从而提高神经的灵活性。例如，100m跑的起跑时，训练有素的运动员听到发令信号时，起跑反应非常快。

改善和提高中枢神经系统的工作能力，使人头脑清醒、思维敏捷。大脑是人体的最高指挥部，人体一切活动的指令，都是由大脑发出的。大脑的重量虽只占人体的2%，但是它需要的氧气却要由心脏总流出血量的20%来供应，比肌肉工作时所需血液多15~20倍。然而，脑力劳动者长时间伏案工作，机能活动的特点是呼吸表浅，血液循环促，新陈代谢低下，腹腔器官及下肢部血液停滞。长时间进行脑力劳动使人头昏脑涨，就是由于大脑供血不足、缺氧所致。进行体育运动，特别是到大自然中去活动，可以改善大脑供血、供氧情况，可以促使大脑皮层兴奋性增加，抑制加深，兴奋和抑制更加集中，神经过程的均衡性和灵活性加强，对体外刺激的反应更加迅速、准确，大脑分析、综合能力加强，整个有机体的工作能力提高。

（五）体育运动对免疫机能的影响

改善免疫机能：免疫机能是体质的代表性指标。运动能够增强体质，不仅指身体运动能力的提高，更包含着免疫机能的增强，因此，人类才能抵抗与适应不断恶化的外界环境。运动有益于健康已成为人们的共识，研究业已发现经常参加体育运动可以增强抵抗力，降低心血管疾病的风险并提高生命的数量及质量。但另一方面，研究发现运动员过度训练与频繁比赛，抵抗力会下降，更易感染疾病。因此，传统的生命在于运动就要变为生命在于科学运动。通过运动锻炼，机体遇到刺激后机体免疫功能为维持机体内环境稳定，其动员速度快，因此反应快，可使免疫调节因素得到明显改善。

提高机体对外界环境的适应能力：适应能力是指人体在适应外界环境中所表现的机体能力。它包括对外界环境的适应能力和对疾病的抵抗力。长期在各种气候和环境（如严寒酷暑、风雨霜雪或空气稀薄等）条件下进行锻炼，能改善有机体体温调节的机能。

第二节　体质健康与体育锻炼

当代大学生作为祖国未来的希望，保持健康的体质非常重要，本节将对大学生体质健康的内容及自我评价，以及体育锻炼的基本原则和运动安全的相关知识做一个简单的介绍。

一、大学生体质健康的内容及自我评定

体育锻炼效果的测定与评价是一个十分重要的问题。通过测定与评价能看出锻炼的效果，从而能更好地激发锻炼的积极性，并为确定以后的锻炼内容和方法，提供必要的科学依据。

（一）常用形态指标

身高、体重与胸围三项指标的均衡发育程度对于人体的形态影响最大，通过身体测量，可以鉴别三项指标的发育程度。分析影响身体形态的各种因素以求改善，使形态发育指标更接近理想的目标。

身高：身高是指人体站立时，支撑面至头顶点的垂直高度。通过测量身体长度，可以了解骨骼发育情况。

测量方法：受试者赤足，以立正姿势站立在身高测高器的底板上，足跟并拢，足跟、骶骨部及两肩胛间区与支柱接触，躯干自然挺直，头部正直，但不靠立柱，两眼平视，

耳屏上缘与眼眶下缘呈一水平，测试者站于受试者侧面，将水平压板轻轻沿立柱下滑，轻压受试者头顶，测试者两眼与压板平面等高，进行读数记录。身高主要反映骨骼发育状况，是评价生长发育水平的重要依据。

身高随年龄的增长而上升，身高增长的敏感期男性为 13~16 岁，女性为 11~14 岁，身高均值汉族男性 18 岁、女性 16 岁已趋稳定，根据 1991 年中国学生体质与健康监测资料，中国 19~22 岁汉族成人的身高均值为：城市男性 170.56cm，乡村男性 168.40cm；城市女性 158.98cm，乡村女性 157.38cm。

体重：体重即人体站立时的重量。通过测量体重，可了解人体横向发育指标。测量方法：测量时，男生只穿短裤，女生穿短裤、背心并应在测量前排空大、小便，被测者赤足轻踏上秤台中央、身体保持平衡，不与其他物体接触。体重反映人体骨骼、肌肉、皮下脂肪及内脏器官重量增长的综合情况和身体的充实度。体重受年龄、性别、生活条件、体育锻炼、疾病等因素的影响。

体重和身高的比例可以辅助说明营养状况和肌肉发育程度。目前国际上通用的反映身高体重情况的指标为体重指数（BMI），计算公式为：身高（cm）/体重（kg）的平方，判断标准为 BMI 小于 24 为正常，24~28 为超重，28 以上为肥胖。

胸围：胸围即胸廓外面的周长。通过测量胸廓大小可以了解胸廓肌肉发育情况。测量方法：测试者自然站立，两脚分开与肩同宽，双肩放松，两上肢自然下垂，测量者将带尺围绕胸廓一周，在背部带尺上缘放于肩胛骨下角的下方，在胸部带尺下缘放于乳头上缘，已发育成熟的女生，带尺应置于乳头上方第四肋骨与胸骨连接处，从侧面观看，带尺呈水平的圆形、测量受试者呼吸尚未开始时的胸围。胸围是显示人体的宽、厚度最有代表性的量值，是衡量人体生长发育水平的一个重要指标。

胸围均值随年龄的增长而增大，男 20 岁、女 18 岁时趋于稳定。根据 1991 年资料显示，中国汉族 19~22 岁胸围均值为：城市男性 86.19cm，乡村男性 85.88cm；城市女性 78.90cm，乡村女性 79.59cm。

（二）常用生理、生化指标

常用生理检查指标：

（1）心率。心率是指每分钟心脏搏动的次数。安静时一般成人心跳为 60~80 次/min。临床上安静时心率超过 90 次/min 称心动过速，60 次/min 以下称心动过缓。经过较系统的体育锻炼或劳动锻炼的人，安静时心率明显减慢，有些训练水平较高的运动员可达到 50 次/min。

（2）血压。血压是指血液在血管内流动时对动脉血管壁产生的侧压力，也称动脉血压。心室收缩时血液大量射入血管，主动脉压力急剧升高，这时的压力称为收缩压；心室舒张时压力降低称为舒张压；收缩压与舒张压之差称脉压。血压在一定程度上反映心肌收缩力量的大小和血管弹性。血压的测量一般取坐位，以右上肢为准。测量时受试者右臂自然前伸平放在桌面上，使血压计零位与受试者心脏和右臂袖带处于同一水平面上。先将袖带捆扎于受试者上臂，肘窝暴露，将听诊器听头放在肱动脉上，开始充气加压使水银柱上升，直到听不到肱动脉搏动声，再打气升高 2.6~4kPa，然后慢慢放气减压。第一次听到搏动声时的压力为最高血压（收缩压），继续放气减压到完全听不到搏动声的瞬间为最低血压（舒张压）。我国成年人安静时收缩压约为 13.3~16.0kPa，舒张压为 8.0~10.7kPa，脉压为 4.0~5.3kPa。世界卫生组织和国际高血压疾病学会（WHO/ISH）1993 年做出规定：凡舒张压超过 12kPa 或收缩压大于 18.7kPa，即视为血压高，如两次非同一时间测定的血压均较高，则可能患有高血压。

（3）呼吸。机体在新陈代谢过程中，需要不断地从外界环境中摄取氧气并呼出二氧化碳，这种机体与环境之间的气体交换过程称为呼吸。正常成人呼吸频率为 16~20 次/min，但可随活动、情绪、疾病等因素而改变。

（4）肺活量。肺活量是指一个人全力吸气后所呼出的最大气量。肺活量是一种常用的反映呼吸机能的指标，它和身高、体重、胸围成正相关。一般情况下，体重和胸围大的人，肺活量也大。测量肺活量时，受试者取站立姿势，然后手握住肺活量计的吹气嘴，做最大吸气后对准肺活量计的吹气嘴做最大的呼气，直到不能再呼气为止。测试者按指示器或显示器读数。每人可测量三次，每次间隔时间为 15s，选最大值记录，精确到 10 位数，误差不得超过 200ml。肺活量反映的是静态气量，与呼吸的深度有关。正常成年人肺活量，男性为 4000~4500ml，女性为 2600~3200ml。

（5）最大吸氧量。最大吸氧量（VO2MAX）是指运动中每分钟由人体呼吸系统吸入，并由循环系统运输到肌肉而被肌肉所利用的最大氧量。它是评定人体运动时有氧工作能力的重要指标。优秀的男女耐力项目运动员 VO2MAX 分别可达 6L/min 和 4L/min，男子最高值可达 7.4L/min、女子 4.3L/min。

（6）心电图。在每个心动周期中，由窦房结产生的兴奋依次传向心房和心室。这种兴奋的产生和传播时所伴随的生物电变化，通过周围组织传到全身，使身体各部位在每一个心动周期中都发生有规律的电位变化。用引导电极置于肢体或躯体的一定部位记录出来的心电变化的波形，叫作心电图。典型的心电图是由一组波形及各波之间的间期组成的。

（7）连续心电图监测。连续心电图监测是用有线或遥感心电接收器，将心电图传送到中心台，通过贮存全面记录的方式，用电脑进行自动分析。它的目的、方法与动态心电图相似，其优点在于可以随时发现心律失常的发作，立即给予处理。

（8）脑电图。脑电图是通过脑电图描记将脑自身微弱的生物电放大记录成为一种曲线图以帮助诊断疾病的一种现代辅助检查方法。它对被检查者不会造成任何创伤。

（9）肌电图。肌电图同脑电图一样，也是记录人体自身生物活动的曲线图。电极安放方法有两种，一种是表面电极，放在皮肤表面；另一种是针电极，插入肌肉内。后者较为常用。

（10）B超检查。B超检查简便易行，无创伤、无痛苦，运用极为广泛。除骨骼系统外，身体每个部位几乎都可使用B超检查。

（11）X线检查。X线检查包括透视、摄片、造影三种。

（12）CT（电子计算机辅助断层扫描）。主要用于颅脑、脊椎以及肺、纵隔、腹腔及盆腔器官病变的检查。CT本质上仍是x线检查，但比一般x线检查更为准确。

（13）磁共振成像术。磁共振成像术即核磁共振（MRI）。基本原理是在强大磁场的作用下，记录组织器官内氢原子的原子核运动，经计算和处理后获得检查部位的图像。MRI对人体没有损伤；MRI能获得骨髓的立体图像，不像CT那样一层一层地扫描而有可能漏掉病变部位；能诊断心脏病变，CT因扫描速度慢而难以胜任。

血液一般检查指标：检查内容包括红细胞、血红蛋白、白细胞及其分类、血小板。

（1）红细胞（RBC）。

正常：男性（4.0~5.0）×10^9/L，女性（3.5~4.5）×10^9/L。

增高：真性红细胞增多症、严重脱水、肺源性心脏病、先天性心脏病、严重烧伤、休克等。降低：贫血、出血。

（2）血红蛋白（Hb）。

正常：男性120~150g/L，女性105~135g/L。

增高与降低：大致与红细胞相同，但变化幅度不一定与红细胞平行。

（3）白细胞（WBC）。

正常：（4~10）×10^9/L。

增高：细菌感染、严重烧伤、类白血病反应、白血病。

降低：白细胞减少症、脾功能亢进、造血功能障碍、放射线、药物、化学毒素等引起的骨髓抑制、疟疾、伤寒、病毒感染、副伤寒等。

（4）血小板（BPC）。

正常：（100~300）×10^9/L。

增高：原发性血小板增多症、真性红细胞增多症、慢性白血病、骨髓纤维化、症状性血小板增多症、感染、炎症、恶性肿瘤、缺铁性贫血、外伤手术、出血、脾切除后的脾静脉血栓形成。

降低：原发性血小板减少性紫癜、播散性红斑狼疮、药物过敏性血小板减少症、弥漫性血管内凝血、血小板破坏增多、血小板生成减少、再生障碍性贫血、骨髓造血机能障碍、药物引起的骨髓抑制、脾功能亢进。

（5）血沉（ESR）。

正常：男性0~15mm/h、女性0~20mm/h。

增快：急性炎症、结缔组织病、严重贫血、恶性肿瘤、结核病。

减慢：红细胞增多症、脱水。

生理性改变：女性月经期、妊娠后 3 个月及老人可稍增快。

（6）血清甘油三酯。

正常：400~1500mg/L。

增高：动脉粥样硬化、糖尿病肥胖症等。

减少：重症肝实质病变、甲亢、阿狄森病等。

（7）血糖测定。

正常：80~120mg/d1（全血）；79~105mg/d1（血浆）。

增高：糖尿病、垂体前叶及肾上腺皮质功能亢进、甲状腺功能亢进及颅内疾病，如脑溢血等。

减少：胰岛素过多，如胰岛细胞瘤、肾上腺皮质功能减退或长期营养不良、严重肝炎等。

大便一般检查：大便常规检查包括大便的气味、颜色、性状、食物残渣以及显微镜检查。

（1）气味：粪若呈酸臭味同时混有气泡，常见于淀粉或糖类消化不良。

（2）颜色：正常为黄色至棕黄色。

（3）性状：正常为成形、柱状、质软。

（4）食物残渣：正常为肉眼不可见，出现时多见于消化不良症或肠道大部切除病人。

（5）显微镜检查（细胞）：显微镜下正常偶见少数上皮细胞或白细胞；大量红细胞见于下消化道出血；少量红细胞、大量白细胞或脓球见于细菌性痢疾；大量上皮细胞见于慢性结肠炎。

（6）寄生虫：要查见寄生虫卵，如蛔虫、钩虫、鞭虫、姜片虫及日本血吸虫卵，则可做出相应的诊断。

尿液一般检查：尿常规检查包括尿量、颜色、气味、尿蛋白、尿糖等。

（1）尿量：成人 24h 正常尿量在 1000~2000ml 之间，平均为 1500ml。

（2）颜色：正常为淡黄色，随饮水及出汗多少，色泽深浅可有不同。

（3）气味：新排出的尿液无特别气味，放置较久后可出现氨臭味。

（4）尿糖。

正常：定性阴性；定量 <500mg/24h。

增高：见于糖尿病、脑外伤、高血压、重症脑膜炎及某些肝病，可用于临床用药及饮食控制的效果监测。

（5）尿蛋白。

正常：定性阴性；定量 10~133mg/24h。

增高：见于肾小球性蛋白尿，如急慢性肾小球肾炎、肾盂肾炎、肾小管性蛋白尿。如果药物或毒物中毒和某些肾病晚期，尿蛋白反而不增多。蛋白定量的多少，不能作为疾病类型和严重程度的诊断指标，仅供参考。

二、体育健身的基本原则

通过体育锻炼达到健身的目的要遵循一定的原则，主要有以下几条：

（一）自觉性原则

体育锻炼不同于人们劳动和日常生活中的一般躯体活动，更区别于动物所具有走、跑、跳、攀登等自然的本能动作。人们所从事的体育锻炼里总是有一定的目的和意识的身体活动过程，因此要发挥自觉积极的主观能动性。自觉性要求锻炼时要有明确的健身目标，树立锻炼有益于学习、工作和生活的信念，把个人的切身需要与身体锻炼的功效、民族体质、人口质量及国家的兴旺发达结合起来，更好地激发自己锻炼的热情。认真选择适宜的身体锻炼内容和方法，合理安排适宜的运动负荷，通过身体锻炼获得精神上的满足，使其感到有乐趣，心情舒畅。通过从事有趣的体育运动，表现出极大的主动性和自觉性，使身心统一。体育锻炼的效果、信心、兴趣三者是相辅相成的，应密切结合，才能做到自觉积极地从事体育锻炼。可通过定期检测锻炼效果的信息反馈，使自己经常看到锻炼的结果和进步，增强自信心，不断巩固和提高自觉锻炼的积极性。

（二）从实际出发原则

从实际出发原则是指体育锻炼的目的、内容、方法及适宜的运动负荷。由于每个参加锻炼者的性别、年龄、职业、体育基础、身体状况、生活条件、锻炼目的等主观客观条件各不相同，在选择锻炼内容、方法和运动负荷时，要因人而异，量力而行，特别要注意选择适量的运动负荷。负荷适量指体育锻炼要有恰当的生理负荷量。锻炼效果的大小，与锻炼时生理负荷的适宜与否有着极为密切的关系。负荷量太小，机体得不到适宜的刺激，功能的变化不明显，锻炼效果也就不大。相反，机体负荷量太大，不仅不能增强体质，而且还会损害健康。决定运动负荷大小的主要因素是量和强度。量是指完成动作的次数、组数、时间、距离等；强度是指完成练习所用力量的大小和机体的紧张程度，包括动作的速度、练习的密度、练习间歇时间的长短、负重的大小、投掷的距离、跳跃的高度和长度等。量和强度要处理适当。强度越大，则量就要相应减少；强度适中，则量可以相应加大。要做到适量，以练习者承受得了并有一定的疲劳感为度。掌握适宜的运动量，一般可采用心率百分法，即采用使心率升高到本人最高心率的 70%~85% 的强度作为标准进行锻炼的方法。个人的最高心率直接测量比较困难，一般男女均可用 220 减年龄来估算每分钟的最高心率。例如某人 20 岁，其锻炼过程的运动强度应控制在心率为：$(220-20)\times(70\%\sim85\%)=140-170$（次/分）。这被称为有氧锻炼的适宜负荷量。或者用接近极限运动量的心率（一般假定每分钟200次）减去安静时的心率（这里假定每分钟60次）的70%，再加上安静心率基数60次，即运动时的心率为$(200-60)\times70\%+60=98+60=158$（次/分）。这是对身体影响最佳的运动强度。当然这两种计算方法也是相对的，适宜的运动负荷还要根据锻炼时和锻炼后的感觉来调整。

同时，要因地和因时制宜，根据外界环境的实际情况，如地理环境、气候条件、场地器材、环境卫生等，选择适合自身的锻炼内容和方法。体育锻炼的一个重要目的是使人适应外界环境的变化。

（三）持之以恒原则

持之以恒原则是指体育锻炼必须持之以恒，使之成为作息制度和日常生活中不可缺少的重要内容。从生物学角度看，人的体质的增强是一个不断积累、逐步提高的过程，不可能一劳永逸。人体机能水平的提高、各种运动素质的发展、运动技能的形成与巩固，有赖于较长时期的经常性的锻炼。这样，才能使有机体在解剖形态、生理机能、生化过程等方面产生一系列适应性的变化，不是一朝一夕或短期锻炼所能达到的，而是坚持长期锻炼的成效积累的结果。人体结构和机能的变化，都是通过肌肉活动的反复强化来实现的，体育锻炼是对机体给予刺激的过程，每次刺激都产生作用痕迹。连续不断的刺激作用，在机体内产生痕迹的积累，这种积累使机体的结构和机能产生新的适应性，从而使体质不断增强。如果"三天打鱼，两天晒网"，间断地进行，前一次的作用痕迹已经消失，下一次作用的积累就小，机体的适应性变化就小，锻炼效果就不明显。如果长时间停止锻炼，各器官系统的机能还会慢慢减退，导致体质逐渐下降。

（四）循序渐进原则

循序渐进原则是指体育锻炼必须根据人体身心发展规律和个人的实际情况，在锻炼的内容、方法、运动负荷等方面逐步提高，使机体功能不断得到改善和提高。循序渐进是人体适应环境的基本规律。人体对内、外环境变化的适应，是一个缓慢的由量变到质变的过程。只有遵循这个规律，才能取得良好的锻炼效果。否则，非但不能增强体质，相反，还会引起机体损伤和运动性疾患，损害身体的健康。因此，进行体育锻炼不能急于求成。坚持循序渐进原则要做到以下几点：①在锻炼内容上，根据自己的身体状况，合理选择，体质不同，锻炼起点也不同。体质较好的人，可选择比较剧烈的活动方式，如各种竞技运动项目；体质较弱的人，开始锻炼时，可选择那些比较缓和的运动，如慢跑、徒手操、武术、乒乓球等。患慢性疾病的人，可选择保健体育的一些内容，如健步走、太极拳、健身气功等。当体质逐渐变好时，锻炼内容也可逐步由缓和变为有一定运动负荷的运动。②运动量逐步加大。机体对运动量的承受能力有个缓慢的适应过程，锻炼时运动量要由小到大，待机体适应后再逐步加大。如果运动量长期停留在一个水平上，机体的反应就会越来越小。机体机能的提高，是按照刺激—适应—再刺激—再适应的规律有节奏地上升的，运动量也应随着这种节奏来安排。病后或中断锻炼后再进行锻炼，尤其要注意循序渐进，以免发生意外。③每次锻炼过程也要循序渐进。每次锻炼要做准备活动，锻炼后要做好整理活动，如长跑前先做5~10分钟慢跑，跑完后也要进行适当的牵拉和放松活动。

（五）全面锻炼原则

全面锻炼原则是指体育锻炼应全面发展身体的各部位、各器官的机能，提高各种身体素质和基本活动能力，从而达到身心全面和谐的发展。人体是在大脑皮层调节下的有机统一的整体，人体各部位、各器官系统的机能，各种身体素质和基本活动能力之间是相互联系、相互制约的。身体素质是人体在运动过程中所表现出来的力量、速度、耐力、柔韧和灵敏等方面能力的综合体现，它们是通过肌肉活动表现出来，但同时反映着内脏器官的机能、肌肉工作的供能情况，以及运动器官与内脏器官活动配合的协调状况。对于处于生长发育关键时期的青少年来说，全面发展尤为重要。由于各个运动项目对身体发展都有其独特的锻炼作用，但同时也有一定的侧重性。如长跑锻炼有益于发展心血管系统和呼吸系统的功能，加强中枢神经系统的调节。锻炼的内容，可结合自己的兴趣爱好，选择1~2项作为每天必练的主要项目，同时加强其他项目的锻炼，以弥补主项之不足。全面锻炼的过程中还应注意群体意识、个性特征等心理素质的发展。

三、运动安全

运动安全对于体育锻炼者来说非常重要，下面介绍几种体育活动中常见的运动安全问题，并简要介绍运动损伤的急救处理。

（一）肌肉酸痛

不少同学有过这样的体会，在一次活动量较大的锻炼以后，或是隔了较长时间未锻炼，刚开始锻炼之后，常常出现运动后肌肉酸痛，这种酸痛不是发生在运动中或运动后即刻，而是发生在运动结束1~2天之后，因此也称为肌肉延迟性疼痛。

原因：肌肉酸痛是由于当肌肉一次活动量大时或隔了较长时间未锻炼而刚恢复锻炼时，肌肉对负重负荷及收缩放松活动未完全适应，会引起局部肌纤维及结缔组织的细微损伤，以及部分肌纤维产生痉挛所致。生理和生化的研究结果证实了酸痛时这种局部细微损伤及肌纤维痉挛的存在。由于这种肌纤维细微损伤及痉挛是局部的，因而就整块肌肉而言，仍能完成运动功能，但存在肌肉酸痛感。酸痛后，经过肌肉局部细微结构的修复，肌肉组织会变得较之前强壮，以后再经历同样的负荷就不易再发生损伤（酸痛）。

处理：当已经出现肌肉酸痛后，采取以下对策能使酸痛得以缓解和消除：①热敷。可对酸痛的局部肌肉进行热敷，促进血液循环及代谢过程，有助于损伤组织的修复及痉挛的缓解。②伸展练习。可对酸痛局部进行静力牵张练习，保持伸展状态2分钟，然后休息1分钟，重复进行，每天做几次这种伸展练习，有助缓解痉挛。但做时注意不可用力过猛，以免牵拉时再使肌纤维损伤。③按摩。按摩有使肌肉放松、促进肌肉血液循环的作用，有助于损伤的修复及痉挛的缓解。④口服维生素C。维生素C有促进结缔组织中胶原合成的作用，有助于加速受损伤结缔组织的修复，从而减轻和缓解酸痛。⑤针灸、电疗等手段对缓解酸痛也有一定作用。

预防：预防肌肉酸痛的发生可注意如下几点：①根据不同体质、不同健康状况科学地安排锻炼负荷，负荷不要过大，也不宜增加过猛；②锻炼时，尽量避免长时间集中练习身体某一部位，以免局部肌肉负担过重；③准备活动中，注意对即将练习时负荷重的局部肌肉活动得更充分些，对损伤有预防作用；④整理活动除进行一般性放松练习外，还应重视进行肌肉的伸展牵拉练习，这种伸展性练习有助于预防局部肌纤维痉挛，从而避免酸痛的发生。

（二）运动中腹痛

原因：由于人体进入运动状态后，下腔静脉压力上升，血液回流受阻，致使腹部脏器功能失调，引起腹痛；有的因运动时呼吸紊乱、膈肌运动异常，引起肝脾膜张力性疼痛；也有的因运动前吃得过饱、饮水过多以及腹部受凉，引起胃肠痉挛，导致疼痛。运动性腹痛多数在中长跑运动时发生。

征象：运动性腹痛部位不固定，一般因肠痉挛、肠结核引起腹腔中部处疼痛；食后运动疼痛常发生在上腹部或中腹部；肝脾膜张力性疼痛，常在左右两侧上腹部。

处理：对因静脉血回流障碍和准备活动不足或呼吸紊乱引起的腹痛，可采取降低运动强度，放慢跑速，同时按摩疼痛部位，并做深呼吸等方法，疼痛常可减轻或消失。对于胃肠饱胀、肠痉挛和慢性疾患引起的腹痛，如采取上述措施后无效时，应停止运动。

预防：合理安排运动时间，饭后至少一小时后才进行活动，运动前要做好准备活动，运动时要循序渐进。对于患有各种慢性疾病者，病愈之前需在医生和体育教师指导下进行锻炼。

（三）肌肉痉挛

肌肉痉挛俗称抽筋，是肌肉不自主地突然性强直收缩，并变得异常坚硬。

原因：在剧烈运动中，由于肌肉快速连续性收缩，导致肌肉收缩与放松的协调交替关系破坏，特别是在局部肌肉处于疲劳时，更易发生肌肉痉挛。肌肉受到寒冷的刺激，或因情绪过于紧张，也可引起肌肉痉挛。

征象：肌肉痉挛时，局部肌肉产生剧烈性收缩并变得坚硬和隆起，疼痛难忍，且一时不易缓解。

处理：立即对痉挛部位的肌肉进行牵引，如腓肠肌痉挛时，伸直膝关节，并做足的背伸动作。若屈拇、屈趾肌痉挛时，则用力将足趾背伸。最好有同伴协助，但切忌施力过猛。此外，可配合局部按摩、点穴（承山、涌泉、委中穴等），以加速痉挛缓解和消失。

预防：运动前做好准备活动，对容易发生痉挛的肌肉，可事先进行按摩；冬季锻炼时，要注意保暖；夏季进行剧烈运动时，应注意补充盐分；游泳下水前，应先用冷水淋浴，游泳时间不宜过长；疲劳和饥饿时，不要进行剧烈运动。

（四）运动性昏厥

运动中，由于脑部供血不足，氧债不断积累并达到一定程度时，即可发生一时性知觉丧失，这一现象称为运动性昏厥。

原因：由于剧烈运动或长时间运动，大量血液积聚在下肢，回心血流量减少，导致脑部供血不足而出现昏厥状态。跑后如立即停止不动亦可出现"重力休克"现象。

征象：全身无力，眼前一时发黑，面色苍白，手足发凉，失去知觉而昏倒。生理检测脉搏慢而弱、呼吸缓慢、血压降低等。

处理：立即将患者平卧，足略高于头部，并进行向心方向按摩，同时指压人中、合谷等穴位。如有呕吐，应将患者头偏向一侧，以利呼吸道畅通。如停止呼吸，应立即进行人工呼吸。轻度征象者，由同伴搀扶慢走，并进行深呼吸，即可消失症状。重症患者，经临场处理后，送医院治疗。

预防：不要在饥饿情况下参加剧烈运动；疾跑后不要立即停下来；久蹲后也不要突然起立；平时要加强体育锻炼，以增强体质。

（五）中暑

原因：在高温环境中，特别是在温度高、通风不良、头部又缺乏保护，被烈日直接照射的情况下进行体育锻炼，因体温调节功能障碍易发生中暑。

征象：轻度中暑，可出现面部潮红、头晕、头痛、胸闷、皮肤灼热、体温升高。严重时，将出现恶心、呕吐、脉搏快而细弱、精神失常、虚脱抽搐、血压下降，甚至昏迷。

处理：迅速将患者移至通风、阴凉处，解开衣领，冷敷额部，用温水擦身，并给予含盐清凉饮料或十滴水，数小时后即可恢复正常。严重患者，经临时处理后，应迅速转送医院治疗。

预防：在高温炎热季节锻炼时，应适当减少运动量，缩短运动时间，避免在烈日下长时间锻炼；夏天在室外锻炼时，宜穿浅色衣服，戴遮阳帽；在室内锻炼时，应有良好的通风，并注意服饮低糖含盐饮料。

（六）运动性贫血

我国成年健康男性每100毫升血液中含血红蛋白量为12.5~16克，女性为11.5~15克。若低于这一生理数值，被视为贫血。因运动引起的这种血红蛋白量减少，称为运动性贫血。

病因：①由于运动时机体对蛋白质与铁的需求增加，一旦需求量得不到满足时，即可引起运动性贫血。②运动时，脾脏释放的溶血卵磷脂能使红细胞的脆性度增加，加上剧烈运动时血流加快，易引起红细胞破裂，从而导致运动性贫血。③少数学生由于偏食或爱吃零食，影响正常营养摄入，或长期慢性腹泻，影响营养吸收，运动时常出现贫血现象。

征象：运动性贫血发病缓慢，平时表现头晕、恶心、气喘、体力下降，运动后出现心悸、心率加快、脸色苍白等。

处理：如运动中（后）出现头晕、无力、恶心等现象时，应适当减少运动量，必要时暂停运动。补充富含蛋白质和铁的食物，口服硫酸亚铁片剂和维生素C，对缺铁性贫血的治疗有明显的效果。

预防：锻炼时，要遵循循序渐进原则，并克服偏食习惯。

（七）游泳性中耳炎

原因：游泳时，当水进入外耳道后，使鼓膜泡软，可引起鼓膜破损，细菌进入中耳。此外，游泳时呛水，细菌也可能从咽鼓管进入中耳而引起。

征象：表现为耳内剧烈疼痛，有时还会引起发热和头痛，也可见黄色液体从外耳道流出。

处理：停止游泳运动，用生理盐水和络活碘清洗消毒，送医院治疗。

预防：游泳时可用耳塞堵住外耳道口，防止水进入耳道内。若耳内灌水，可采用头偏向耳朵有水一侧，用同侧腿进行原地跳的方法使水震动排出，然后再用棉花擦干外耳道，切忌挖耳。患感冒、上呼吸道感染时应停止游泳。

（八）常见运动创伤的急救及处理

在体育运动中难免会出现运动创伤，一旦发生，就应迅速正确地急救与处理。急救原则是挽救生命第一，如因骨折疼痛而引起休克，应先处理危及生命的休克而后做骨折的固定。

出血：血液从破裂的血管流出，称之为出血。据研究，健康成人每公斤体重平均有血液75ml，全身总血量4~5L。若一次出血达全身总血量的10%时对身体没有伤害。急性大出血达总量20%时即可出现乏力、头晕、面色苍白等一系列急性贫血症状。当出血量超过全身血量的30%时，将危及生命。因此对有出血的伤员，尤其是大动脉出血的，都必须在急救的早期立即给予止血。止血的手段方法很多，在没有药物和医疗器械的条件下，现场急救的常用方法如下：①冷敷法。冷敷可降低组织温度，使血管收缩，减少局部充血，还可抑制神经的兴奋，从而达到止血、止痛，减轻局部肿胀的作用，此法适用于急性闭合性软组织损伤，伤后立即施用，一般常用冷水或冰袋敷于损伤部位。冷敷与加压包扎和抬高伤肢同时应用，效果更佳。②抬高伤肢法。用于四肢出血，抬高伤肢，使伤处血压降低，血流量减少，达到减少出血的目的。一般常和绷带加压包扎并用，对小血管出血有效，对较大血管出血，只能作为一种辅助性止血方法。③压迫止血法。此方法可分为直接压迫伤口止血和压迫止血点止血两种。直接压迫伤口止血，一种方法是用绷带加压包扎伤口止血。可先在伤口上覆以无菌辅料，再用绷带稍加压力包扎起来，此法适用于小动脉、静脉和毛细血管出血。另一种方法是指压止血。用指腹或掌根直接压迫伤口，此法简便易行，但违背无菌操作原则，容易引起伤口感染。因此，不在十分紧急的情况下，不应轻易使用。压迫止血点止血。用手指指腹压在出血动脉近心端相应的骨面上，暂时止住该动脉管的血流。这种止血方法操作简便，止血迅速，是一种临时性止血的好方法。

骨折及骨折临时固定：骨的完整性遭到破坏的损伤，叫作骨折。骨折可分为闭合性骨折与开放性骨折两种。前者皮肤完整，治疗较易；后者皮肤破裂，骨折端与外界相通，容易发生感染，治疗较难。运动中发生的骨折多为闭合性骨折，它是严重的损伤之一。骨折的诊断需借助 X 线检查。

如创伤当时怀疑有骨折，应用夹板、绷带把怀疑骨折的部位固定、包扎起来，使伤部不再活动，称为临时固定。这是骨折的急救方法。其目的是为了减轻疼痛、避免再操作和便于转送。

如有休克，应先抗休克，后处理骨折；如有伤口出血，应先止血，包扎伤口，再固定骨折。临时固定的注意事项：第一，固定前不要无故移动伤肢。为了暴露伤口，可剪开衣服，不要脱，以免因不必要的移动而增加伤员的痉挛和伤情。对于大腿、小腿和脊柱骨折、应就地固定。第二，固定时不要试图整复，如果畸形很厉害，可顺伤肢长轴方向稍加牵引。第三，夹板的长度和宽度要与骨折的肢体相称，其长度必须超过骨折部的上、下两个关节。如果没有夹板，可就地取材（如树枝、木棍、球棒等）或把伤肢固定在伤员的躯干或健肢上。夹板与皮肤之间应垫上软物，如棉垫、纱布等。第四，固定的松紧要合适、牢靠。过松则失去固定的作用，过紧会压迫神经和血管。四肢骨折固定时，应露出指（趾）尖，以便观察血液循环情况。如发现指（趾）尖苍白、发凉、麻木、疼痛、浮肿和呈青紫色征象时，应松开夹板，重新固定。

心跳和呼吸骤停的急救：当人体受到意外严重损伤（如溺水、触电休克等），有时出现呼吸和心跳骤然停止，这时如不及时进行抢救，伤员就会很快死亡。人工呼吸与胸外心脏按压是进行现场抢救的重要手段，它可以帮助伤员重新恢复呼吸和血液循环。人工呼吸的方法甚多，其中以口对口吹气法效果较好，而且还可同时进行胸外心脏按压施行时使伤员仰卧，头部尽量后仰，把口打开并盖上一块纱布，急救者一手托起他的下颌，掌根轻压环状软骨，使软骨压迫食管，防止空气入胃；另一手捏住他的鼻孔，以免漏气。然后深吸一口气，对准他的口部吹入。吹完后松开捏鼻孔的手，让气体从伤员的肺部排出。如此反复进行，每分钟吹 16~18 次（儿童 20~24 次）。注意事项：施行人工呼吸前，应将伤员领口、裤带和胸腹部衣服松开，适当地清除其口腔内的呕吐物或杂物。吹气的压力和气量开始宜稍大些，10~20 次后，可逐渐减小，维持在上胸部轻度升起即可。进行中应不怕脏，不怕累，一经开始就要连续进行，不能间断，一直做至伤员恢复呼吸或确定死亡为止。若心跳也停止，则人工呼吸应与胸外心脏按压同时进行，两人操作时，吹气与挤压频率之比为 1：4。

对心跳骤然停止的伤员必须尽快地开始抢救，一般只要伤员突然昏迷，颈动脉或股动脉摸不到搏动，即可诊断为心搏骤停。这时往往伴有瞳孔散大，呼吸停止，心前区听不到心音，面如死灰等典型症状。此时应马上开始进行胸外心脏按压，以恢复伤员的血液循环。操作时，伤员仰卧，急救者以一手掌根部按住伤员胸骨下半段，另一手压在该手的手背上，肘关节伸直，借助体重和肩臂部肌肉的力量适度用力，有节奏地带有冲击性地向下压迫胸骨下段，使胸骨下段及其相连的肋软骨下陷 3~4 厘米，间接压迫心脏。每次压后随即很快将手放松，让胸骨恢复原位。成人每分钟挤压 60~80 次（儿童 80~100 次）。挤压胸骨可间接压迫心脏，使心脏内血液排空。放松时，胸廓由于弹性而恢复原状，此时胸膜腔内压下降，静脉血回流至心脏。反复挤压与放松胸骨，即可恢复心脏跳动。操作中，如能摸到颈动脉或股动脉搏动，上肢收缩压达 60 毫米汞柱以上，口唇、甲床颜色较前红润，或者呼吸逐渐恢复、瞳孔缩小，则为挤压有效的表现，应坚持操作至自主心跳出现为止。注意事项：手掌根部压迫部位必须在胸骨下段（不要压迫剑突）压迫方向应垂直对准脊柱，不能偏斜，用力不可过猛，以免发生肋骨骨折。在抢救同时，应迅速派人请医生来处理。

第三节　心理健康与体育锻炼

现代健康的目标是追求一种更积极的状态、一种更高层次的身心协调与发展。大学生作为一个特殊的群体，其心理健康的状况令人担忧，随着社会的急剧变革以及面临的日益严峻的就业压力，对大学生心理素质的要求越来越高。良好健康的个性心理有利于正确认识和适应复杂社会的生活现实，有利于营造健康和谐的生活，有助于发挥心理潜能，提升创造力。因此，对大学生心理健康的教育已渗透到各门学科。现代医学和体育科学的研究表明，体育锻炼是增进健康之法宝。究竟什么是心理健康？体育锻炼对心理健康的益处表现在哪些方面？本节将对这些问题进行讨论和叙述。

一、大学生心理健康概述

（一）大学生心理健康的概念

对于心理健康概念的认识学者有不同的观点，较有代表性的有《简明不列颠百科全书》对心理健康的定义：心理健康是指个体心理在本身及环境条件许可的范围内所能达到的最佳功能状态，而不是指绝对的十全十美的状态。日本的松田岩男指出：心理健康是指人对内部环境具有安全感，对外部环境能以社会上认可的形式来适应，即个体遇到任何障碍和困难问题，心理都不会失调等。第三届国际心理卫生大会认为，心理健康是指在躯体上、智能上、情感上与他人的心理健康不相矛盾的范围内，将个人心境发展到最佳状态。

综合各种认识，并针对大学生这一特殊群体，我们认为，大学生心理健康是指大学生在大学期间应对学习、就业及处理各种现实问题时所表现出的良好的社会适应性，并能充分发挥其身心的各种潜能，在具体的行为过程中所具有的一种持续的积极的内部状态。

（二）大学生心理健康的标准

大学生的普遍年龄一般在 18~25 岁之间，从心理学的观点来看，正处于青年中期。大学生的心理具有青年中期的许多特点，但作为一个特殊群体，大学生又不能完全等同于社会上的青年。心理是否健康一般采用量表测量，其标准不是固定不变的。心理健康标准随着时代变迁、文化背景变化而变化。根据我国大学生的实际情况，评判大学生的心理健康水平应从以下几个标准给予着重考虑：

1. 智力正常

智力，是人的观察力、注意力、记忆力、想象力、思维力、创造力及实践活动能力等的综合，包括在经验中学习或理解的能力，获得和保持知识的能力、迅速而成功地对新情境做出反应的能力、运用推理有效地解决问题的能力等。这是大学生学习、生活与工作的基本心理条件，也是适应周围环境变化所必需的心理保证，因此，衡量大学生的智力是否正常，关键在于其是否正常地、充分地发挥了自我效能，即有强烈的求知欲，乐于学习，能够积极参与学习活动。

2. 情绪健康

其标志是情绪稳定和心情愉快。内容如下：愉快情绪多于负性情绪，乐观开朗、富有朝气，对生活充满希望；情绪较稳定，善于控制与调节自己的情绪，既能克制又能合理宣泄自己的情绪，情绪的表达既符合社会的要求又符合自身的需要，在不同的时间和场合有恰如其分的情绪表达；情绪反应与环境相适应。反应的强度与引起这种反应的情境相符合。

3. 意志健全

意志是人在完成一种有目的的活动时进行的选择、决定与执行的心理过程。意志健全者在行动的自觉性、果断性、顽强性和自制力等方面都表现出较高的水平。意志健全的大学生在各种活动中都有自觉的目的性，能适时地做出决定并运用切实有准备的方式解决所遇到的问题。在困难和挫折面前，能采取合理的反应方式，能在行动中控制情绪和言而有信，而不是行动盲目、畏惧困难、顽固执拗。

4. 人格完整

人格是个体比较稳定的心理特征的总和。人格完善就是指有健全统一的人格，个人的所想、所说、所做都是协调一致的。人格完善包括人格结构的各要素完整统一；具有正确的自我意识，不产生自我同一性混乱，以积极进取的人生观作为人格的核心，并以此为中心把自己的需要、目标和行动统一起来。

5. 自我评价正确

正确的自我评价是大学生心理健康的重要条件，大学生在进行自我观察、自我认定、自我判断和自我评价时，能做到自知、恰如其分地认识自己，摆正自己的位置，既不以自己在某些方面高于别人而自傲，也不以某些方面低于别人而自卑，面对挫折与困境，能够自我悦纳，喜欢自己、接受自己，自尊、自强、自制、自爱适度，正视现实，积极进取。

6. 人际关系和谐

良好而深厚的人际关系，是事业成功与生活幸福的前提。其表现为：乐于与人交往，既有广泛而深厚的人际关系，又有知心朋友；在交往中保持独立而完整的人格，有自知之明，不卑不亢；能客观评价别人和自己，善取人之长补己之短，宽以待人，乐于助人，积极的交往态度多于消极态度，交往动机端正。

7. 社会适应正常

个体应与客观现实环境保持良好秩序，既要进行客观观察以取得正确认识，以有效的办法应对环境中的各种困难，不退缩；又要根据环境的特点和自我意识的情况努力进行协调，或改变环境适应个体需要，改造自我适应环境。

8. 心理行为符合大学生的年龄特征

大学生是处于特定年龄阶段的特殊群体，大学生应具有与年龄与角色相适应的心理行为特征。大学生心理健康的标准是一种理想尺度，它一方面为人们提供了衡量心理是否健康的标准，另一方面也为人们指出了提高心理健康水平的努力方向。如果每个人在自己现有基础上能够做不同程度的努力，都可追求自身心理发展的更高层次，从而不断发挥自身的潜能。大学生心理健康的基本标准，使他们能够进行有效的学习和生活。如果正常的学习和生活都难以维持，就应该及时予以调整。

（三）大学生心理健康的现状及主要特征

近年来，各种大学生心理状况的调查对大学生存在不同程度心理问题的比例有不同的报告，大学生存在心理问题的比例较低的调查数字在12%，高的达60%，一般在20%~35%之间。最具权威性的报告当数1994年和1999年的两个报告。1994年原国家教委对全国12.6万名大学生抽样调查，其结果表明大学生心理疾患率高达20.23%。在1999年10月召开的全国第六届大学生心理咨询交流会上，一些专家提供了大学生心理问题的分层次调查数据，即真正的精神疾病患者和严重的心理障碍患者占大学生总人数的0.7%，一般心理障碍即有轻度心理失调的占6%~7%，一般心理问题，主要是适应问题的占10%左右，三者加起来共计17%左右。有资料表明，目前我国正常人群心理障碍的比例在20%左右。可见，随着高等教育从精英教育向大众化教育的发展，当代大学生的心理状况与同龄群体比较其差异并不显著。

从对我国大学生心理健康状况的调查资料中不难看出，我国大学生心理健康的状况有下述一些特征：

（1）大学生心理健康水平符合正态分布的规律，多数人是健康的。据湖北大学等校以心理健康的六个特征（生活态度、学习动机、自我观念、情绪状态、自控能力和人际关系等）作为尺度编制问卷所进行的测试，发现接受测查的14个系672名大学生的心理健康水平，是按"中间大，两头小"的正态规律分布的，即大多数学生的心理状况是健康的，心理不健康（包括有心理问题和轻度神经症者）的学生只是少数。

上述调查还发现，大学生心理健康水平随年级上升而提高，特别是生活态度与学习动机两项，年级越高，得分越多。只有人际关系一项在各个年级之间波动较大。这说明我国大多数学生心理的发展是健康的。

（2）大学生心理健康的主要问题是成长和发展中的矛盾。大学时期是个人成长过程中又一次面临新的心理矛盾发生、转化而趋向成熟的时期。这个时期产生的心理矛盾，有环境适应问题，有学习问题，有人际关系问题，有自我观念问题，有恋爱和性的问题，还有进一步升学和就业的问题，这些问题是每一届大学生都会面临的。

大学生从入学开始，就面临对环境的适应。他们离开了家庭，离开了中学时熟悉的老师和同学，来到了大学这个陌生的环境。新的学校生活、新的学习秩序、新的老师和同学关系都使一年级新生感到生疏而一时难以适应，尤其是新的人际关系使他们感到难以适应。入学后的另一个难题，是原有的自我观念面临新的挑战。在中学时，他们都是各自学校的拔尖学生，受到家庭的宠爱、学校的重视和同学们的尊重。渡过了高考难关，他们的自尊心和自信心得到加强，自感是"天之骄子"而不胜自豪。然而，进入大学以后，身处强手如林的班集体中，许多学生原来的优势不再存在。原来是班级的尖子，现在不是了；原来是中学的学生干部，现在也不是了，落差很大，产生了失落感。有的学生感到自卑，开始同别人和集体疏远；有的学生为了博得新的成功和荣誉而重新努力自我完善，加入了新的竞争行列。大学生又开始了自我观念重新调整的过程，这时正是需要心理辅导的时候。

上大学以后，在学习问题上又产生了新的心理矛盾：有的学生对所报考的学校或专业不满意；有的学生则不适应大学的教与学的方法；有的对自己的专业成绩感到不满意等。到了三、四年级，恋爱问题、择业问题等又成为引起困惑和焦虑的问题。这些问题都影响着大学生的思想和情绪，但又都是大学生成长中正常的心理问题，不属于不正常的心理障碍或心理疾病。

（3）大学生是心理障碍的高发群体。心理障碍是所有心理与行为失常的总称，都属于心理障碍。通常所说的精神疾病、心理异常和变态行为心理障碍可分为身体疾病、神经症、精神病和变态人格等几种类型，这几种类型又可以细分为各种不同的心理疾病。

近几年来，国内许多大学应用《SCL-90症状自评量表》对大学生的心理障碍进行测查，发现该量表所测的10项因子中，除躯体化一项外，其他各项因子皆显著高于国内成年人的常模。这些测查结果都表明，大学生是心理障碍的高发群体。有的调查甚至认为有心理障碍的大学生竟占全体学生数的30%~40%。这些调查认为，大学生心理健康的总体水平低于同年龄青年和正常成年人。

二、大学生心理健康的内容及自我评定

（一）大学生心理健康的内容

关于大学生心理健康内容的研究范围十分广泛，涉及大学生发展的各个方面，概括起来大致有以下方面：

（1）思想道德与心理健康。在教学过程中通过对大学生进行兴趣、动机、需要、情操、理想、人生观、价值观等动力性心理因素教育和指导，使学生了解需要、动机与人生观、价值观的关系，明确培养良好的兴趣爱好是心理发展的起点，合理调节需要，激励健康动机是心理发展的动因，而树立健康向上的人生观、价值观则是心理健康发展的根本。

（2）自我意识与心理健康。通过对自我意识与自信心的心理知识和培养技能的学习和指导，使学生学会准确地了解自己，并树立起坚定的自信心。

（3）人格与心理健康。通过对气质、性格与人格的心理知识和塑造技能的学习和指导，使大学生学会自觉地矫正不良个性，培养健康的人格。

（4）学习与心理健康。通过对由注意、观察、记忆、思维、想象等构成的智力心理知识和由兴趣、动机、意志构成的非智力心理知识的学习，并进行学习心理调节技

能的指导，使他们迅速适应大学学习生活，并掌握学习的技能。

（5）创造与心理健康。通过创造心理的学习与指导，培养大学生的创造个性，并训练其创造性思维，使他们学会求知创造，并不断提高其创造力。

（6）人际交往与心理健康。通过进行有关待人接物、交往交友的人际关系心理知识与技能的学习与指导，使学生掌握人际交往的原则，养成乐群、合群、益群、友群等心理品质，提高交往能力，通过优化人际关系提高生命质量。

（7）恋爱及性心理与心理健康。通过进行有关青春晚期成年早期身心变化规律及性心理、恋爱心理知识和应付技能的学习和指导，使之适应身心发展规律，学会自立、自理、自护、自爱、自强、自尊。

（8）情绪与心理健康。通过进行情绪、情感、意志等控制心理知识和调控技能的学习和指导，使学生养成自觉性、果断性、坚持性、自制性等心理品质，增强学生对自我的控制调节和约束能力。

（9）挫折与心理健康。通过学习挫折心理，了解挫折及其情绪反应，锤炼优良的意志品质，培养挫折承受力，并预防大学生自杀。

三、不同运动项目对大学生心理健康的促进策略

（一）体育对心理健康的影响

从已有的研究成果来看，体育对心理健康的积极影响主要表现为以下几个方面：

1. 体育运动能促进认识能力的发展

体育运动各项目都有一个共同的特点，即在运动或高速运动中要求运动者既要能对外界物体（如球、器械等）做出迅速准确的感知与判断，又能迅速感知、协调自己的身体以保证动作的完成。这样长期的运动便能促进人的感觉、知觉能力的发展，提高人的反应速度和直觉判断能力，使人变得敏锐、灵活。

2. 提高唤醒水平

唤醒是指身体的激活水平，对唤醒水平的愿望随任务的要求、环境和个性的不同而不同。例如一个性格外向的人，在舒适的环境中从事一项令人厌倦的工作时最需要提高唤醒水平。一般认为，体育锻炼能提高人的唤醒水平，这是由各种感觉信息的输入造成的。体育活动只有达到一定的运动量才能促进唤醒水平的提高，才能维持对消极情绪的长期控制。相反，在一个舒适愉快的情景中，慢跑只能产生放松效果，不能提高唤醒水平。体育活动对于精神不振、心境较差的人具有显著的治疗和调节作用，可以使其摆脱烦恼、振奋精神。

3. 降低应激反应

应激是指个体对应激源或刺激所做出的反应。目前的研究认为，应激反应是一种

包含应激源、个体对应激源的评价以及个体的典型反应等因素作用的过程，应激有积极应激和消极应激之分。在生活和工作中，人需要一定程度的应激，这有助于提高生活的质量和工作的效率，但过分的应激反应对健康不利。

通过体育锻炼可以降低应激反应是因为肾上腺素受体的数目或敏感性降低心率和血压而减轻特定的应激源对生理的影响。科巴沙（Kobasa)1985 年指出，因为体育活动可以锻炼人的意志，增加人的心理坚韧性，所以体育活动具有减轻应激反应以及降低紧张情绪的作用。

经常参加体育活动的人更少产生生理上的应激反应，如果有应激反应，也能尽快地从中恢复过来，尤其是从事有氧运动（如跑步、轻快走路、游泳、自行车、舞蹈、跳绳等）对人的意志品质影响甚大。

4. 消除疲劳

在从事体育活动时保持良好的情绪状态，中等强度的活动量就能减少疲劳。有研究表明，体育活动能提高最大吸氧量和最大肌肉力量等生理功能，减少疲劳。因此，体育活动对治疗神经衰弱具有特别显著的作用。

5. 增加社会联系

随着我国城镇化建设的进程不断加快，许多生活在城市中的人越来越缺乏适当的社会联系的机会。体育活动是一种很好地增加人与人之间相互接触的形式。通过与他人的接触，可以使个体忘却烦恼和痛苦，消除孤独感，集体性体育活动能够增加社会满足感。研究证明，体育活动对于治疗孤独症和人际关系障碍有显著的作用。

6. 治疗心理疾病

根据基恩（Kyan)1983 年的调查，1750 名心理医生中，80% 的人认为体育锻炼是治疗抑郁症的有效手段之一，60% 的人认为应将体育活动作为一个治疗手段来消除焦虑症。临床研究表明，通过参加一些如慢跑、散步、徒手操等身体练习能有效地减轻焦虑和抑郁症状，增强自信。除此之外，有关体育锻炼的心理治疗效应还反映在对精神分裂症、酒精和滥用药物、体表体型症状的研究等方面。

对于一个健康人来说，进行长期体育锻炼有促进心理健康的效益，对于一个患有心理疾病的人来说，这种效益就会更加明显。有一项研究表明，进行 8 周的体育锻炼后，精神病患者的抑郁状况得到了明显改善。另有研究表明，进行有氧练习的学生，其心境状况改善程度比控制组大，特别是那些练习前存在情绪问题的学生其心境状态改善的程度最为明显。人们参加某个项目的运动并坚持锻炼，他的生理技能、身体素质将会得到改善，也会相应掌握并发展一些运动的技能和技巧。由此，个体会以自我锻炼反馈的方式传递其成就信息给大脑，从而获得自我成就的认知和情感体验，产生愉快、振奋和幸福感。因此，适宜的体育锻炼能使有心理障碍的个体获得心理满足，产生积极的成就感，从而增强自信心，摆脱压抑、悲观等消极情绪，并消除心理障碍。

就目前而言，这些心理疾病的病因及体育锻炼有助于治疗心理疾病的基本机制尚未完全清楚，但体育锻炼作为一种心理治疗手段在国外已开始流行起来。在学生中，通过体育锻炼可以减缓或消除由于学习和其他方面的挫折引起的焦虑和抑郁等症状，为不良情绪的宣泄提供一种合理有效的手段，防止心理障碍或疾病的发生。

7. 提高自信，完善自我

在体育锻炼和竞赛中，特别是参加个人擅长的运动项目，能在身体完成各种复杂动作的过程中，在与同伴默契配合中，在与对手斗智斗勇的拼搏中，取得胜利的喜悦中，获得自我满足，提高自信心，并在训练和比赛中不断得到自我完善。

8. 调节情绪，陶冶情操

体育运动对心理健康影响的主要标志之一就是情绪状态，也是人的自然需要是否得到满足而产生的一种体验。情绪几乎参与人的所有活动，对人的行为活动起着很大的调节作用。而体育活动能直接给人带来愉快和喜悦，并能降低紧张和不安，从而调控人的情绪，改善心理健康。伯格（Berger.1993）研究认为，有规律地从事中等强度（最大心率的 60%~75%）活动的锻炼者，每次活动 20~30 分钟，有利于情绪的改善。有些研究人员发现，用力运动可减少情绪上的负担，甚至能减轻因精神压力而造成的偶发事件引起的心理负担。通过运动行为的替代作用，减轻或消除情绪障碍。在当今比较发达的城市，人们处在快节奏、高效率、强竞争的环境下，心理上会产生一定程度的紧张、焦虑和不安的反应。通过体育运动可以使不良的情绪状态得到改善，心理承受能力得到提高。大学生在从事繁重的学习后，参加轻松活泼的体育活动，如练习韵律体操和舞蹈，在优美的音乐旋律中进行活动，欢快的情绪油然而生，并在思想情操上得到陶冶，使人的精神为之振奋。

总之，体育锻炼不仅能有效地促进智力的发展、调节情绪、培养良好的意志品质、增强自我概念、改善人际关系，而且能增进心理健康，使个体发挥最优的心理效能。

（二）影响体育锻炼产生良好心理效应的因素

影响体育锻炼产生良好心理效应的因素很多，如是否喜爱体育锻炼并能从中获得乐趣；运动的方式、运动项目及运动量是否适宜；体育锻炼是否长久坚持。

1. 喜爱体育锻炼并从中获得乐趣

这是体育锻炼产生良好心理的基础。如果对体育锻炼没兴趣就很难从中获得乐趣，就不可能产生满足感和良好的情绪体验。因此，努力学习体育锻炼的有关知识，正确认识与理解体育锻炼的价值与作用，加强课内体育教学与课外体育活动的衔接，培养广泛的体育兴趣对提高体育锻炼的良好心理效应具有重要意义。

2. 体育锻炼的运动方式

按人体在运动中的能量代谢方式，可将所有运动分为有氧运动、无氧运动和混合运动。研究表明，体育锻炼时以有氧活动为主，采用有重复性与有节律的身体活动（如慢跑、游泳、骑自行车、跳绳、健美操等），可以取得更好的愉悦身心的效果。

3. 运动项目

不同的运动项目或不同的运动形式所获得的心理效应是不同的。尽量避免那些充满激烈竞争的项目，可多选择一些以个人为单位进行的项目，这样无论是运动时间、空间、动作节奏等更易于个人控制，锻炼者可更随意、更自由地进行，更容易获得良好的情绪体验。

4. 运动强度及时间

要想获得较好的健心效果，运动强度应以中等强度最佳，即心率控制在最高心率（最高心率 =220－年龄）的 60%~80%，运动强度过强易产生紧张感和疲劳感，一次锻炼的持续时间应至少 20~30 分钟；而每次少于 20 分钟的运动，很可能心理效应尚未出现，身体活动就停止了；而时间过长又可能造成厌倦、疲劳，引起不良情绪。

5. 体育锻炼应持之以恒

有研究表明身体练习的系统性越强，体育锻炼所产生的良好心理效应就越明显。这表明只有长期坚持体育锻炼，养成习惯，才可获得良好的健身效果。

（三）不同的运动项目对心理健康促进的价值

对于个体来说，参加体育锻炼能否取得良好的心理效应关键在于其是否能从活动中获得乐趣并感到愉悦。运动愉悦感是一种积极的情绪体验，如果活动参与者不能从体育锻炼中体验愉悦，个体就很难持久地坚持下去，体育锻炼就很难产生积极的心理效应。研究表明，从体育锻炼中体验到的愉快感具有直接的心理健康效应。对于那些长期参加体育锻炼的锻炼者来说，愉悦感是他们能够坚持下来的主要原因。

（1）选择足球、篮球、排球及接力跑、拔河等集体项目可以帮助孤独、怪僻，不大合群，不习惯与同伴交往的人逐步适应与同伴的交往，并热爱集体。

（2）参加游泳、溜冰、滑雪、拳击、摔跤、单双杠、跳马、平衡木等项目，要求腼腆、胆怯、容易脸红、怕难为情的人不断地克服害怕、摔倒、跌痛等各种胆怯心理，以勇敢无畏的精神去战胜困难。

（3）参加乒乓球、网球、羽毛球、拳击、跨栏、跳高、跳远、击剑等体育活动，在这些项目面前，优柔寡断、犹豫不决的人任何犹豫、徘徊都将延误良机，遭到失败。

（4）参加下棋、打太极拳、慢跑、长距离的步行及游泳和骑自行车、射击等缓慢、持久的项目，能帮助遇事易急躁、感情易冲动的人调节神经活动、增强自我控制能力。

（5）参加公开的激烈的体育比赛，特别是足、篮、排球等项目，可以使遇事过分紧张，容易发挥失常（如考试）的人在场上形势多变，比赛紧张激烈的情形下，冷静沉着应付，取得优势。"久经沙场"，遇事就不会过分的紧张。

（6）选择一些难度较大、动作较复杂的技巧性活动，如跳水、体操、马拉松、艺术体操等体育项目，也可找一些实力超过自己的对手下棋、打乒乓球或羽毛球等，不断提醒自负、逞强的人"山外有山"。

（四）常见心理问题的体育疗法

1. 急躁、易怒的体育疗法

倘若你发现遇事容易急躁，感情容易冲动，可参加下棋、慢跑、长距离步行及游泳等缓慢、持久的项目。这些体育活动能帮助调节神经活动，增强自我控制的能力，稳定情绪，使容易急躁、冲动的弱点得到改善。

2. 遇事紧张的体育疗法

遇到重要事情容易紧张、发挥失常的学生，可参加公开的激烈的体育竞赛，如篮球或竞技性强的游戏。因为场上形势多变，比赛紧张激烈，只有冷静沉着地应对，才能取得优势。若能经常在这种场合中接受考验，那么遇事就不会过分紧张，更不会惊慌失措，从而给学习、工作带来益处。

3. 孤独、怪僻的体育疗法

如果你感觉到自己不合群，不习惯与同伴交往，就应选择篮球、接力跑、拔河等集体项目。坚持参加这些集体项目的锻炼，会帮助自己慢慢地改变孤僻的习性，逐步适应与同伴交往，并热爱集体。

4. 腼腆、胆怯的体育疗法

有的学生胆子小，做事怕风险，容易脸红，易难为情，那么就应该多参加溜冰、单杠、越过各种障碍物等活动项目。这些运动要求人们不断地克服害怕摔倒、跌疼等各种胆怯心理，以勇敢无畏的精神去战胜困难，越过障碍。

5. 自负、逞强的体育疗法

如果你发现自己有好强、自负的特征，就应该选择一些难度较大、动作较复杂的活动，像长跑、技巧等体育项目。喜欢下棋、打球的话，就尽量找一些实力水平超过自己的对手进行比赛，以不断地提醒自己"山外有山"，万万不能自负、骄傲。

体育锻炼作为心理纠正的治疗方法，还要注意有一定的强度、质量和时间要求。每次锻炼时间在30分钟左右，运动量从小到大，循序渐进，同时还要防止发生意外事故。

第二章 全民健身的生理学基础

第一节 运动与肌肉

在现代竞技体育不断发展的时代，人们也越来越注重运动训练的科学化。运动训练的理念、手段与方法不断创新，运动训练的理论体系也在不断完善，使得运动竞技水平越来越高、竞技比赛越来越激烈。运动实践证明：肌肉放松训练能培养技术意识；肌肉放松能加速运动技能的形成和增强技术动作的节奏感；肌肉放松训练能加快肌肉的收缩速度和增大肌肉的收缩力量；肌肉放松训练能节省能量、保持体能。因此，对各种体育运动来说，放松训练更是必不可少的。本书主要通过文献资料法、访谈法、对比实验法、数理统计法对陕西省榆林市靖边县靖边中学体育训练队进行研究。

一、分析与讨论

（一）肌肉放松对体育运动的意义

1. 肌肉放松有利于提高肌肉工作能力

在高强度的运动训练和大型比赛中，运动员经常会出现情绪紧张、倦怠或疲乏无力等现象，而过度紧张会对人体机能带来较大的影响。其主要原因是在运动过程中，一味加大训练强度而没有得到及时的放松，使身体负担集中累积而产生局部疲劳。所以，训练后放松手法的使用能使肌肉得到充分的放松，这样肌肉才能保持良好的机能，工作时达到收缩有爆发力、伸拉有韧性。同时，放松训练可以加强训练质量，对训练计划的进行是有力的保证，并且有利于延长肌肉的工作时间，提高肌肉的工作能力，使人们在体育运动中真正受益。

2. 肌肉放松有利于预防肌肉损伤

在运动过程中，由于不同人的机体不同，在面对不同的运动项目和不同强度的训练时，常会出现肌肉拉伤、韧带拉伤、踝关节扭伤等现象。一方面是因为运动员自身的柔韧性太差，这就需要在运动前做好充足的热身准备并在训练后进行肌肉放松训练；另一方面是肌肉疲劳或过度负荷，使肌肉机能下降、力量减弱、协调性降低，使急速运动得不到肌肉支撑而造成损伤，其根本原因也是因为肌肉没有得到彻底的放松与恢复。所以，在运动过程中，适当的肌肉放松训练能够提高柔韧性和对抗能力，有效预防肌肉损伤。

3.肌肉放松有利于促进运动负荷后的恢复

运动负荷的大小是由运动的量和运动的强度共同决定的，而运动负荷的主要来源是乳酸的堆积。高强度训练运动后进行适当的放松，能够加速乳酸分解，降低负氧债量。所以，在进行高强度训练后，及时进行肌肉放松训练能够有效地降低肌肉疲乏程度、增加肌肉的力量，促进运动负荷后的恢复。因此，我们必须重视运动后放松训练的重要性及可能发生的各种问题。

（二）肌肉放松状态对运动员运动技术的影响

1.肌肉的放松能提高肌肉的收缩速度与力量

肌肉的放松能力与肌肉中肌纤维的数量、收缩能力、肌肉收缩前的初长度有着极大的关系。研究表明，肌肉越是放松就越容易拉长，肌肉的初长度越长则肌肉的力量就越强，反之，肌肉的初长度越短，则肌肉的收缩越小。因此，肌肉自然放松能增大肌肉收缩力量，加大步长，肌肉自然放松还有利于肌肉协调功能的改善，动用更多的肌纤维数量参加工作，使肌力增加。

2.肌肉放松能提高灵活性和柔韧性

适当的肌肉放松能提高神经系统兴奋和抑制的转换速度，提高转换的灵活性，从而使肌肉收缩与放松的节奏协调有序。肌肉放松能有效地增加收缩前的肌纤维长度，放松对抗群，提高肌纤维收缩速度、增大肌张力、提高柔韧性、增大动作幅度，并且正确的放松训练能提高关节的灵活性与韧带的柔韧性，肌肉得到充分的放松，活动能力就会增强，从而使关节的活动范围增大，灵活性得到提高，关节的灵活性提高能带动周围肌肉和韧带伸展，提高柔韧度，降低运动过程中受损伤的概率。

（三）提高肌肉放松能力的方法

1.通过调节心理进行肌肉放松

很多人认为，肌肉的放松仅仅是指外在运动的放松过程，但事实上心理放松也是必不可少的。因此良好且正确的心理训练不仅对体育运动具有极佳作用，对临床也有着积极作用。除上述所说的瑜伽，生物反馈技术也可以作为增强运动员心理技能的一种有效的心理训练。

2.通过运动方法进行肌肉放松

选择运动方法来进行肌肉放松的方法多种多样，如游戏放松法、按摩放松与拉伸放松。游戏放松法是指训练结束后的活动性游戏。它是通过游戏的形式将跑、跳、投、攀登、爬越及武术、体操、球类基本技术等通过组织编排而进行的。拉伸式放松方法则是采用缓慢的肌肉拉伸使肌肉张力下降，得到有效放松，需要注意的是肌肉拉伸的方向应与肌肉紧张或挛缩的方向相反。因此，采用运动方式对肌肉进行放松训练，不仅能提高神经系统的灵活性、协调性，还能减少肌肉运动的阻力。

3.肌肉放松方法的选择

选择正确的放松方法会使肌肉更有效率的恢复。肌肉放松的方法有渐进性放松、腹式呼吸法、泡沫轴筋膜放松术、冥想放松或生物反馈放松。

渐进性放松。所谓的渐进性放松就是通过肌肉的动态收缩和放松而达到一定的放松效果。将身体各个部位由上到下逐节放松：颈部—肩部—手臂—背部—腰部—髋部—大腿—小腿—脚部。

腹式呼吸法。在比赛前或激烈的运动后我们会产生紧张的情绪或者呼吸会变得快而急促，对于肺活量不好的人来说甚至会出现呼吸困难的情况，而对于深睡中的人来说缓慢而深的呼吸是一种极度放松的状态。

二、结论与建议

（一）结论

肌肉放松训练在体育运动过程中起到极大的作用，在竞技体育不断发展的时代，人们对体育运动展现出来的协调性也更加注重。越来越多的人参与到体育运动中来，这就需要加强对体育运动的研究，尤其是放松训练的研究，使运动员更好地掌握肌肉收缩与放松的规律，在体育运动中充分发挥自己的优势。

（二）建议

作为一名体育教师应该多创新、发散思维，挖掘更好的、适合人体机能的上课模式，改进传统的上课模式。

加强学生对体育理论知识的学习，特别是一些关于身体机理作用的学习。学生对身体作用机理知识了解得越多，对于放松训练便会慢慢地重视起来。

第二节 运动与能量供应

人们所从事的运动项目和身体练习的种类很多，按运动技术结构特征可划分为周期性、非周期性和混合性运动练习。根据肌肉工作的相对强度特征可划分为最大强度、次最大强度、大强度和中等强度。按肌肉工作时能量供应的特征大致上分为有氧代谢供能和无氧代谢供能。按肌肉活动特征肌肉收缩的表现形式的性质，又可划分为动力性练习和静力性练习。但是，任何一种运动中肌肉收缩的能量供应所遵循的基本原理却是相同的。下面对此基本理论加以讨论。

能量简称为能。物理学认为，能量是一种可使物体做功的本领。如将一物体从地面举向高处，或使车轮转动的本领就是能。物理学中把工业看成是做功的能力。人体内许多生理活动如神经冲动的传导、肌肉收缩、葡萄糖的主动吸收、组织蛋白的合成等都是做功的过程，称为生物功。要使这些过程发生，必须有能量支持。这种能量是在生物体内产生和利用的，故称为生物能。生物能有许多形式，如化学能、电能、热能、机械能等，且能量可由一种形式转化为另一种形式，如神经冲动和传导，是由化学能转化为电能，骨骼肌收缩是由化学能转化为机械能和热能。人体内在物质代谢过程中，所伴随的化学能的储存、转移、释放和利用的过程，称为能量代谢。机体内的能量来源于食物中六大营养素中的三大营养物质，即糖、脂肪、蛋白质。人食入的淀粉类食物在体内最终消化成葡萄糖而被吸收，一部分葡萄糖在细胞内被利用，另一部分合成为糖原储存备用。脂肪类消化成甘油和脂肪酸而被吸收，一部分在细胞内被利用，一部分合成体脂储存。瘦肉、鱼、蛋等蛋白质类食物最终消化成氨基酸而被吸收，一部分在细胞内被合成为组织蛋白，多余的被氧化。在细胞的物质合成代谢中，除构成自身的组织成分，以组织细胞的形式生长与更新外，同时也是能量转移和储存的过程。3种营养物质中都包含一定的化学能，在物质转变过程中必然同时伴随能量转移而储存。营养物质蕴藏的化学能主要是通过生物氧化释放能量。其中 50% 左右的能量，以热能形式变为体热维持体温，并不断以热能的形式向体外散发。还有约 45% 的能量转移到三磷酸腺苷（ATP）等化学物质中储存起来，供机体各种生理活动利用。这部分化学能除肌肉收缩可完成一定量的机械功外，被机体组织利用时，基本上并不能转化为机械功，而是转化为热能发散于体外。例如，心脏搏动所做的功，在整体内是用来克服血流阻力的。在克服阻力过程中，心脏的机械功便转化为热能。又如胃腺分泌盐酸时也做了一定的功。当盐酸遇碱性溶液而被中和时，也就转化为热了。只有骨骼肌收缩时所消耗的能量，在一般情况下，15% ~ 25% 可转化为机械功，其余的也都转化为热能而发散于体外。

人体组织细胞中存有 3 个不同途径的能量生成来源，所组成的能量供应体系，常称为 3 个供能系统，即 ATP-CP 系统，糖原无氧酵解系统，糖、脂肪有氧氧化供能系统。3 个系统不是互不相关各自完全独立的，而是紧密相连互相协调、共同组成完整的能量供应体系。人体在不同强度运动时，有氧与无氧所占的比例不同。

一、肌肉收缩的直接能量来源——三磷酸腺苷（ATP）

ATP 是高能化合物中最重要的一种，是肌肉活动直接的能量来源。大多数细胞，尤其是肌肉细胞都贮有 ATP。它既是储存能量的物质，又是细胞活动的直接供能物质。

其他形式的化学能，如从食入的食物中得到的可用能源，都必须在转变为 ATP 后，肌细胞才可利用。ATP 由 1 个大分子的腺苷和 3 个较简单的磷酸根组成，后 2 个磷酸根上有"高能键"，贮有大量的化学能。当末端一个磷酸键断裂时，便会释放出能量，很容易转移到其他分子上，使细胞做功，所以，ATP 是机体组织极为重要的供能物质。ATP 在 ATP 酶的催化作用下，分解成二磷酸腺（ADP）和无机磷酸（Pi）和能量，这个能量供骨骼肌收缩利用：供肌原纤维收缩利用细胞做功的种类取决于细胞的类型。肌细胞收缩完成机械功，分泌细胞进行分泌，神经细胞实现神经传导。任何细胞实现一切"生物"功，都需要从 ATP 的分解中获得直接的能量。肌肉收缩过程实际上是肌原纤维中粗肌丝上的横桥和细肌丝上的横桥结合位点的结合。横桥摆动所需的能量是由 ATP 提供的。所以，肌肉收缩的直接能源就是 ATP。但是，储存在细胞中的 ATP 相当有限，只能提供肌肉做 2 ~ 3min 的剧烈运动。人体内 1mol 分子 ATP 分解释放能量为 29.4 ~ 58.8kJ。任何运动开始都是由 ATP 供能，肌肉在持续收缩活动时，ATP 必须不断再合成，才能不间断供给能量。因此，在运动中始终存在 ATP 的分解和再合成的过程，最早补充 ATP 的能源物质是磷酸肌酸。

二、ATP 再合成的快速能源——磷酸肌酸（CP）

CP 是与 ATP 紧密相关的另一种高能磷酸化合物，贮存于肌细胞中。ATP 因其酸性较强，不宜在细胞内过多贮存，故 ATP 将 1 个高能磷酸键转移给骨骼肌中的另一物质——肌酸（C）生成磷酸肌酸，成为一种储能的形式，可使较多的能量暂时储存在 CP 之中以备用。

ATP 和 CP 同样都是通过分子内高能磷酸键裂解时释放能量，以实现快速供能。因此，在运动供能系统中将 ATP-CP 一起共称为磷酸原系统。ATP-CP 系统在运动时全部可供利用的能量为 21 ~ 29kJ。CP 在肌肉细胞中含量最高，约占体内 CP 总量的 98%。在骨骼肌中 CP 含量比 ATP 多 4 ~ 6 倍，人体骨骼肌中 CP 含量为 20 ~ 30mmol/kg。不同类型肌纤维中 CP 含量不同，快肌纤维 CP 含量比慢肌纤维高，男性骨骼肌保留肌酸能力强，尿中排出肌酸量也较少，故男性比女性和儿童的肌肉发达有力。CP 在肌肉中的含量仍是极有限的，它不是长时间运动的供能者。运动中当 CP 在骨骼肌中的储备不能满足供能的要求时，肌糖原无氧酵解生成乳酸的过程便逐渐增强。因为不产生乳酸，也不需要氧，也称非乳酸供能。

三、ATP 再合成的较快能源——肌糖原的无氧酵解

肌细胞中储存的 ATP、CP 的总量相当有限，只能提供肌肉做 6 ~ 8s 的快速运动。能较快为肌肉收缩提供能量的方式是肌糖原的无氧酵解供能。糖酵解供能系统是以肌

糖原在无氧情况下，经酵解酶的催化作用进行分解，生成乳酸和能量，此能量供 Pi 和 ADP 重新合成 ATP 的过程。糖酵解与酵母菌将直涟淀粉生成酒的酿酒生醇发酵过程类似，故称酵解过程。

　　肌糖原无氧酵解供能在 1min 可达最大速率。可持续供能 2 ~ 3min，超过 3min 后，供能能力下降。主要原因是糖酵解供能产生的代谢产物——乳酸造成的。乳酸在细胞堆积可通过 2 条途径影响肌肉的收缩能力：一是大量氢离子产生，使得 pH 值下降。当下降至一定程度（肌肉 pH=6．4，血液 pH=6．8 左右）时，在酸性环境中，使得酵解酶的活性降低，限制了肌糖原进一步分解，中断糖酵解能量供应，导致运动强度及能力下降。二是氢离子和钙离子竞争肌钙蛋白。我们知道肌原纤维在舒张状态下已具备收缩的各种因素，此时没有收缩，是因为有抑制因素的存在。研究发现，构成细肌丝纤蛋白外，还有原肌凝蛋白和肌钙蛋白。后两种蛋白构成了这种抑制因素，而钙是去抑制因素，它在肌肉收缩中起关键作用。钙和肌钙蛋白结合后，可使阻挡肌纤蛋白微丝上的结合点暴露出来，这时，处在横桥和肌纤蛋白微丝之间的抑制被解除，使得细肌丝向粗肌丝中间滑行，完成收缩。若氢离子和肌钙蛋白结合，则钙就失去了结合的机会，使肌肉收缩机制发生障碍，最终导致运动能力下降。实验证明：1min 内最大强度运动之后，休息 1min，重复 6 次后，受试者就筋疲力尽了。这并不是糖原贮备耗尽，事实上，这时肌肉中尚有大量可利用的糖原。产生疲劳的原因是乳酸在血液和肌肉中大量积累的结果，它们的浓度太高，肌纤维因为它自身的代谢产物——乳酸而中毒，使得工作能力下降。所以说乳酸能限制肌肉的工作时间。由于个体差异，耐受乳酸能力是不同的，但这种情况早晚会出现，只是时间问题。其次，糖酵解产生的能量有限，如 180g 由糖原生成的葡萄糖进行无氧分解时，只能生成 2mol ATP，而同样的葡萄糖在有氧代谢中产生的能量，则能生成 38mol 的 ATP，是无氧酵解的 19 倍，其原因是乳酸分子中包含的能量还未被利用的缘故。

　　因此，糖原无氧酵解不可能维持很长时间。但它供能速度快，又不需要氧，所以在大强度运动中氧供应不足的情况下，可通过它来提供 ATP 所需能量，故有应急能源之称。

四、APT 再合成的持久能源——能源物质的有氧氧化

　　有氧氧化过程是在肌细胞中的线粒体细胞器中进行的。线粒体是细胞内的呼吸器官，在线粒体嵴上分布着与生物氧化有关的三羧酸循环和电子传递系统的各种酶类。

　　糖的氧化过程大体可分成三个阶段：

　　（1）肌糖原或葡萄糖首先在细胞质中进行无氧代谢作用，经几步酶催化作用分解成丙酮酸。

（2）丙酮酸再进入线粒体内，进行氧化、脱氢、脱羧反应，生成乙酰辅酶 A。

（3）乙酰辅酶 A 再经三羧酸循环，氧化成 H_2O 和 CO_2，并产生大量的能量。

从这方面来看，有氧氧化在体内可以不留痕迹而长时间供能。其实，由于运动时间的延长，产生的大量能量除一半重新合成 ATP，另一半则最终都以热能的形式表现出来，使体温升高。高体温本身就是内环境平衡失调的因素之一。运动时骨骼肌产生的热量比安静时高 15 倍，而机体产热和散热是不均衡的，散热落后于产热。在运动中主要是通过蒸发来达到散热的目的，就是把身体表面的水分由液态转化成气态的散热过程。每蒸发 1g 汗水，可带走 2.43kJ 的热量。大量出汗使血液黏滞性增加，使血液速度减慢，氧和营养物质的运动输能力降低。大量泌汗可导致失水、失盐等一系列内环境失调，从而导致运动能力下降。

综上所述，无论什么项目，运动强度有多大，在运动开始阶段均由 ATP 供能，它是各种运动的能量直接供给者。当肌肉持续收缩，ATP 很快被消耗，为保证肌原纤维部位 ATP 的浓度，ATP 必须不断再合成。由于 CP 分解速度最快，可将储存的高能键转移给 ADP 重新合成 ATP，供给肌肉活动的需要。当 CP 被消耗 50% 左右时，如果运动强度不大，氧供应充足，则以有氧系统供能合成 ATP。若强度很大，缺氧程度达到有氧供能需要量的 2 倍时，为迅速合成 ATP 保持其浓度，糖原无氧酵解供能便开始。当运动过于剧烈，上述供能仍不能充分供能，ATP 再合成发生极端困难时，则两分子的 ADP 在一磷酸腺苷磷酸激酶的催化下，也可以产生 ATP。

这种过程十分有限，在极端困难下才发生。因一磷酸腺苷具有毒性，一旦 ATP 的合成率不能维持，浓度降低，疲劳也即刻发生。既然 ATP 如此重要，那么能否通过其他方式获取？正常的肌细胞 ATP 是不能透过细胞膜的，它不能从血液或其他组织中摄取 ATP。所以，给运动员注射 ATP 来增加能量提高运动能力是不现实的。

第三节　运动与心肺功能

一、血循环系统工作原理

（一）心脏的泵血功能

1. 心脏的泵血过程

心脏每收缩和舒张一次，称为一个心动周期（cardiac cycle）。其长短等于 60/ 心率（秒）。心动周期的特点：房室不同时收缩，心室收缩紧跟在心房收缩完毕后进行；有全心舒张期；舒张期长于收缩期。当心室肌收缩使室内压（Pv）升高超过房内压（Pa）

时房室瓣关闭，但低于动脉压（PA）使动脉瓣处于关闭状态，此时心室容积不变室内压迅速增加，这一时期即等容收缩期。随着心室肌进一步收缩，Pv 继续升高，超过 PA，动脉瓣开放，分别为快速射血期和减慢射血期，在快速射血期内 Pv 和 PA 均达到最高值。随后心室肌舒张，Pv 下降，动脉瓣关闭；而 Pv 仍高于 Pa 致房室瓣关闭，进入等容舒张期，此期心室容积几乎不变而 Pv 迅速下降。随着心室肌的进一步舒张，Pv 继续下降，当 Pv 低于 Pa 时房室瓣开放，血液从心房进入心室，分别称为快速充盈期和缓慢充盈期。在缓慢充盈期的晚期，由于心房肌收缩致 Pa 升高超过 Pv，可将一部分血液挤向心室，占心室充盈的 30%。因此，在一个心动周期中，室内压变化最快的时期是等容收缩期和等容舒张期；室内压最高与最低的分别为快速射血期和快速充盈期。心室射血的动力是心室肌收缩，而心室充盈是由于心室肌舒张与心房肌收缩。

2. 心脏泵功能的评价

（1）每搏输出量：一侧心室每次收缩所射出的血量称为每搏输出量（stroke volume）或每搏量，等于舒张末期容积减去收缩末期容积，成人一般为 70ml 左右。

（2）每分输出量：一侧心室每分钟射出的血量，常称为心输出量（cardiac output），是衡量心脏泵血功能最基本的指标。等于每搏量乘以心率，成人一般为 5L/min 左右。在运动、激动、妊娠时心输出量增加，女性比同体重的男性低 10%。

（3）心指数：每平方米体表面积的心输出量称为心指数（cardiac index），可用于比较不同个体心脏的泵血功能。在运动、激动、妊娠时心指数将增大，故应用静息状态即静息心指数来比较。成人静息心指数为 3.0~3.5L/（min.m²）。

（4）射血分数：每搏量占心室舒张末期容积的百分比称为射血分数（ejection fraction），正常值为 50%。该指标考虑了心室舒张末期容积的变化，能较早地反映心功能的异常。

（5）心力储备：心输出量随代谢需要而增加的能力称为心力储备（cardiacre serve），包括心率储备、收缩期储备与舒张期储备，其中以心率储备和收缩期储备的储备能力最强。心力储备是反映心脏健康程度的重要指标。一般来说，以上 5 项指标越大，心脏的泵血功能越好。

（6）搏功：心脏一次收缩所做的功称为每搏功即搏功（stroke work）。心脏每分钟所做的功则称为每分功。

3. 心脏泵功能的调节

衡量心功能的最基本指标是心输出量（= 心率 × 每搏量）。由于心肌细胞之间存在低电阻的闰盘，故心房肌或心室肌收缩是全或无的。因此，每搏量决定于单个心肌收缩的强度与速度，其影响因素如下：

（1）前负荷：前负荷即心室舒张末期容积或心室舒张末期压力（又名充盈压）。以心室舒张末期容积或压力为横坐标，搏功为纵坐标所表达的关系曲线，称为心功能曲线（Starling 曲线），包括以下方面：

①充盈压在 12~15mmHg（16~20cmH$_2$O）范围内，心肌粗、细肌丝重叠最好，所产生的收缩最强，此时的前负荷称为最适前负荷。

②一般正常人的心室充盈压为 5~6mmHg（6.8~8.2cmH$_2$O），即在心功能曲线的升支段工作。此时随着前负荷的增加，粗、细肌丝的有效重叠增加，心肌收缩加强，每搏量增加。这种调节也称为异常自身调节，可对搏出量进行精细调节。

③充盈压在 15~20mmHg（20~27cmH$_2$O），曲线渐趋平坦，无明显降支。这是因为心肌的静息张力很大，避免了肌小节的过度延伸。

（2）后负荷：后负荷即动脉血压。在其他因素不变的情况下，后负荷越大，心室等容收缩期延长，使射血期缩短；同时心肌收缩所产生的能量用于升高室内压的部分增加，致射血速度降低，因此每搏量减少。实际上在整体情况下由于每搏量减少致心室舒张末期容积增大，又可通过异常自身调节增加搏出量，使动脉血压在 70~180mmHg 范围内心输出量保持相对稳定。

（3）心肌收缩能力：心肌收缩能力指与前、后负荷无关的心肌本身的内在收缩特性。受活化的横桥数、横桥循环中各步骤的速率及横桥 ATP 酶活性等因素的影响。心肌收缩能力可因运动、肾上腺素、甲状腺激素等增强，而 ACh 及酸中毒等则可降低。

心率在低于 160~180 次 / 分时，心输出量与心率呈正变。当心率超过 180 次 / 分时由于心脏消耗能量过多及心动周期过短致快速充盈期缩短，每搏量太小使心输出量降低。

（二）心肌生物电现象及生理特性

1. 心肌生物电现象

（1）心室肌细胞的跨膜电位。心室肌细胞的静息电位为 - 90mV，主要是 IK1 通道开放所致。心室肌细胞的动作电位分为 5 期：

0 期去极（膜内电位 - 90mV~ +30mV）：具有速度快（300V/s）、幅度大（120mV）、时间短（1~2ms）的特点，由快 Na$^+$ 通道开放、Na$^+$ 内流所致。1 期复极（膜内电位 +30mV~0mV），也称为快速复极期，由一过性的 K$^+$ 外流引起（Ito）。

2 期（膜内电位在 0mV 左右）：持续时间 100~150ms，也称为平台期。平台期的存在是心室肌细胞与神经细胞、骨骼肌细胞动作电位的最大区别，也是心室肌细胞动作电位持续时间长的主要原因。该期的形成机理是 K$^+$ 外流与 Ca^{2+} 内流以及少量的 Na$^+$ 内流所负载的电荷相等。

3 期（膜内电位 0mV~ - 90mV）：K$^+$ 外流所致。

4 期膜电位稳定在 - 90mV：该期通过 Na$^+$ 泵的运转将内流的 Na$^+$ 泵出，外流的 K$^+$ 摄回；同时 Na$^+$ 顺浓差内流提供能量将 Ca^{2+} 逆浓差转运出细胞，恢复膜两侧的离子平衡。

（2）浦肯野细胞的生物电。浦肯野细胞动作电位的 0 期、1 期、2 期、3 期的分期和形成机制与心室肌细胞相同，不同点是 4 期有自动去极化。

4 期自动去极化的产生机制：浦肯野细胞膜上有一种 Na^+ 通道在复极到 - 60mV 时自动开放，随着复极的进行，开放的 Na^+ 通道增加，当复极到 - 100mV，开放的数目最大，这种离子通道称为 If 通道。即 4 期自动去极化的产生主要是逐渐增强的 Na^+ 内流以及少量的 K^+ 外流衰减。

（3）窦房结细胞的生物电。0 期去极（膜内电位 - 70mV~0mV），具有幅度小（70mV）、速度慢、无超射的特点，由 Ca^{2+} 内流引起。

复极过程无明显的平台期，1、2、3 期融合，由 K^+ 外流引起。4 期有自动去极化，与衰减的 K^+ 外流，If 电流，Na^+-Ca^{2+} 交换电流及 Ca^{2+} 内流有关，其中最主要的是衰减的 K^+ 外流。在所有的心肌细胞中，窦房结细胞的 4 期自动去极化速度最快。

因此，根据 0 期去极的速度可将心肌细胞分为快反应细胞与慢反应细胞；根据 4 期有无自动去极化可分为自律细胞与非自律细胞，如心室肌细胞为快反应非自律细胞、窦房结细胞为慢反应自律细胞。

2. 心肌的生理特性

（1）自律性。自律性指在未受外来刺激的情况下，细胞自动产生节律性的兴奋。特殊心肌细胞几乎均具有自律性。其中以窦房结的自律性最高，因此，窦房结成为心脏的正常起搏点。由窦房结起搏的心律称为窦性心律。心脏其他的自律细胞则称为潜在起搏点（异位起搏点），此时所引起的心脏活动称为异位心律。窦房结作为心脏起搏点的机制是抢先占领原则和超速驱动抑制。

影响自律性的因素有 4 期自动去极化速度、最大复极电位水平和阈电位水平，其中以 4 期自动去极化速度最重要。此外，心脏在正常情况下还表现出心率变异。

（2）兴奋性。影响兴奋性的有静息电位水平、阈电位水平以及 Na^+ 通道的性状。由于 Na^+ 通道在兴奋过程中将分别经过备用、激活、失活，再回到备用状态，因此心肌细胞在产生动作电位之后，其兴奋性将发生周期性的变化。从 0 期去极到复极的 - 55mV，这一时期为绝对不应期，Na^+ 通道处于失活状态，兴奋性为零。从复极的 - 55mV 到复极的 - 60mV，在这一段时间内给予阈上刺激可产生局部反应，但不能产生动作电位。因此从 0 期去极到复极的 - 60mV 这段时期内 Na^+ 通道基本处于失活状态，心肌不能再次产生动作电位。这一时期称为有效不应期。心肌兴奋性的特点是有效不应期长，相当于心肌收缩的整个收缩期及舒张早期。因此，在有效不应期内不会产生期前收缩。从复极的 - 60mV 到复极的 - 80mV 这一时期称为相对不应期，此时 Na^+ 通道部分复活，给予阈上刺激可再次引起动作电位，但兴奋性低于正常。从复极的 - 80mV 到复极的 - 90mV 则称为超常期，由于膜电位离阈电位较近，且 Na^+ 通道已基本复活，故兴奋性高于正常。心律失常多产生于该期。值得注意的是，最近有报道指出，由于离子通道在心肌不同部位的不均衡分布，心房肌与心室肌之间、心室肌的不同部位之间均存在有离子通道的种类、分布差异，称为心肌电生理特性的不均一性。

（3）传导性

①心脏内兴奋传播的途径及特点。兴奋在心脏内的传播途径是窦房结—心房肌（优势通道）—房室交界—房室束及左右束支—浦氏纤维—心室肌。其中，传导速度最慢的部位是房室交界，这种现象也称为房室延搁，它的生理意义是保证房室不同时收缩，心室收缩紧跟在心房收缩完毕后进行；传导最快的是浦氏纤维，其生理意义是保证左、右心室几乎同时兴奋、同时收缩。此外，保证左、右心室几乎同时兴奋的次要原因是心肌细胞间低电阻的闰盘联系。

②影响传导性的因素。心肌细胞的直径：细胞越大，电阻越小，传导越快，如浦氏细胞的直径最大，达 70μm，故传导速度最快；而房室交界的结区细胞仅 3μm，传导速度最慢。

动作电位 0 期去极速度与幅度：与传导速度呈正变。

邻近未兴奋细胞的兴奋性：与传导速度呈正变。

（4）收缩性。心肌收缩的特点如下：全或无式收缩；因有效不应期长，不产生强直收缩；心肌细胞内的终末池不发达，故心肌细胞对细胞外液中 Ca^{2+} 依赖程度大，以及心功能曲线无降支。

（三）血管生理

1.动脉血压

（1）基本概念

①动脉血压（arterial blood pressure）：动脉血压指血液在动脉内流动时对动脉管壁的侧压强。血压是以大气压为零，用高过大气压的数值来表示的。

②收缩压（systolic pressure，SP）：收缩压指心脏收缩射血时动脉血压的最高值。也可以说在一个心动周期中动脉血压的最高值。正常成年人为 100~130mmHg。

③舒张压（diastolic pressure，DP）：舒张压指心室舒张时动脉血压的最低值。也可以说在一个心动周期中动脉血压的最低值。正常成年人为 60~80mmHg。

④脉压（pulse pressure）脉压指收缩压与舒张压之差，一般为 30~40mmHg。

⑤平均动脉压（mean arterial blood pressure）：平均动脉压是在一个心动周期中动脉血压的平均值。其近似值等于 DP+1/3 脉压。

⑥体循环平均充盈压（mean circulatory filling pressure）：心脏停搏时血管系统内的血液对血管壁的侧压强，平均值为 7mmHg。

（2）动脉血压的形成及其影响因素

①动脉血压的形成。首先循环系统有足够的血液充盈是形成动脉血压的前提，心

脏射血和主要由小动脉和微动脉产生的外周阻力是关键，而大动脉管壁良好的弹性缓冲了动脉血压的过度变化。以上四个方面的共同配合形成具有一定高度的动脉血压。

②影响动脉血压的因素

每搏量——每搏量增加时，收缩期射入主动脉和大动脉中的血液增加，血液对血管壁的侧压强增加，收缩压升高。舒张期内血管中的血液也增加，但由于血压升高导致血流速度加快，故舒张压升高不如收缩压升高明显。反之，每搏量减少时主要使收缩压降低。因此，一般情况下，收缩压的高低主要反映了每搏量的大小及心脏收缩力量的大小。

心率——心率加快时心动周期缩短，以舒张期缩短更明显，在舒张期内流向外周的血液减少，舒张末期留在大动脉内的血液增多，故舒张压升高。随后收缩压也升高，但以舒张压升高为主。反之，心率减慢时主要降低舒张压。

外周阻力——影响外周阻力的主要因素是小动脉与微动脉的口径。当其口径变小时，外周阻力增加。此时使收缩期和舒张期血液流向外周均减少，但对血压较低的舒张期的影响更明显，使舒张期留在大动脉内的血液增加，舒张压升高，随后收缩压也会升高，但舒张压升高更明显；反之，外周阻力减少时主要是舒张压下降。因此，一般情况下，舒张压的高低主要反映外周阻力的大小。

大动脉管壁的弹性——当大动脉管壁的弹性降低时，收缩压升高，舒张压降低，使脉压增大。

循环血量——循环血量与血管容量的比例降低时血压下降，增加时则血压升高，以对收缩压的影响为主。值得注意的是，上述讨论均是指单一因素的变化。在整体情况下的变化更复杂，需综合考虑。

2. 静脉血压和静脉回心血量

（1）静脉血压。血压从动脉到毛细血管到静脉逐渐降低，右心房是体循环的终点，其压力接近于零。一般将右心房及胸腔大静脉内的血压称为中心静脉压（central venous pressure，CVP），而各器官静脉内的血压称为外周静脉压。中心静脉压的高低取决于心脏射血能力与静脉回心血量之间的平衡，其正常值为 4~12cmH2O（0.392~1.176kPa）。当心脏射血能力减弱（心衰）或静脉回心血量过多（如输液过多、过快）时，中心静脉压将升高；反之，静脉回心血量减少时，中心静脉压降低。

（2）静脉回心血量及其影响因素。中心静脉压与外周静脉压之差和静脉对血流的阻力都将影响静脉血回心的速度，故凡是能引起上述因素改变的均可影响静脉回心血量。

①体循环平均充盈压：当血量增加或容量血管收缩时，体循环平均充盈压升高，使回心血量增加。反之亦然。

②心脏收缩力量：心脏收缩力量越大，心室舒张末期室内压则越低，对静脉血的

抽吸力量更大，静脉回心血量增加。因此，右心衰时右心室的舒张末期压力增大，血液淤积于右心房及胸腔大静脉内，中心静脉压升高，静脉回心血量减少，静脉系统淤血，病人可出现颈外静脉怒张、肝脏肿大和下肢水肿等体征；同理，左心衰时左房压及肺静脉压升高，肺循环回左心血减少，引起肺淤血和肺水肿。

③体位改变：人体从平卧位快速站立时，由于下肢静脉压升高，下肢静脉的跨壁压升高使静脉扩张，可多容纳 500ml 血，因而回心血量减少。

④骨骼肌的挤压作用：当下肢肌肉收缩时，静脉血流加快，同时由于静脉瓣能保证血液的单向回心，静脉回心血量增加。

⑤呼吸：吸气时胸内负压增大，静脉回心血量增多；反之，呼气时静脉回心血量减少。值得注意的是，在平静呼吸过程中，吸气时回右心室的血液增多，但此时肺毛细血管处于扩张状态，从右心室射入肺部的血液存留于肺（肺可多容纳 800~1000ml），而从肺脏回到左心室的血液减少，故动脉血压反而降低；反之，呼气时血压升高。

3. 微循环

微循环（microcirculation）是微动脉与微静脉之间的血液循环，包括 3 条通路。

（1）迂回通路指血流流经微动脉—后微动脉—毛细血管前括约肌—真毛细血管—微静脉。其特点是交替开放（毛细血管前括约肌在局部代谢产物浓度增高时开放，降低时关闭）。而真毛细血管阻力大，血流慢，管壁薄，非常利于物质交换。因此该通路又称为营养通路。

（2）直捷通路指血液流经微动脉—后微动脉—通血毛细血管—微静脉。这条通路经常性开放，主要作用是保证一部分血液迅速经过微循环回心，以维持循环血量的稳定。

（3）动静脉短路血液流经微动脉—动 - 静脉吻合支—微静脉。一般情况下不开放，但在体温升高时开放以利于散热。因此具有调节体温的作用。在病理情况下如感染性休克时，也可使动 - 静脉短路开放，进一步加重缺氧。

4. 组织液的生成与回流

（1）组织液的生成。组织细胞间隙中的液体称为组织液。促使毛细血管中液体滤出的因素有毛细血管血压和组织液胶体渗透压，而促进组织液回流的是血浆胶体渗透压和组织液静水压。因此，组织液的生成决定于滤过的力量与重吸收的力量之差，即有效滤过压（effective filtration pressure）=（毛细血管血压和组织液胶体渗透压）—（血浆胶体渗透压和组织液静水压）。在毛细血管的动脉端，上述因素分别为 30、15、25、10mmHg，有效滤过压为 10mmHg，表明滤过的力量大于重吸收的力量，生成组织液，以将营养物质带给组织细胞；而在静脉端，毛细血管血压降低为 12mmHg，其他因素基本不变，有效滤过压为 - 8mmHg，因此大部分组织液从静脉端回流入毛细血管，将组织、细胞的代谢产物带回到血管中。此外尚有 10% 的组织液经淋巴回心。可见，通过组织液的生成与回流，实现了组织细胞的物质交换。

（2）组织液生成的影响因素。凡是影响有效滤过压的因素均可影响组织液的生成，如毛细血管血压升高、血浆胶体渗透压降低和毛细血管通透性增加均可引起水肿。淋巴回流受阻时亦可引起水肿。此外，淋巴回流另一重要的生理作用是回收蛋白质，以维持血浆蛋白质的稳定。

（四）心血管活动的调节

心血管活动受神经、体液和自身调节，其中最主要的是神经调节。

1. 神经调节

（1）心脏和血管的神经支配

①心脏的神经支配心脏主要受心交感神经和心迷走神经支配，也受肽能神经支配。心交感神经及其作用：心交感神经节后纤维兴奋时释放去甲肾上腺素，与心肌细胞膜上的 β 受体结合表现出的作用如下：促进自律细胞内向电流 If，自律性增高；使房室交界处细胞膜上 Ca^{2+} 通道开放概率和 Ca^{2+} 内流增加，动作电位幅度增大而传导加速；激活 Ca^{2+} 通道使心肌胞质内的 Ca^{2+} 浓度增加，同时因传导加速使心室肌各部分肌纤维更趋同步化，使心肌收缩加强，心肌室内压峰值升高。同时，也能促进肌钙蛋白释放 Ca^{2+} 和肌浆网摄取 Ca^{2+}，加速心室的收缩与舒张，室内压的变化速率加快，有利于心室的充盈与射血。因此，心交感神经兴奋时血压升高。

心迷走神经及其作用：心迷走神经兴奋时释放 ACh，与心肌细胞膜上的 M 受体结合，提高全部心肌细胞对 K^+ 的通透性，K^+ 外流增加，静息电位增大，故兴奋性降低；自律细胞 K^+ 外流衰减减慢以及最大复极电位增大，使自律性降低；抑制 Ca^{2+} 通道使 Ca^{2+} 内流减少，使房室交界细胞的动作电位降低，传导减慢；抑制 Ca^{2+} 通道和平台期缩短均使心房肌和心室肌细胞内 Ca^{2+} 浓度降低，收缩性降低。因此，刺激心迷走神经可使血压下降。

②血管的神经支配。体内绝大部分血管受交感缩血管神经的单一支配。交感缩血管神经兴奋时释放去甲肾上腺素，与血管平滑肌细胞上的 α 及 β 受体，主要是 α 受体结合，使血管收缩。交感缩血管神经能持续发放冲动，称为交感缩血管紧张。这种紧张性活动增强时血管明显收缩；反之，血管相对舒张。此外，少部分血管也受舒血管神经支配，如交感舒血管神经、副交感舒血管神经和脊髓背根舒血管神经。

（2）心血管中枢。与心血管活动有关的神经元集中的部位称为心血管中枢（cardiovascularcenter）。分布于从脊髓到大脑皮层的各级中枢内。而最基本的心血管中枢位于延髓，后者传统称为心迷走中枢、心交感中枢和交感缩血管中枢。其特点是具有紧张性，且其紧张性随呼吸节律改变而改变，心迷走中枢与心交感中枢和交感缩血管中枢的活动具有交互抑制作用。

（3）颈动脉窦和主动脉弓压力感受性反射（窦弓反射）。在颈内、外动脉分叉处的颈内动脉膨大称为颈动脉窦，它和主动脉弓的感觉神经末梢非常丰富，对牵拉刺激敏感，称为压力感受器（bororecepter）。当动脉血压升高时，颈动脉窦和主动脉弓感受的刺激加强，经窦神经和主动脉神经的传入冲动增多，使心迷走中枢的紧张性活动加强，心迷走神经的活动加强，心肌收缩减弱，每搏量减少，心率减慢，心输出量减少；而心交感神经的紧张性减弱也使心脏活动减弱，交感缩血管神经的活动减弱则使血管舒张，外周阻力下降，上述作用均使血压下降，故该反射又称为减压反射。反之，当血压下降时，减压反射减弱，血压回升。因此，该反射的生理意义是维持动脉血压的相对稳定。减压反射的特点是调节范围为 60~180mmHg，在 100mmHg 时最敏感；降压反射对血压的迅速变化敏感，对高血压患者的作用则出现重调节，即在高水平上调节；颈动脉窦的敏感性大于主动脉弓，以及对血压进行双向调节。此外，利用减压反射的原理临床上可通过按摩颈动脉窦治疗室上性阵发性心动过速。

2. 体液调节

（1）肾上腺素和去甲肾上腺素。在血液中的肾上腺素（epinephrine，E）和去甲肾上腺素（norepinephrine，NE）属于儿茶酚胺类，绝大部分来源于肾上腺，少部分去甲肾上腺素由交感神经末梢释放入血。肾上腺素与心肌细胞上的 β1 受体结合使心肌收缩加强，传导加速，心率加快，表现出很强的强心作用。肾上腺素能与血管平滑肌上的 α 和 β 受体结合，在皮肤、肾上腺和胃肠道的血管壁上 α 受体占优势，引起血管收缩；在骨骼肌血管壁上则以 β 受体的作用更明显，使血管舒张。肾上腺素对血管的作用与剂量有关，小剂量以 β 受体作用为主，引起血管舒张；大剂量则因 α 受体作用的加强使血管收缩。去甲肾上腺素能与血管壁的 α 受体结合，使血管强烈收缩，外周阻力增加，血压明显升高，尤其是舒张压升高。血压的迅速升高将使降压反射加强，从而掩盖了去甲肾上腺素作用于心脏 β 受体后的强心作用，使心率变慢。

（2）肾素 - 血管紧张素系统。肾脏的近球细胞可产生肾素（renin），激活血浆中的血管紧张素原转变成血管紧张素Ⅰ，后者再在血管紧张素转化酶和氨基肽酶作用下变成血管紧张素Ⅱ和Ⅲ。其中以血管紧张素Ⅱ的作用最强：使全身小动脉收缩，外周阻力增加，并使静脉收缩回心血量增加；促进血管升压素和 ACTH 释放及交感神经末梢释放去甲肾上腺素；抑制降压反射并促进饮水，以上综合作用将使血压明显升高。此外还有血管升压素及到目前为止缩血管作用最强的内皮素均能升高血压。具有舒血管的有 NO、PGI2、心房利钠肽、缓激肽和血管舒张素等。

二、体育锻炼对心肺功能的影响

（一）体育锻炼对循环系统的影响

经常参加体育锻炼的人，心肌细胞能获得更充足的氧气及营养供应，因而心肌细胞产生营养性增大，心脏重量增加、容积增大、搏动有力。一般人心脏重量为 300 克左右，容积约为 750 毫升，而运动员可增重至 400~500 克，容积可达 1000 毫升以上。经常锻炼的人，由于心肌收缩力量增强，每搏输出血量多，因而安静时心跳次数比一般人慢。一般人心率 70 次 / 分钟左右，而经常运动的人可减慢至 50~60 次 / 分钟，训练有素的优秀耐力运动员更慢，可达到 40 次 / 分钟左右，而每搏输出量明显增大。安静时心跳的减慢，可使心肌获得更多休息时间，从而使心脏有更大的储备力。

锻炼还对预防心血管系统疾病有良好的作用。锻炼不仅使心脏功能增强，同时还改善体内物质代谢过程，减少脂质在血管壁的沉积，保持与增进血管壁的良好弹性，提高具有抗动脉粥样硬化作用的高密度脂蛋白的含量，降低致动脉粥样硬化作用的低密度脂蛋白的含量，提高机体的抗氧化能力，这些都对心血管疾病起到积极的预防作用。

（二）体育运动对呼吸系统的影响

在进行体育锻炼时，由于肌肉活动需要更多的氧气，为了满足各组织所需的氧气量，不仅要加大呼吸深度，而且要加快呼吸频率，从而使呼吸肌得到锻炼，造成呼吸深度加深，肺通气量大大增加。例如，安静时一般人呼吸 12~16 次 / 分钟，每次呼吸吸入新鲜空气约 500 毫升，肺通气量 6~8 升 / 分钟，而剧烈运动时呼吸次数可增至 40~50 次 / 分钟。每次吸入空气达 2500 毫升，为安静时的 5 倍，肺通气量可高达 70~120 升 / 分钟。经常锻炼能使呼吸肌力量增大，胸廓活动性加强，肺活量增大，肺泡具有更好的弹性。而不参加体育锻炼的人由于肺活量小、换气效率低，在运动时容易发生气喘。

三、提高心肺功能的锻炼方法

（一）运动方式

常见的能增强心肺功能的运动方式主要有长距离步行、慢跑、打太极拳、骑自行车、游泳和爬山等。在选择锻炼方式时，应该选自己喜欢的运动，避免单一、枯燥。

（二）运动强度

研究发现，运动强度接近 50%VO2max 时即可提高心肺功能，因此常把这一强度称为锻炼阈。增加心肺适应能力的最佳运动强度范围是 50%VO2max~85%VO2max。然而，由于最大摄氧量的测定相对比较复杂，因此在实践中常采用心率指标来间接地表示运动强度。50%VO2max~85%VO2max 的运动强度所对应的心率值分别为 70%~90% 的最大心率，一个人的最大心率 =220 一年龄。由计算可知，一个 20 岁的人，其改善心肺功能的最佳运动强度心率范围应该是 140 次 / 分钟 ~180 次 / 分钟。（衡量人摄氧能力的一个重要指标是每分钟每公斤体重最大吸氧量，简称 VO2max。）

（三）一次锻炼持续时间

作为增强人体有氧工作能力的锻炼，一次锻炼持续运动时间是 20~60 分钟，也可根据个人的健康状况及锻炼基础进行调整。如心肺功能较差、无锻炼基础的人，开始锻炼时时间可控制在 30 分钟以内，随着心肺适应能力的提高，再逐渐延长运动时间；而对于心肺功能较高有锻炼基础的人，其运动的时间可能需要 40~60 分钟。最新的研究报告表明，运动锻炼的时间可以在一天中分段进行。例如，每天两次 15 分钟中等强度运动与每天一次 30 分钟的运动，其锻炼效果基本一样。另外，要注意运动强度与运动时间的关系，低强度运动的时间要长于高强度运动的时间。例如，以 70% 最大心率的强度进行运动，需要 40~50 分钟才能有效地提高心肺功能；而以 80% 最大心率强度进行运动，只需 20~30 分钟即可。每天运动持续 30 分钟左右，几星期后就可见到有氧耐力明显增强的效果。

（四）锻炼频度

一般人的健康锻炼，一周 2 次锻炼就可改善心肺功能；每周锻炼 3~5 次，可使心肺功能达到最大适应水平。锻炼频度可视个人的锻炼习惯、体质基础、锻炼目的等因人而异。

第四节 运动疲劳

一、疲劳产生的机制

疲劳是运动本身引起的机体工作能力暂时降低，经过适当时间休息和调整可以恢复的生理现象，是一个极其复杂的身体变化综合反应过程。

自 1880 年莫索（Mosso）研究人类的疲劳开始，距今已有 100 多年历史了。期间许多著名学者从多种视角采用不同手段广泛研究疲劳，并先后给疲劳不同的概念。直到 1982 年在第五届国际运动生物化学会议上才对疲劳的概念取得了统一认识，即疲劳是："机体生理过程不能持续其机能在一特定水平上，或不能维持预定的运动强度。"

（一）疲劳概念的特点

把疲劳时体内组织和器官的机能水平与运动能力结合起来评定疲劳的发生和疲劳程度。选择客观指标评定疲劳，如心率、血乳酸、最大吸氧量和输出功率间在某一特定水平工作时，单一指标或各指标的同时改变都可用来判断疲劳。

（二）运动性疲劳的分类——心理疲劳与身体疲劳

疲劳一般分为心理疲劳和身体疲劳。心理疲劳是由于心理活动造成的一种疲劳状态，其主观症状有注意力不集中，记忆力障碍，理解、推理困难，脑力活动迟钝、不准确。行为改变表现为动作迟缓、不灵敏，动作的协调能力下降，失眠，烦躁与不安等。

身体疲劳是由身体活动或肌肉活动引起的，主要表现为运动能力的下降。身体疲劳分为全身的、局部的、中枢的、外周的等类型。身体疲劳常因活动的种类不同而产生不同的症状。

在运动竞赛和运动训练中，身体疲劳和心理疲劳是密切联系的，故运动性疲劳是身心的疲劳。今天我们主要研究一下身体疲劳的机制、判断及恢复。

（三）运动性疲劳产生的机制

1. "衰竭"学说

"衰竭"学说认为疲劳产生的原因是能量物质的耗竭。其依据是在长时间运动中，产生疲劳的同时常伴有血糖浓度降低，补充糖后，工作能力有一定程度的提高。坎农（Cannon）等人发现，狗运动到精疲力竭时，注射肾上腺素后又能继续跑动，因肾上腺素可使肝糖原进一步分解，从而使血糖水平提高。

但是，Asmussen（1979）认为肌肉在进行短时间最大或次最大强度运动时，不可能是因为体内能源物质的耗尽而引起疲劳。因为此时体内唯一下降的是 ATP 或 CP，但是血糖和肌糖原却没有明显变化，只是重新合成 ATP 或 CP 的速度下降了而已，这可能与肌肉内乳酸增加导致 pH 下降有关。所以"衰竭"学说并不能解释所有项目引发的运动性疲劳的原因。

2. "堵塞"学说

"堵塞"学说认为疲劳的产生是由于某些代谢产物在肌组织中堆积，其中主要是乳酸。其依据是，疲劳的肌肉中乳酸等代谢产物增多。卡尔森（Karlsson，1975）的研究认为，乳酸堆积会引起肌肉机能下降，主要是乳酸所分解出的 H+ 会引起许多不良反应：

（1）乳酸堆积可引起肌肉组织和血液 pH 值（酸碱度）的下降，阻碍神经肌肉接点处兴奋的传递。

（2）抑制磷酸果糖激酶（PFK）活性从而抑制糖酵解，使 ATP 合成速率减慢。

（3）pH 值的下降，还使肌浆中 Ca^{2+} 的浓度下降，从而影响肌凝蛋白和肌纤蛋白的相互作用，使肌肉收缩减弱。

（4）抑制脂肪酶活性，从而降低脂肪氧化供能。

3. 内环境稳定性失调学说

该学说认为疲劳是由于血液 pH 值下降、水盐代谢紊乱和血浆渗透压改变等因素引起的。有人研究，当人体失水占体重 5% 时，肌肉工作能力下降 20%~30%，失水量过多时，易发生中暑。美国哈佛大学疲劳研究所曾报道，在高温下作业的工人因泌汗过多，致使不能劳动的严重疲劳时给予饮水仍不能缓解，但饮用含 0.04~0.14% 的氯化钠水溶液会使疲劳有所缓解。

4. 保护性抑制学说

按照巴甫洛夫学派的观点，无论是体力还是脑力疲劳都是由于大脑皮质产生了保护性抑制。运动时大量冲动传至大脑皮质相应的神经细胞，使其长时间兴奋导致消耗增多，为避免进一步消耗，便产生了抑制过程，这对大脑皮质有保护性作用。有力的证明是贝柯夫（1927）发现，狗拉载重小车行走 30~60 分钟而产生疲劳时，一些条件反射量显著减少，不巩固的条件反射完全消失。1971 年雅科甫列夫发现，小鼠在进行短时间车轮跑（100 转 / 分，持续 5 分钟）引起疲劳时大脑运动区 ATP 含量明显下降，而整个大脑 ATP 含量未见降低，同时大脑中 r- 氨基丁酸含量减少。

小鼠在进行长时间工作（10 小时游泳）引起严重疲劳时，大脑皮质中 r- 氨基丁酸水平明显增高，该物质是中枢抑制介质，脑中 r- 氨基丁酸的水平通常被认为可反映中枢抑制的程度。

其他因素如血糖下降、缺氧、pH 值下降、盐丢失和渗透压升高等，这些也会促使皮层神经细胞工作能力下降，从而促进疲劳（保护性抑制）的发生和发展。

5. 突变理论

爱德华兹（Edwards，1982）从肌肉疲劳时能量消耗、肌力下降和兴奋性丧失三维空间关系，提出了肌肉疲劳的突变理论。他认为运动性疲劳是由运动过程中上述三维空间关系改变所致。该学说避免了用单一指标来研究运动性疲劳的缺陷。爱德华兹认为在肌肉疲劳的发展过程中，存在着不同途径的衰减突变过程，其主要途径如下：

（1）单纯的能量消耗，肌肉的兴奋性并不下降，在 ATP 耗尽时，才引起肌肉僵直，这在运动性疲劳中不太可能发展到这个地步。

（2）在能量和兴奋性丧失过程中，存在一个急剧下降的突变峰，兴奋性突然崩溃，并伴随力量或输出功率突然衰退。

（3）肌肉能源物质消耗，兴奋性下降，但这种变化是渐进的，并没有发生突变。

（4）单纯的兴奋性丧失，并不包括肌肉大量能量的消耗。

6. 自由基学说

自由基是指外层电子轨道含有未配对电子的基团。在细胞内，线粒体、内质网、细胞核、质膜和胞液中都可以产生自由基。由于自由基化学性质活泼，可以与机体内糖类、蛋白质、核酸及脂类等发生反应，因此，能造成细胞功能和结构的损伤和破坏。

研究发现，剧烈运动后自由基产生过多，可造成肌纤维膜、内质网完整性丧失，妨碍了正常的细胞代谢与机能；还造成胞质中 Ca^{2+} 的堆积，影响了肌纤维的兴奋—收缩耦联，使肌肉的工作能力下降；自由基能引起线粒体呼吸链产生 ATP 的过程受到损害，使细胞能量生成发生障碍，影响了肌纤维的收缩功能；另外，还有一些重要的酶由于自由基的作用而失活，从而产生一系列病理变化，也能导致肌肉收缩能力下降产生疲劳。因此我们认为，自由基与运动性疲劳有着密切的关系，是导致运动性疲劳的重要原因。

此外，运动过程中机体内分泌功能异常和免疫功能下降也与运动性疲劳有关。因此，运动性疲劳的产生是一个多因素相互渗透和影响的复杂过程，不同运动项目的疲劳原因是不相同的，单独用一种学说去解释运动性疲劳是不可取的。

二、运动中推迟疲劳的方法

在经过长时间较大强度的训练或比赛后，由于能量被大量消耗而使供能产生障碍从而导致疲劳产生。个别项目如果在比赛途中补充能量，会导致自身运动效率下降。体内能量贮存的多少对运动疲劳有一定的影响，赛前能量的积蓄和能源的补充是必要的，但又要防止某些能源补充过量成为累赘，必须根据不同的运动项目、强度与时间来决定赛前能量补充的多少，使运动中能量充足，推迟疲劳的产生。

赛前饮食的时间、量和成分都是取得最佳成绩的重要因素。理想的状态是运动员进入比赛的时候既不感到饥饿无力，也不因吃得太多或时间太近而感到饱胀，能使血糖处于较好的正常范围。对运动员来说在比赛前 2.5~3 小时吃中等数量的食物是比较合理的。情绪紧张或比赛日程表不合适的运动员可能对于血糖平衡的维持十分不利，即使是在睡眠 8 小时后、营养状态很好的上午，肝脏中的血糖元也已基本排空，血糖水平将会下降，此时肝脏的葡萄糖输出将来自蛋白质分解代谢和糖原的异生。脂肪组织中的脂类储备在比赛中基本上是用之不竭的。另外肌肉和肝脏中还存有大量脂类，即使是较瘦的耐力性运动员储备的脂肪也多于他们在比赛中用掉的量，因此无须在比赛前过多增加脂肪的补充，赛前食物中有少量脂肪就可以了。蛋白质作为运动的能量来源是很少的，但氨基酸会与许多转氨基反应，在保持血糖体内平衡中起重要作用。大运动量易发生运动性贫血，红细胞破裂，并过早出现疲劳，为了防止训练期发生运动性贫血，每日补充一定量的蛋白质是有必要的。维生素和无机盐的需求量应达到何种程度才能满足，要根据具体情况而定。如缺乏维生素和无机盐，体内环境将会失调，使神经系统和内分泌活动受到障碍，在运动中提前出现疲劳。只要合理安排饮食，便可以很容易地获得足够的营养物质，没有必要服用维生素和无机盐，过分摄入实际上是生理和经济上的浪费。

三、运动后消除疲劳的方法

（一）改善代谢法

此类方法，指用各种方法使肌肉放松，改善肌肉血液循环，加速代谢产物排出，常用方法有；

①整理活动

这是一种简单易行的效果良好的消除疲劳的方法，一般是在运动训练结束后即刻进行，主要内容有两部分：

（1）慢跑和呼吸体操。改善血液循环，加速下肢血液回流，促进代谢产物的消除。

（2）肌肉、韧带拉伸练习。此方法对减轻肌肉酸痛和僵硬，促进肌肉中乳酸的清除有良好作用，拉伸则以主要活动肌肉和韧带为主，常采用静力性拉伸方式。

②按摩

放松肌肉，改善局部血液循环，增加关节活动度，促进代谢产物的排出。

③温水浴

水温以 40℃ 左右为宜，温度不宜过高，时间为 10 分钟左右，勿超过 20 分钟，以免加重疲劳，也可在训练结束半小时后进行冷、热水浴，冷水温度为 15℃，热水温度为 40℃，冷浴 1 分钟，热浴两分钟，交替三次。

④桑拿

利用高温干燥的环境，加速血液循环，使人体大量排汗，体内的代谢产物能及时排出体外。桑拿浴一般不要在运动结束后即刻进行，以免造成脱水和加重疲劳。

（二）调节神经系统法

通过调节中枢神经系统，降低交感神经兴奋性，增加迷走神经的兴奋性，加强机体的合成代谢功能，使机体尽快恢复。主要方法如下：

1. 睡眠

良好充足的睡眠是消除疲劳的一种最直接、最有效且经济的好方法，人体进行睡眠时，大脑皮层的兴奋性最低，机体的合成代谢最旺盛，有利于体内能量的蓄积。

2. 放松练习

通过诱导性的语言使运动员由意念来调动肢体，通过对高级中枢的暗示使肌肉放松，改善呼吸和循环系统，使机体的疲劳尽快消除。

3. 音乐疗法

通过舒缓优美的音乐来放松神经系统，使练习者心情舒畅、身心放松，可作为一种辅助方法，配合其他消除疲劳的方法，以增强疲劳恢复的效果。

（三）补充法

1. 营养物质补充法

营养物质补充法是补充法的基础，即从人体所需的供能物质和对生理功能有调节作用的维生素及微量元素入手进行补充糖、脂肪和其他所需物质。糖的补充不仅仅在运动后，而且应当贯穿整个运动过程，这既可推迟疲劳的出现，同时又利于消除疲劳。

运动前补糖宜安排在赛前数日和赛前 1.5~2 小时，运动中补糖（以运动饮料形式）每隔 15~30 分钟或每隔半小时到 1 小时为宜，运动后补糖时间越早越好，最好不要超过 6 小时。对蛋白质的补充最好以易消化的优质蛋白质为主。脂肪对消除疲劳没有明显的作用，不必专门补充，可适当补充一些磷脂。

2. 中医药的调理

运用中医药抵抗运动性疲劳主要从健脾益肾、抗疲劳专用方剂和药物型运动饮料等方面进行，中医药调理可以提高运动人员的体质和运动能力，尽快消除疲劳，所以传统的中医补充法对消除运动性疲劳很有必要，它对营养物质补充有促进作用。消除运动疲劳的方法很多，单独使用某一种方法，是很局限的，必须综合应用才能有较好的效果，因为疲劳发生的原因很多，而又有个体的运动能力等方面的差异，所以对疲劳的分析必须整体综合考虑。运用消除疲劳的方法也要因人而异，要有针对性地进行。

第三章　实用全民健身方法

人体基本运动能力是人类维持正常生活的基本活动能力，也是人类赖以健康生存的基本条件或基本生活能力。平常所讲的走、跑、跳、投、攀登、爬越、游泳等运动，属于人体基本活动的范畴。它们是人们生活和生产劳动中所必需的技能和能力，同时也是重要的健身运动。身体基本运动手段是最为简便、最易见实效的健身运动项目，也是最易标定负荷量度的运动项目。

第一节　走步健身运动

一、走步健身运动原理

（一）健身走的益处

我国民间流传很广的《十叟长寿歌》，就有"饭后百步走""安步当车久"之说。美国医学专家肯泽尔认为，"作为一种户外运动，走路在锻炼身体方面的作用可以和剧烈的运动相媲美"。可以说，走路是一种无须专门学习便能进行锻炼的健身手段，它安全而简便、男女皆可、老少适宜，对中老年人更为合适。

走是全身性运动，是以离心脏较远的下肢为主要活动部位，这就决定了它的良好锻炼功能。俗话说，人老先从腿开始。走路则是锻炼下肢肌肉和增强腿部力量的良好方式。同时，由于下肢肌肉的收缩与放松，上肢的交替摆动，使体内的新陈代谢大大加强，能增强心血管和呼吸系统的功能。走路的医疗作用也是不容忽视的，科学和实践已经证明，走路对治疗糖尿病、高血压和神经衰弱等疾病均有一定的疗效。

（二）健身走的能量代谢

健身走时要消耗一定的能量，走得越快能量消耗越多。如果以每分钟60米速度步行，每分钟消耗能量为11.3千焦（2.7千卡）。如果以每分钟120米速度步行，每分钟消耗能量为28.04千焦（6.7千卡）。在平地，按每分钟50~100米速度步行，能量消耗常与速度呈线性相关，即速度越快，能量消耗越多。据此，Dill提出下列计算公式：

耗氧量（毫升 / 千克·体重 / 分）= 速度（米 / 分）×0.1+3.5

代谢当量（Mets）= 耗氧量（毫升 / 千克·体重 / 分）÷3.5

若是在向上的斜坡以同等的速度行走，其能量代谢率一般根据向上移动的做功 1 千克 / 米相当耗氧 1.8 毫升来计算登坡所需的额外耗氧，计算公式如下：

登坡额外耗氧量 = 坡度（％）× 速度（米 / 分）×1.8

登坡耗氧总量 = 平地步行时的耗氧量 + 登坡额外耗氧量

二、走步健身运动动作方法

（一）步幅

步幅应自然而舒适，步幅过大会降低动作协调性，使机体过早进入疲劳状态。健身走要求踝关节以上的整个人体稍向前倾，在相对放松的情况下确定步幅。

（二）摆臂

摆臂时肩关节要充分放松，肘关节弯曲 90° 左右为宜。摆臂的主要作用是保持运动中身体平衡，锻炼肩部肌群，促进血液循环，保证人体在运动中各种生理活动的正常进行。此外，摆臂和步频有着密切的关系，摆臂的速度越快，步频越快，速度也越快。

（三）身体姿势

步行中身体不能僵硬，头部和躯干应保持正直，小腹微收。快步走时身体稍前倾。良好的身体姿势不但对步行有利，而且还有助于日常生活中展现挺拔的身体和自信的形象。

（四）步行速度

稳健而轻快的步伐可使人达到良好的健身效果，对一名普通锻炼者来说，以 80~110 米 / 分的速度较为理想。如果以步频来推测步行速度，120 米 / 分是比较合适的基础频率。步行速度最终还是由练习者的身体条件和兴趣爱好而定。

三、走步健身运动的种类

（一）普通散步法

普通散步法即用慢速（60~70 步 / 分）和中速（80~90 步 / 分）散步，每次 30~60 分钟，此法用于一般保健。散步的姿势要放松、自然；脚要放平、柔和着地；两腿迈步交换速度不能过急，应柔和有节奏；两臂随两腿迈步自然摆动；头和颈部放松。

（二）快速步行法

每小时步行 5~7 公里，每次锻炼 30~60 分钟，最高心率可控制在 120 次 / 分钟以下。

此法适用于普通中老年人增强心血管功能和减轻体重。快走时步频、步幅要大于正常行走，双臂积极前后摆动，重心快速前移，抬头挺胸收腹。

（三）定量步行（医疗步行）法

采用在斜坡地面和平地上交替进行，由医生对锻炼者（病人）预先诊断后确定各种地面的距离和时间，以保证特定的负荷刺激量。此法对患有慢性心血管病的中老年人较为适用。

（四）摆臂散步法

步行时两臂有力地前后摆动，以增进肩带和胸廓的活动范围。适宜于肺结核、慢性支气管炎等呼吸系统疾病患者的体疗锻炼。

（五）摩腹散步法

摩腹散步法即一边散步，一边按摩腹部，这是我国传统的保健方法，具有促进胃液的分泌和使胃排空的功效，这种方法对消化不良和胃肠道疾病患者极为有利。

（六）后退走

后退时，由于身体参加运动的肌肉工作部位与普通走路正相反，从而使活动少的部位和肌肉受到一定的锻炼，对增强腰背肌肉力量及柔韧性，以及全身协调性具有积极作用。

后退走的路线，可使远近两点与视线成一直线，身体沿此线倒行，或在地面上画出标志线。脚的着地方式应从足尖过渡到全脚掌。两臂在体侧自然前后摆动。每次练习 60 米左右，与正常走交替进行。

四、走步健身运动锻炼处方

不同的个体，由于身体承受运动负荷的能力大相径庭，其健身的目的、手段和方法也是各不相同的，要达到理想的锻炼效果必须因人而异。在这里给大家介绍由美国有氧运动专家库珀制定的有氧健身走锻炼处方，只要每天能走步一小时，并按规定的速度进行锻炼，经过几周的坚持，就会出现良好的体力和情绪状态。如果每周能获得30 分以上的话，就能保持良好的健康水平。

第二节　跑步健身运动

跑步是一种关节和肌肉反复活动的全身性有氧运动。跑步时消耗大量的营养物质，供给肌肉活动，所以利用跑步消耗体内过剩的热量，有利于减少体脂和控制体重，从而保持优美的体形和良好的健康状况。以改善形体、增进健康为目的的跑步可以称为健身跑。自德国学者阿肯 1947 年提出"长、慢、远"的现代健康跑步方法以来，慢跑活动被列为有益健康、抗病延年的手段。又由于慢跑"简单易行，效果奇特"，因而被称为"有氧代谢运动之王"而风靡全球。从事跑步锻炼，能够有效地增强人的心肺功能，促进新陈代谢，有助于控制体重；跑步动作简单，反复进行，能增强神经系统的功能（锻炼意志）。最新的研究表明，跑步还能防止便秘、肌肉萎缩和多尿症，改善精神状态。从 20 世纪 80 年代开始，"跑步热"风靡全球。美国学者库珀的 12 分钟有氧跑（有氧锻炼法）在世界上十分流行。

一、跑步健身运动的能量消耗

跑步所消耗热量的多少主要取决于运动的强度和持续时间。以 250 米 / 分的速度跑 30 分钟所消耗的热量要比以 130 米 / 分的速度步行 30 分钟所消耗的热量多得多，虽然同样是活动 30 分钟，但跑步行进的距离大于步行。强度越大，消耗的热量也越多。热量不仅在运动过程中被大量消耗的热量，更主要的是在随后的恢复期内还要消耗相当多的热量。跑步时能量消耗计算公式如下：

跑步时能量消耗（千卡 / 分钟)$=0.2 \times$ 脉搏 $- 11.3 \div 2$

脉搏是指运动时测得的心跳，计算的结果就是在这一强度下每分钟消耗的能量，这样就能科学地选择适宜的运动强度，达到很好的健身效果。

二、跑步健身运动的动作方法

跑是单脚支撑阶段和腾空阶段互相交替的循环过程，即左腿、右腿各跑一步中有两次支撑和两次腾空，支撑阶段是脚着地时起到脚离地时止，腾空阶段是从脚离地时起到另一只脚着地时止。

（一）跑的动作周期

1. 着地缓冲

此阶段是从脚做"后扒"动作着地时起，屈膝、屈踝进行缓冲，至身体成垂直支撑（身体重心和支撑点的连线与地面垂直）为止。

2. 后蹬

该阶段是身体垂直支撑起，随身体前移的惯性及另一腿的向前摆动作用，伸髋接着迅速蹬伸膝和踝关节，直至脚尖蹬离地面为止。

3. 前摆

这个阶段是从后蹬结束脚离地前起，蹬地腿小腿放松，自然上摆，形成大小腿折叠屈膝前摆的动作。当膝盖前顶，大腿向前上方摆到体前接近水平位时，大腿立即下压，小腿自然前伸准备做出向后"扒地"的动作为止。

（二）跑的步长、步频

步长与步频的变化决定着跑速。步长与步频相互依赖、相互制约，如果同时提高步长和步频，跑速必然提高，但是步频太快影响步长，步长太大影响步频。因此每个人应根据自己的特点，选择适合自己的节奏，获得最快的跑速。

三、跑步健身运动的种类

跑步健身法是最简单的有氧运动之一，能够促进机体大量摄取氧气，最有效地增强心肺功能。科学实验证明，慢跑时的吸氧量比坐着时要多8~12倍，肺通气量均增加10倍，由于吸入体内的氧气增加，使得体内的新陈代谢更为旺盛，从而有效地提高健康水平。

（一）走跑交替法

对于初次参加锻炼或体力较弱者，可采用此法。可先慢跑到感觉跑不动时转入行走，行走到感觉身体机能调整恢复后再转入慢跑。经过一段时间练习，随着身体机能的增强逐步过渡到全程跑。每次练习时间控制在20~30分钟，每周至少3次。心率控制在60%~70%。在跑时注意呼吸节奏，出汗而不气喘。呼吸节奏可以采用两步一呼，两步一吸、或者三步一呼、三步一吸的腹式呼吸方法。

（二）匀速跑法

匀速跑法是在跑的过程中根据个人的体质和锻炼要求均匀地分配体力，做到使跑速不发生变化。这是跑一定距离的最为省力省时的方法，也较容易控制运动负荷。匀速跑的速度和时间，要根据个人的体力而定。

（三）变速跑法

变速跑法即采用快跑与慢跑交替进行，变速跑的形式有很多，如采用等距变速跑、不等距变速跑、直道快跑与弯道慢跑组合、不均匀的快跑与慢跑组合等，这对健康状态较好的中老年锻炼者较为合适，但要注意控制运动强度，尽量使快跑时的负荷保持在无氧阈以下。

（四）重复跑法

重复跑法即在跑出一段距离（如400~800米）后，休息一段时间（如3分钟），待休息到平静状态后再跑出相等的距离，如此不断交替进行的方法。这种方法对于渴望在短时间内提高练习量的锻炼者十分合适。强负荷的方式是逐渐增加跑的距离和缩短休息时间，通过一段时间后过渡到匀速跑。

（五）间歇跑法

与重复跑类似，但在两次跑之间有一个严格规定的休息时间，在疲劳还未消除的情况下进行下一次练习。这种方法能有效地提高混合供氧能力。

（六）定时跑法

这种跑法有以下三种形式：一是不限速度和距离，只要跑一定的时间即可；二是有着一定的距离和时间限制，并随着锻炼水平的提高而延长距离或缩短时间；三是在规定的时间内跑更长的距离——这对锻炼者的体力要求更高。

四、跑步健身运动的锻炼处方

虽然跑步是最简单的锻炼形式，但是要经常、持久地坚持锻炼却不是简单的事情。对于已经决定用跑步来健身的大学生来说，一个有效的跑步计划能使你跑得更好，并能在这项运动中保持持久的运动欲望和兴趣。以下的这份锻炼处方虽不能适合每一位学生，但确实可以为你提供一个让你心动的、能付诸实施的处方。

（1）本运动处方是为已确定了锻炼目标，以跑步为健身手段的跑步者设计的。

（2）本运动处方分 7 个阶段，20 个单元实施，每周练 3 次，一学年完成。第 1~2 阶段为初级阶段，第 3~5 阶段为中级阶段，第 6~7 阶段为高级阶段。第 6~7 阶段只要求有长期跑步基础、素质水平较高者达到。一般学生通过至少 12 周锻炼，完成第 5 阶段既可获得一定的成就感。

（3）第一阶段分 3 级练习目标，为起始阶段，每两周完成一级目标，运动强度 60%，快走为主、慢走为辅，每次练习 40~50 分钟。

（4）第二阶段分 3 级练习目标，每两周完成一级目标，运动强度 60%，快走和跑交替进行，每次练习 40~50 分钟。

（5）第三阶段分 3 级练习目标，每两周完成一级目标，运动强度 65%，快走和跑频繁交替进行，每次练习 40~50 分钟。

（6）第四阶段分 3 级练习目标，每两周完成一级目标，运动强度 70%，持续慢跑为主，每次跑步总距离 2.5 千米。

（7）第五阶段分 3 级练习目标，每两周完成一级目标，运动强度 70%~75%，持续慢跑为主，每次跑步总距离 3~3.5 千米。

（8）第六阶段分 3 级练习目标，每两周完成一级目标，运动强度 75% ~80%，持续慢跑为主，每次跑步总距离 4~4.5 千米。

（9）第七阶段分 3 级练习目标，每两周完成一级目标，运动强度 80%，持续慢跑为主，每次跑步总距离 5 千米。

第三节　跳跃健身运动

一、跳跃健身运动的原理

跳跃技术包括助跑、起跳、腾空、落地四个部分。

（一）助跑

助跑的目的是为了获得一定的水平速度，并为快速有力的起跳做准备。在跳越项目中助跑速度的快慢直接影响起跳的质量，要尽可能发挥助跑速度。

（二）起跳

起跳在于获得垂直速度。使通过助跑获得的水平速度转为向上的垂直速度，在起跳时，应尽量保持助跑获得的水平速度，快速起跳，脚着地离重心投影线较近，有利于积极蹬地向上跳起，同时摆动腿积极向前上方摆动，带动髋部积极上提和前送，两臂也提肩摆动维持空中的身体平衡，起跳是完整跳跃技术中的关键部分。

（三）腾空

踏跳结束后，即进入腾空阶段。在空中有目的地完成一系列动作，以达到充分利用腾起高度，尽快地越过横杆，或者有效地维持身体平衡，尽量延长腾空时间，达到跳到最远的水平距离的目的。

（四）落地

人体腾空后，由于重力作用，身体重心达到最高点，而后便开始下落。此时，人体受重力加速度的影响而加速下落，一般当手、脚一接触落点时，立即屈肘、屈膝缓冲或倒体、团身等。同时注意落地区的设施，如海绵坑的布置，沙坑的松软都要保证十分安全。

二、跳跃健身运动的练习方法

（一）原地跳跃练习

原地跳跃练习是以下肢弹跳为主的一项运动，它主要发展臀大肌、股四头肌、股二头肌、小腿三头肌等肌群，同时腹部肌群、腰部肌群在配合收缩下也会得到锻炼。因此，对健美双腿，减掉全身多余脂肪及增强心肺功能有积极作用。原地跳跃主要动作有纵跳、直腿前踢跳、内盘跳、外摆跳、箭步跳等。

（二）跳绳

跳绳被誉为最佳健身运动。它不受场地、设备和时间限制，简单易学，老少皆宜。跳绳以下肢弹跳和后蹬动作为主，腹部肌群配合腿、胸、背、膈肌参与活动，可增强肺、血管和心脏功能。同时，跳绳在全身参与综合性运动时，大脑充分参与运动，进而增加脑细胞的活力，对提高思维力、想象力和协调能力十分有利。跳绳的形式多种多样，可分为单人跳、双人跳、多人跳等，每一类又包括多种方式，可有效地提高练习的趣味性和积极性。

（三）高度跳

它是跳跃中以取得身体垂直腾空高度为主要目标的运动，可用以发展下肢力量、爆发力，提高身体机能。高度跳主要动作有跳台阶、连续纵跳、原地纵跳和原地纵跳摸高等。

（四）远度跳

远度跳是通过跳跃，以取得身体腾空远度为目标的运动，对于发展身体爆发力和全身协调能力有重要作用。典型动作有立定跳远、连续跳远、连续纵跳、跨步跳和单足跳等。

三、跳跃健身运动的锻炼处方

在健身跳中跳绳是一个极具浓厚兴趣的体育项目，不仅学生喜欢，就是专业运动员也用它作为身体素质训练的内容。本节制定的健身跳运动处方，需要全身肌肉和髋、膝、踝等关节共同参与，对心脏有较强刺激，当运动到6~7分钟后心跳相当激烈，对提高心血管系统以及人体灵敏性和协调能力有积极意义。

大学生健身跳练习处方分7个阶段，每个阶段设立20个阶段目标，每周锻炼3~5次，20周完成。

（1）第一阶段设3级目标，为起始阶段，每周完成1级目标，每次运动30~40分钟。

（2）第二阶段设3级目标，每周完成1级目标，每次运动40~50分钟。

（3）第三阶段至第六阶段，每个阶段设3级目标，每周完成1级目标，每次运动50~60分钟。

（4）第七阶段设2级目标，每周完成1级目标，每次运动50~60分钟。

第四节　投掷健身运动

投掷健身运动是人体运用自身的力量将投掷物投远或投准的一种运动方式。投掷运动所表现出来的是人的力量素质和灵敏协调能力。经常进行投掷练习，对发展上肢、躯干和腿部力量有积极的作用，可以有效地发展力量素质，特别是爆发力，对青少年骨骼的发育、韧带的完善，也有着良好的促进作用。

一、投掷健身运动的原理

（一）器械出手的角度

根据弹道力学的实验结果，在真空中物体发射的角度应以 45°为最远。但这是以射出物的出发点和落点在同一水平面上为前提的。而田径运动中的投掷项目，器械的出手点高于落地点，不在一个水平面上。因此，出手点和落地点的连线与地平线构成一个角度，叫作地斜角。地斜角的大小与出手的高度成正比，与投掷的远度成反比。如果器械的出手角度为 45°，则水平分力等于垂直分力，由于地斜角的关系，适当地增大水平分力减少垂直分力，对器械投掷远度是有利的。

（二）器械出手初速度

器械出手初速度，是由助跑所获得的加速度与肌肉最后用力的结合形成的。因此，要获得较好的初速度，必须在最后用力时，取得较长的工作距离，加大作用于器械的力量和尽量缩短用力的时间。

初速度和角度对投掷有着重要的作用。实验证明，增大出手角度和初速度，都可以增加远度。但增加角度是有限的，最适宜的角度为 45°，而越接近 45°，远度增加越少，相对来说，出手初速度是没有限度的，所以，增加初速度对增加投掷远度，更具有特殊的意义。

（三）空气阻力

一般来说，空气阻力是不利于投掷物向前飞行的，但掌握正确的投掷技术，根据不同的风向、风速和投掷者的特点采取合理的投掷角度，使之尽量减少空气的阻力，能合理利用空气阻力所产生的上升力，增加投掷物的飞行时间与远度。因此，在投掷过程中，要做到尽量增大出手的初速度，掌握最适宜的出手角度，减少空气的阻力和合理利用空气上升力。

二、投掷健身运动的练习方法

（一）握力的练习方法

握力反映人前臂和手部肌肉的力量。人在抬、拿、拉、扯、拧、搬等活动时，如果握力较强，完成这些活动就比较顺利。因此握力是反映人生存和活动能力的重要指标。

增强握力的方法：

增强握力的练习可从肩关节开始，从上到下集中在三个方面；通过弯举双臂锻炼上臂肱二头肌；通过各种肘屈伸动作锻炼前臂的屈肌、屈指肌群；通过腕部屈伸动作加强手部肌群的协同、对抗能力。练习的器械可用杠铃、哑铃或其他重物。

（二）男子上肢力量的练习方法

首先经常进行引体向上、悬垂、双杠等项目的练习。其次是利用杠铃等器材，围绕胸、脊背、臂部肌肉进行重量负荷训练，最后是做俯卧撑，俯卧撑以上肢肌力为中心，撑起和落下过程中，胸部、脊背、前臂各大小肌群共同用力，腹部、臀部、大小腿肌肉群协调配合。因此俯卧撑也是一项很好地锻炼、提高上肢肌肉力量的运动。

（三）常见的抛掷实心球或铅球的锻炼方法

1. 前抛铅球和实心球。
2. 后抛铅球和实心球。
3. 原地推铅球和实心球。
4. 双手胸前推球。
5. 仰卧投实心球。
6. 双手向上抛接实心球。

三、投掷健身运动的锻炼处方

下面是季成叶在《体质自我评价和健康运动处方》中为我们设计的利用杠铃进行质量负荷练习的运动处方：

（1）本处方主要运动方式为立式抓举、坐式挺举、仰卧推举、头后挺举。

（2）本处方分 5 个阶段 22 个目标，40 周完成，每周练习 3 次。

（3）第一阶段负重 6 千克，第二阶段 7~8 千克，第三阶段 9~10 千克，第四阶段 11~16 千克，第五阶段 17~18 千克。

重量负荷训练通过对肌肉施加压力，激活新陈代谢，使肌纤维增粗，肌力增强。通过重量重复练习，用力均匀，在提高肌肉耐力的基础上转到发展肌肉、实现体形线条优美的目标，是最好的锻炼方式之一，因此男女都可使用。

第四章　传统全民健身实践

第一节　太极拳

太极拳是中华武术文化的集大成者，其精髓博大精深，其气势奥妙无穷，其招数千变万化。作为中国传统武术之精华，太极拳最本质的属性是技击，是一项武术性极强的拳法。但随着众多支流的涌入，我国现今的太极拳运动开始出现功能异化的现象。本节对太极拳功能异化问题做探究，分析太极拳的发展现状，列举四大功能异化现状问题，探究异化现象的原因，进而提出了相应的策略分析，以期让大众更客观地认识太极拳。

21世纪以来，随着时代的进步，社会经济的蓬勃发展，人们的日常生活有了新变化，生活节奏开始不断加快，人们对自身健康管理也开始重视，怎样才能养生、保健、修身、养性是人们关注的重点。

太极拳运动成为人们的首选运动，太极拳作为我国传统体育项目，有利于强身健体，这一点与我国中医强调的养生之道非常符合，所以一直受到人民群众的欢迎，太极也因此得以流传至今。但在太极拳流传的同时，也出现了许多与时代不相适应的问题，太极拳功能异化的问题越发严重。为了保护这项民族传统体育项目，探究其功能异化现象就显得尤为重要。

一、太极拳的发展现状

太极拳作为中国传统武术的拳种之一，早在民国时期就开始风靡于大江南北，并已经得到了一定的推广。

在民国时期，以历史为时代背景，社会出现几次大的变革，在清朝末年西方教会进行教育活动，中国开始引进大量的西方体育项目。这引起了当时部分爱国志士的愤怒，开始提倡有民族特色的传统体育，太极作为传统体育的重要组成部分，也在这一时期得到了推广，使得太极在当时得以发展起来。第二个热潮是在新中国成立之后，此时的太极拳运动的发展到了一个新高度，开启了全民太极热。接着又在改革开放的推动下，太极风开始吹向大江南北，还延伸至国外。如今，不仅在公园晨练看得到爷爷奶奶们打太极，还可以在许多影视剧作中看到太极的影子，更是在国外掀起一阵太极风。这种现象反映出太极还是较受欢迎的一种运动。

然而，太极拳在发展过程中仍存在着不少问题，这些问题值得我们深思。首先是太极拳教学痛点，学校武术作为武术存活和发展的重要传递方式和场所，武术进校园一直是国家倡导的模式。所以一些太极拳学校相继创办，但是这些学校的规模和档次普遍偏低，学校的稳定性极差，这种小规模教学和零散数量的群体，远不能满足太极文化和太极产业发展的需要。其次是太极拳群体的老龄化现象。

现在的太极拳习练者以中老年人居多，青壮年非常少。青少年是一个国家和民族的未来，长此下去，就很难继续将这项民族体育传承下去。最后是西方体育的强大影响力，改革开放以后，西方体育大范围进入我国，成为中国健身市场的主力军，中国的传统武术在中国群众体育项目中风光不再，传统武术已位列10名之后。反之，越来越多的民众更倾向于学习外国传入的项目，如跆拳道、瑜伽。相比之下，传统武术的市场就显得太小，特别是像太极拳这类的市场就更少了。

太极拳在这种发展现状下，也开始出现更严重的太极功能异化现象，需要我们去探究并解决。

二、太极拳的功能异化

（一）从"武"到"舞"的异化

太极拳的本质是"拳"，本家是"武"。太极拳属于武术。武术讲究的是劲力和技巧，不仅要攻还要注意防。没有攻防就称不上武术，就没有武术的生命力。而今出现的一种异化是将太极的"武"缩小，而是扩大了太极的"舞"。太极拳招式柔美，习者形态优美，故被称为"东方芭蕾"，正因为这一特征，所以现在很大一部分的太极拳爱好者是女性，因为女性喜舞善舞，更倾向形态优美的运动。也正是所风行的太极拳以女性居多，女性打的太极拳太柔美，再配上音乐。使其很像是舞蹈。很多民众对这种"摇肩扭臀"的柔软操有了偏见，认识不到太极拳的真谛。更有些人学习太极拳，都没有明白其中的内涵，只是一味地学习招式，邯郸学步地将太极拳改编为健身舞，再教授给更多的女性习者，将太极拳从习武变成习舞。这是一种从"武"到"舞"的异化。

（二）从"防身"到"养生"的异化

在中国武术发展最兴旺的古代时期，由于国家不统一，六国之间常年战火纷飞，这一时期士兵学习武术是为了保家卫国、战胜敌人、扩充国土；老百姓学习武术、太极拳主要是为了保护家人、防身自卫。发展到近代世界大战时期，外国入侵中国使用的都是枪、炮，此时中国武术在枪、炮面前没有施展的余地，也没有时间和环境去学习和传承我们的中华武术，这样的环境原因抑制了中国武术的发展；时至今日，世界和平，祖国日益强大，人民的生活水平不断提高，更多的人关注的是自身健康，太极拳发展到今天，其主要作用就是为老年人养生提供载体，这就是太极拳从"古代防身"到"现代养生"的异化。

（三）从"身随意动"到"身随乐动"的异化

太极拳讲求的是力由内发。内发要先有"意领"，即先有意动，继而内动，然后形动。要能有里面不动、外面不发的控制。

要做到以内促外、以外演内、内外合一、神形兼备，特别是要注意"默识揣摩""意领身随"。即把意识、思想、体悟放在主帅位置，心无旁骛，用"心"练拳。练习太极讲求的是手眼身法步的结合，精神气力功的运用。其间任何干扰和诱惑，包括声、光、色、气等一切外界的东西都在被摒除之列。持续练习下要形成习惯思悟的定式，才能逐渐摸索出其中套路和招式的奥秘，得以掌握其中精髓。

现在的情况是，许多练太极的地方都会有配乐，一边播放着音乐一边打太极拳，这样就会不自觉地跟着音乐的节奏来控制打拳的速度，这是一项常识性错误。如果打的拳法和音律对不上，就会被称为"不会打拳""没乐感"。这种太极拳练习都不再讲求招数，而是由音乐控领，已经从"身随意动"异化到"身随乐动"。

（四）从"少壮"到"老年"的异化

中国作为"太极"的发源地，习拳热情却远不及国外。表面上身边有很多人在打太极拳，但仔细一看都是中老年人在练习，极少有年轻人参与。早期的太极拳更多的是少壮年轻人，最佳的学太极拳时间就是少年期间。但是现在纵观全国上下练拳者全是中老年，青壮年很少。

如前所述，太极拳是古代中国人发明的一种能够调节人体机能的健身拳法。邓小平专门提词"太极拳好"。在太极拳传入各国后，国外趋之若鹜，日本人更是如获至宝。

回观国内太极拳现象，青少年体质下降，很多疾病开始呈低龄化发展。我们不禁发问，既然我们的太极拳有强身健体和增强体质的奇特功效，甚至有些现代医学解决不了的难题，都有机会由太极拳解决。这么神奇的太极拳，为什么我国的青少年就不去练习呢？所以如何将太极拳推广到青少年群体中，让青少年走出宿舍走出游戏，强身健体，习练太极，这是值得我们宣传的，也是各教育部门、体育部门的领导者应深思的问题。

三、太极拳功能异化的原因探究

（一）对于太极拳的经典认识不足

太极拳是传统武术的经典之一，太极拳有悠久的历史，有众多流派，流传较为广泛的就有陈式、杨式、吴式、孙式等，每种都有自己的风格。出现太极拳功能异化的现象，一个很大的原因是对太极拳的经典认识不够。太极拳在中国武术中具有举足轻重的地位，在中国武术中，太极拳最能体现中国人的性格和气质。太极拳是一种拳法，虽然有调理身心的辅助作用，但并不意味着太极拳就是养生操，也不是健身操。缺乏对太极拳的认识，必会出现异化发展现象。

（二）缺乏正确的太极拳理论指导

随着越来越多的民众开始接触太极拳，如何学太极拳成了一个重要问题。在现今的太极拳教学中往往缺少标准化的教学体系。但是由于现代社会生活节奏快，许多人都喜欢速成，往往三四天学完招式就开始练习，忽视了太极拳的理论指导作用。在太极拳中，也没有一个正确系统的理论，这导致太极拳中有各种不同的派别争奇斗艳。学任何一项事务，都离不开理论指导，更何况太极拳是一项实践练习性的武术。

（三）太极拳队伍缺乏有效管理

一种武术想要稳定发展，那就需要各部门一同努力。现在传统太极拳的生存与发展都是靠民众自发组织，政府部门在政策上的支持和管理力度不够，所以传统太极拳的组织形式仍处于无序的混乱的发展状态。即使有的传统太极拳流派发展得比较好，也仅仅局限于某些局部地区。民众越来越重视养生，越来越多的人选择了太极拳。

正是在这种市场下，有一部分人看准武术市场，打着"三天包会"的旗号，大肆收学徒教太极。这虽有利于太极拳的推广，却也给太极拳队伍造成污浊不清的氛围。缺少政府部门的管理和指导，各门派只能自己摸着石头过河找出路。这种现象必将造成太极拳功能异化，使其平民简单化、商业化。

（四）太极拳文化缺乏传承和弘扬

从近年来太极拳文化的发展的现状看，不管是政府还是民间文化，都在极力保护本民族留下的优秀文化遗产资源，特别是对非物质文化遗产的保护力度在不断加大，大家都开始注重对优秀传统的继承发扬，增强民族文化认同。

时代变革太快，外来文化在不知不觉中侵入到我们的生活中，文化自信逐渐缺失，尚有不计其数的文化遗产正处于濒危状态。

相比其他优秀传统文化而言，太极拳是幸运的，传统的杨式太极拳和陈氏太极拳已经受到了保护被列入非物质文化遗产名录之中。但现代太极拳与传统太极拳在当今社会不同的发展状况还是令人担忧，今后是否还有新一辈的人来继承太极拳，是否还能推动太极拳的发展，这些问题都让我们对太极拳的传承和弘扬感到担忧。

四、促进太极拳健康发展的策略分析

（一）提高对太极拳经典的认识

学一门技艺，就要学最经典的才能学得通透。习练太极拳，就必须了解太极拳的性质，是学武而不是学舞，是注重其意动而不是乐动。尤其要了解太极拳的阴阳平衡、相互转换、中庸思想、入静清心、以柔克刚、四两拨千斤等经典理论思想，欲要健身，先要养性，身心合一、内外兼修。学经典太极拳，更能领会其中深意，习练起来更有效益。如果学的是小派支流的太极拳，花拳绣腿真假难辨，免不了带着浮躁的心理，那就进入不了太极的境界，追求身心健康只能是一句空谈。

（二）加强太极拳的理论指导

学习太极拳的理论知识有助于快速了解太极拳，知道太极拳是什么，了解太极拳的历史，进一步学习招式供后期实战过程使用。通过对太极拳的理论知识的学习，先理清思路，学习前人经验，才有助于习练。太极拳的理论指导更注重建构传统太极拳技术和理论体系，进一步加强传统太极拳健身功能和传统太极拳人才培养模式。尽早对太极拳做理论指导整理，可以进一步继承中国武术的博大精深，也可以发掘传统太极拳的健身功能。所以应该大力提高科研人员自身的素质，加强高素质武术科研人员的培养；建立武术科研基地，加强多学科、多方面人才的合作与交流；完善传统太极拳科研管理。这样才能确保太极拳的地位和推动太极拳的发展。

（三）全面整顿太极拳队伍的建设

单凭一己之力是很难将太极拳发扬壮大的，所以必须要组织太极拳队伍。而一个队伍的建设离不开管理和指导，因此太极拳想要有更好的发展，就要让国家加强管理和指导力度。政府和有关机构应该加强对传统太极拳的保护管理和宏观指导，在宏观上要有正确的领导方向，在组织上给予充分的支持和指导建议。对于太极拳队伍的管理问题，可以采用层级保护体制，这样不仅可以健全协会组织，还可以扩大队伍建设。由于现在的太极拳都是民间小支流组织，内部管理统筹较差，大多以盈利为主，所以应该对小支流的统一化组织化。从下至上，一起找出最好的管理体制和机制，一起来保护太极拳的传承，实现保护与发展的良性循环。

（四）大力宣传和弘扬太极拳文化

传统武术的发展，一定少不了发扬和传承，太极拳也不例外。太极拳的推广首先要重视宣传，要鼓励民众参与太极健身。宣传的方式可以由上至下，可以是大范围的集体推广，如在中小学开设传统武术太极拳课，也可以是小范围的社区推广。再结合现下流行的互联网文化，将太极拳的宣传和网络结合起来，曝光更大，民众接受力就更大。

在弘扬太极拳文化上，更要注重太极拳的经典和内涵，只有优秀的文化才能被接受，所以太极拳文化自身要有正统的发展。希望通过一些推广措施，让中国的太极拳走近群众，在国内得到升华，再走出国门，绽放异彩。

太极拳作为中国传统武术项目，我们更应该增强对它的保护传承和推广。太极拳不能因为一味追求顺应时代发展趋势和养生保健需要，就忘其根本出现异化现象。本节针对异化现象的探究的同时也分析了原因并提出了几点发展策略：提高对太极拳经典的认识、加强太极拳的理论指导、全面整顿太极拳队伍的建设、大力宣传和弘扬太极拳文化。

太极拳经过现代奥林匹克运动精神的渲染，社会对养生功能的诉求，工匠文化精神的消逝，传承空间被同化的时代背景下、反映在自身功能的多元导向，由此太极拳的技术正在走向分化，既以本质的曲解和概念替换，而技术本质成为必然焦点。此外，还面临挖掘和认识正在消逝的核心技术的迫切需求。实际上越是要发展好技术，越是要清楚技术本身是什么。作为永恒且基础的学科话题——技术，始终都充斥着学术界，并保有持久的吸引力，那么已有的研究成果优点在哪？待研究的方向在哪？我们需要以冷静、回望的方式做一次整理。

五、定量方面的太极拳技术研究

（一）以拳种为导向：重竞技，轻传统

从文献上看，基本围绕国家竞技太极拳的规定套路、自选套路，抑或是针对某一特定竞技动作为研究对象，较少以传统太极拳的习练者或传统太极拳技术为研究对象。而深层次原因在于，定量研究有较强的学科专业性，部分学者具有医学、力学、心理学等学科背景，其短板在于对太极拳的认识不够全面。此外，通常学术研究集中在高校，目前我国武术学科专业设置、竞技项目比赛、学生升学加分都集中于竞技太极拳板块，高校也基本被竞技太极拳所覆盖，因而学术界多把竞技太极拳作为研究对象有其场域和历史的必然性。需要解释的是，竞技太极拳并非学术界所独善的专利，实则是竞技太极拳具有放之四海而皆准的技术规格。反观传统太极拳风格千枝百蔓，迥异有别，模糊了作为研究对象的视野，片言只语较难厘清能代表传统太极拳的研究对象，但传统太极拳是根基性的内容，传统太极拳技术越来越成为学术界不可逾越的鸿沟。本节通过以上分析明晰了重竞技、轻传统研究的文化事实，所反映的机制问题较为复杂，但可以确定的是传统太极拳的研究采取高校与民间的参与、互助、交叉，不失为研究范式的新方向。

（二）以实验为导向：重局部，轻整体

以实验数据作为研究的方式，以其聚焦和量化为参照。太极拳技术的相关研究基本聚焦在特定动作和发力的肌肉群参与度，推手所遵循的力学原理上，也有从正误动作研究膝关节问题的，而还有一大部分，把竞技套路的特定动作为研究伊始。其优点在于将莫测高深、镜花水月的技术用科学的放大镜展现了出来。而弊端则是，因学科局限性不可避免地割裂了太极拳尤为看重的整体运动模式。比如太极拳既重视肌肉的绝对力量，但同时更注重胸腹折叠、吞吐开合将身体肌群合为一体的整劲，而意识、呼吸在其中扮演着非常大的作用，甚至盲目的肌肉锻炼，亦称单关节运动，极易造成肌肉合力的削弱。另外膝关节运动的技巧，基本围绕膝关节局部在做研究，分离了膝关节与脚和髋之间的联系，殊不知膝关节的过度外撑与里合，多是因为脚尖和髋关节姿势不正确造成的，如再盲目地做里合外翻动作反而会引起更多的技术问题。还有竞技套路比赛研究的难度完成、技术排名、失误影响、优势加分等都反映了研究者的技术视角，是否能将运动员本身的实践感知与量化研究做一定的互补与参照，值得认真思考。由此可以看出，将局部量化与整体质性研究相结合将会是一种研究方向。

（三）以技术为导向：重一般，轻精华

太极拳的一般性技术研究在整个研究领域占比较大，主要包括了运动过程中肌群的参与、高中低身法技术规格下的身体代谢水平、力的使用方式、太极拳练习过程中意识的放松等，均体现了技术的表层研究趋向。由于太极拳是意、气、形三者合一的运动，具有东方特定文化在现代科学领域里研究的盲点，是此类研究不可回避的话题。但对于太极拳技术的科学性量化的阐释，这部分则正是需要挖掘的板块，也正是最吸引人的方向。比如，高中低身法的代谢研究，通常只在高度的变化上去做简单的比较研究，而对象在练习过程中的起伏幅度对代谢结果影响较大，更深层的，太极拳当中的撑裆、圆裆的技术要领，在没有兼顾这些要领时的中等身法，从体验上并没有比低身法代谢强度大，另外在中低身法时，躯干部位的内外要求则对代谢会成倍增加。而对这些细节并没有给予更多的关注，其反映了技术的深层次原因，也是揭开意、气、行三者合一的有效途径。比如研究太极拳意识的，多反映了太极拳的意识放松，而我们知道太极拳练习过程中应耳听背后、眼看八方，其中寓意了极度集中且放松的矛盾体，如何解释意识放松的真实含义。由此我们可以看出太极拳的研究必须从一般性的技术，走向精华的纵深研究，只有这样才能真正促进太极拳技术的科学化发展。

六、质性方面的太极拳技术研究

（一）以理论为导向：重实证，轻建构

太极拳质性方面的研究较符合本身技术的内在理论，至少从拳理视角体现了些许不可量化的表达。经典性拳理作为太极拳的核心向外延伸，形成了不同的理论解释，这些经典性解释作为太极拳的历史印迹影响着后来者。比如虚实相生、松肩拔背、行云流水、不丢不顶等，而现在的太极拳技术研究多围绕已有的经典理论，抑或是以这些理论作为过程中的支撑材料，其根本目的是要证明这些理论的有效性与达到的途径。这些领域无可厚非地被称之为必将或长久的研究方式，因为太极拳技术本身需要被挖掘、解释与掌握，我们可以把这部分研究称之为实证性的。那么在当代身体技术相融共生的视野下，理清太极拳当中有效的训练方法，规避无效且长期训练的方法则尤为重要，比如太极拳当中唯套路为整体的训练方法，实际则包含了套路、功法、力量、单招、推手、散推、散手练习。我们对传统武术拳种的传承仅限于其套路形式，这样的传承是片段化的，绝非体系化的。在此基础上为了达到太极拳的某种技术要求，比如借鉴拳击的步法、各种近身技法的听劲，甚至借鉴各种体能训练的方式来服务于太极拳技术，我们把这部分称之为建构性。实际上太极拳要达到的技术是本身运动特点所规定的，也是不可更变的，这部分确立了其之所以称之为太极拳的根本。但是我们在达到这个要求时可以跳出太极拳技术的训练圈子，在更大的身体技术训练场域寻找素材。因而我们的技术研究应给建构性留下更多的空间。

（二）以视野为导向：重技术，轻人文

以技术本身作为视角符合一般的研究规律，尤其以身体技术作为表现的太极拳。而"武术是一项超越身体技术范畴且复杂的人类文化行为和现象"。我们不得不承认技术本身的现实性，同时又必须接受太极拳作为一种"人"的文化现象的特殊性。比如，太极拳理论中夹杂着一些崇古思想造成的技术夸大、民间技术传承过程中的一些自我想象、技术与文学交融的修饰等，为反映技术的真实性增添了几分朦胧感。此外受中国文化整体观的影响，太极拳技术本体与地域空间、文化事实等文化现象属于血浓于水的关系。而反观太极拳技术的研究多聚焦在技术本身上，较少涉足技术背后所反映的深层次文化现象。再如，拳论中所讲"一羽不能加、蚊虫不能落""观耄耋能御众之行，快何能为""引动四两拨千斤"等，均超出了字面意义，而四两拨千斤正是被误化最为严重的。尤其作为太极拳的传统师徒制训练方式，远远超出了技术本身所能解释的范围。必须将技术置于人的全面角度进行阐释。而现在流行的人类学、社会学、口述史等研究方法，更注重文化现象的研究，较少涉足有关技术的研究。需要指出从这些跨学科视角最能反映技术原样，同时结合现代运动科学进行研究不失为一种研究趋势。

（三）以作用为导向：重理论，轻实践

技术的研究实际上是为了更好地发展太极拳，其最终目的是以作用为参考，脱离了使用价值的技术研究不利于长期发展。但从另一个方面讲有关技术的都是实用的，即使是错误的也能得到借鉴。"太极拳学术研究的选题较集中于理论，运动生理学及健康养生方面"，造成了太极拳处在社会认识矛盾、自我传承矛盾、价值功能矛盾中，因而对于技术的直接作用则显得格外重要。从目前的研究来看，研究成果多注重理论研究，理论研究分为解释、探究、挖掘等，可以再分为直接可用于指导实践的和不能直接指导实践的，整体属于是什么和为什么的序列，这些理论有利于厘清太极拳技术的来龙去脉。然而，另一方面的研究，即是怎么做的板块研究则显得捉襟见肘，这其中又分为怎么教和怎么练两个问题。最主要的则是"教"反映出来的窘相，近些年来有关太极拳教学方面的文章少之又少，没有更多的学者将视角定位在这个板块。太极拳的已传承过程中存在的问题，与之后将要面临的传承态势，与如何教有直接的关系。在国家提倡的复兴优秀传统文化的时代背景下，太极拳作为一项身体技术，而不纯粹是一门太极理论，就需要在实践方面做更多的工作。

太极拳技术相关研究取得了丰硕的成果，在竞技武术的高难美新方面，局部身体技术包含的稳定和功能性方面，技术的大众科学认识上都为今后提供了良好的基础，甚至一些技术研究已经走入重复的境地，比如太极拳的平稳机制和心肺功能等，在技术与健康方面都有较为成熟的经验，另外竞技太极拳技术也不得不向更高难的角度发展，才能体现技术发展的必然逻辑。以至于学界必将进行回归，反观传统，反观技术当中的整体性思维，反观一般性技术向精华技术的缺失。此外，按照技术的现代发展思潮，太极拳必将从科学的角度为公众做更多的理解支撑，有关技术群类建构，技术向人文，理论向实践必将成为新的研究视角。

第二节　八卦掌

八卦掌是中国传统武术中的一种，以掌法和步法的变换转换为中心，董海川之后以尹福为代表的第二代传承人将八卦掌发展为包含尹、程、樊、梁等派的一个有巨大影响力的拳种，与太极拳、形意拳统称内家拳，而如今却鲜为人知。本节通过文献资料法，梳理八卦掌的传承与发展，探究其在现代社会发展中的困境及其适应性调整。在竞技比赛中的八卦掌套路与注重技击作用的传统组合动作相去甚远，但其突出的观赏价值是发展的一个方向；如今武术的健身、教育、文化等理性价值日益凸显，八卦掌的健身原理需要普适性解读。

八卦掌的理论来源于八卦图，这种用于解释自然和社会现象的道家思想文化符号

深刻地影响着八卦掌的技术体系，并丰富了八卦掌的理论架构。八卦掌以掌法变换和行步走圈为主要特征，一走、二视、三坐、四番的运动特点，为发展身体的轻捷、灵活，特别是下肢的力量提供了必要的锻炼条件，与太极拳、形意拳统称内家拳。近年来，徐皓峰介绍形意拳的纪实文学《逝去的武林》，引起了社会的广泛关注，让人们对清末民初的武林浮想联翩；在科技文明发展的今天，影视作品中太极拳频繁亮相，2008年奥运会开幕式中太极拳成为必不可少的项目，邓小平也曾题词"太极拳好"，太极拳运动得到良好的普及，然而与其并称的八卦掌却鲜为人知。

一、八卦掌的理论来源——八卦图

八卦是古代人们总结出来的朴实辩证法，它由八个基本图形，乾、坤、艮、兑、坎、离、震、巽和阴阳鱼组成，这八个符号分布在四正四隅的八个方向，阴阳鱼居于中央。"动极而静，静极而动，动者为阳，静者为阴"，阳变阴合而生出五行，这些符号包含了道家解释自然和社会现象深邃的文化内涵。所说八卦包天地日月风云之妙，藏鬼神阴阳变换之机，是上观天文、下察地理、中辩人物，而五行相生，阴阳和合辨证而来。

练习时拧转、摆扣、蹚泥步走圆圈，是八卦掌的一个主要特色，有单换掌、双换掌、双撞掌、穿掌、挑掌、翻身掌、转身掌等基本掌法，合八卦之数，随着技术的衍变与发展，八卦掌直接以卦理解释拳理，如孙禄堂将《周易》中的八卦学融入八卦掌之中，以卦象来印证八卦掌的内在拳理，将起势的静立定为无极，左右旋转定为太极，左旋为阳、右旋为阴，将单换掌、双换掌定为八卦掌之根本。单换掌为两仪，双换掌为四象，其余八掌分别对应八个卦象，由此首创"八形"之说，不仅丰富了八卦掌的技术体系，也提高了八卦掌的理论水平。

二、八卦掌的主要流派

资料显示，董海川是公认的八卦掌创始人，过去八卦掌以口传身授的民间师徒传承为主，至今虽不足两百年，但也因其形成较晚，发展为以绕圈走转为基本运动形式，区别于过去流传的拳种，具有显著的技击、健身、美学等价值。八卦掌的第二代传人大都是仰慕董海川的英名带艺拜师，他们本身已是某一方面的翘楚，如尹福精弹腿、程延华善摔跤、樊志涌曾习少林等，因此八卦掌经过他们的体会理解、继承发展，呈现出不同风格的流派。

尹氏八卦掌掌形被后人称为牛舌掌，动作敏捷，分八路，每路八手，共八八六十四式。走自然步，腿法多，以推、拖、带、领、搬、扣、劈、进八个字而概括，讲究手、眼、身、步、气力合一，尚崩弹力，讲借劲使劲，以巧劲破千斤。

程氏八卦掌在掌形上是龙爪掌，整体动作圆活、多摔法、尚横劲。行步时屈腿蹚泥，横开直入，拧翻走转，舒展稳健，劲力沉实，刚柔相济。掌式的运转曲线圆活，弧度较大，千回百转，螺旋之力层出不穷，拧裹之劲变化万千。

梁氏八卦掌以掌法变换为主要技击手法，以步法变换走圈为主要运动形式。意领身随，随走随变，身体起伏圆转，拧裹钻翻，换掌如穿梭，敏捷多变。练功以走桩为主，兼有操桩、盘桩，融踢打摔拿为一体。

樊氏八卦掌亦称内圈八卦掌，以无极为起势，以自身为中心。通俗的说法是以自身为圆心，两脚分开，两手抱于胸前，由无极变为有极，然后进行"三角步、打四面、踩八方、穿九宫"的操练。

郑式八卦连环掌将形意拳中的三体式基本步型和长拳中的行步步法融合，在坚持"以步为本"的思想指导下，逐渐形成了独特的"半步跟"和"行步转"两种变架势，完成了从死步八掌向活步八掌的转变，从而创编了郑式经典组合。郑氏八卦连环掌老的组合动作，从动作结构来看较为单一，但讲究功法的实用性，注重技击功能，以走为本，每种掌法自成体系；而新的郑氏八卦连环掌套路则讲究动作的美观性，注重技击与健身功能，掌法一环扣一环，与步法、身法相连接，串构成无数个组合动作。整套拳术具有出步如蹚泥、换步如流云、势法分明、快慢相兼、起伏折叠、内气回归、步随身转、步变身变、随走随变、纵横连贯、上下相随、掌法多变、手脚兼用的风格特点。

三、八卦掌的现状

（一）八卦掌的困境

八卦掌以走圈配合运掌来完成"以斜取正"或"以正取斜"的目的，走圈不仅是方法，也是技击的战略战术。后人在练习八卦掌的时候，常常以树作为一个标准转圈，转树是为了走出人体本身翻滚拧转的力量。树为有形，走转为无形，就是有形与无形之间，人与树结合，树在长，人也在长，功夫就在走转中日益增进。这里的功夫指技术水平，也指时间——练习八卦掌所耗费的时间，没有时间的堆砌，也就没有技术的长进。"起如风，落如箭，追风赶月还嫌慢。"当年的武林高手、豪杰义士，在祖国的山河上曾谱写过豪情盖世、义薄云天的壮丽诗篇，那是当时的生活环境下，老一辈的武术人穷其毕生精力习武所追求的艺术造诣和境界。然而社会环境的变化带来生活方式的改变，习武的动机、风格、主体等也在迅速翻新，老实说，现代人想要传承武艺要面临的阻碍、要付出的努力比老一辈的人更多。现在的人习武大部分只能是业余爱好，花费的时间和精力都需要在日常生活与工作之余挤出来，不仅有来自生活的压力，有时还要以牺牲个人的利益为代价。如今简单、快速、现代化的项目才能适应人们快速、高效率的生活节奏，显然需要经年累月修习的八卦掌缺乏这些要素。

（二）八卦掌的创新——竞技套路

创新发展既要立足于传统武术的基础，又不能拘泥于传统武术的形式；同时，这种创新发展，既要受制于武术竞赛规则，但又应有策略地、有预见性地超越规则，从而超前地把握规则的发展，使自己立于"领潮"之地位。"竞技"以突破人体极限，追求更高、更快、更强，是传统武术区别于现代竞技武术最主要的特征，传统武术偏重于技击和修身养性，现代竞技舞台上的比赛则把武术作为一个项目以竞技为本质追求。走圈作为八卦掌的重要特征仍然是竞技武术套路中的基本步法，但也融入了许多其他拳种的直线步法。从现在的比赛中可以看出，八卦掌动作更加舒展大方，每一个动作都尽量做到极致，常有极速演练动作又戛然而止的制动力度，节奏分明、快似游龙、静若磐石。以定势动作表现表演者体能与技能的紧密结合，继而表现出一种武术动作特有的动作形态特征；动作徐缓流驶又似行云流水的延绵力度，动作发力配以音乐渲染气氛，突出观赏性。这些都与传统套路注重技击实用价值有所不同，但确实给人耳目一新的视听感受，新的动作可以编入文艺影视表演中，为其现代化适应性调整找到一个方向。

（三）八卦掌的出路——全民健身

健康是人们参与体育运动最直接的动力，在失去了技击实战环境的现代社会，八卦掌的健身价值是人们练习八卦掌的主要原因。八卦掌的养生理论讲究顺其自然，所谓自然指的是机体生理机能的维持和调节，肌肉、血液、呼吸等系统的运行都遵循一定的规律，练功是为了达到健身的目的，必须顺应生理上的规律自然而然地练习。《黄帝内经》记载："阴盛则阳病，阳盛则阴病，阳盛则热，阴盛则寒。"在人体复杂的经络系统中，奇经八脉主导和统率着阴阳盛衰，八卦掌运用"吐纳导引之术"疏通经络，调理阴阳，在不停地走转变化中刺激各条经络和穴位，使人体气血顺旺，达到强腿壮腰、延年益寿的功效。八卦掌以"易经"为拳理、阴阳变化为法则，要理解其健身原理需要有一定的中医基础理论及中国传统文化知识，对于普通民众无疑是有难度的。因此要推动八卦掌在全民健身中的发展，需要对其理论进行普适性的解读，让每一位练习者能理解其科学的健身方法与理论。

八卦掌作为我国的优秀拳种，曾演绎过光辉灿烂的生动岁月。时至今日，其生存的社会大环境早已不同往日，它需要用新的解读方式，在现代的土壤里繁衍发展，让人民继续享受它所带来的益处，中华文明也将随着它的传播深深影响新一代的人们。

四、八卦掌源流

八卦掌的起源与创始人问题一直是个尚未定论的问题，在没有新的证据出现的情况下，一般认为河北省文安县朱家坞的董海川是其始祖。但是任何一个拳种的出现都需要一个过程，董海川的突然创拳似乎不合规律。有关董海川的记载中提到，董曾周游于江淮之间，拜师于某人门下。但可惜的是董海川始终不肯说出他的师父是谁，而且董后来自宫入肃王府的原因也始终是一个谜。虽然有好几个版本的传说，但是传说终归是传说，不能作为下结论的依据。董海川这段不为人知的历史，为八卦掌的考据增添了不少麻烦。

（一）阴阳八盘掌与八卦掌

最先引起大家关于董海川到底是八卦掌的始祖还是传播者的讨论的是任致诚在民国二十六年（1937）著的《阴阳八盘掌法》一书。任志诚在书的自序中写道："余幼好武术，十三岁，父命余兄弟与族兄弟等拜霸州市华家营李振清先生为师，初习阴阳八盘掌，渐及刀枪等技。"接着作者说李师"十七岁时，随舅运镖于江南，投贴拜客，至梦林董师祖家。""董工阴阳八盘掌法，此艺能者极少，董则家传三世，有登峰造极之妙。""习至七年，李辞师北旋，董谕之云'前数年，有文安县朱家坞董老公者，与余聊为宗族，曾学得此艺，汝到家后，对余所授之艺如有不明之点，可就彼请益，余名彼为董汉清。'遂赐名李师为李振清。"董汉清即到王府充差的董海川。"余受艺时，李师年已古稀。"

对于这则资料，康戈武老师通过考证，在他的硕士毕业论文中得出这样的结论：阴阳八盘掌是八卦掌改名而来；任志诚从李振清习武时，李只有 36 岁。李的年龄被夸大了 34 岁；李从没有做过保镖；任志诚所练的八卦掌来源于刘宝珍；李振清传习的武术是弹腿。

但是笔者还存在质疑：既然任志诚的八卦掌学于刘宝珍，为什么非要说学于李振清呢？况且刘宝珍也是董海川的传人，他本来可以名正言顺地称自己的拳为八卦掌，何以非得改名为阴阳八盘掌呢？况且这也是武林中非常忌讳的欺师卖祖的行为。任志诚怎么会把 36 岁的李振清看成是古稀老人呢？李振清学过弹腿就证明他没学过阴阳八盘掌吗？

后来河北省武术协会和廊坊地区武术协会，对于一直保留清代兴盛时期的八卦掌原样，并延续相传此拳的流传地区的所有传人，以及他们的技术内容做了深入的调查研究，调查的结果表明，今天文安、霸州市、固安、任丘等地所传的阴阳八盘掌，首先传入者是霸州市魏家营李振清（约 1830 — 1900）。李振清于青年时期（约 1850）带艺投师，学阴阳八卦掌于河南，1870 年前后回家传出此拳。1888 年李振清的前期弟子萧海波（1863 — 1954）将阴阳八卦掌从民间传入清朝的王府（庄亲王府）。李振清的弟子只有萧海波和任志诚把原传八卦掌的原貌保存了下来。刘宝珍在学了李振清的阴阳八盘掌以后，又跟董海川学了他的拳路。李振清生于 1830 年前后，在 1900 年的义和团斗争中牺牲。

这也就揭开了笔者的疑问。任志诚不会连自己的师父是谁都不知道，或者把 36 岁的李师看成是古稀之年。任志诚是 1878 年生人，卒于 1967 年，在他 13 岁学艺时应该是 1891 年左右。李振清生于 1830 年前后，到 1891 年应该 60 多岁，被看成古稀之年尚可以接受。刘宝珍是董海川的徒弟没错，但是他也是李振清的早期弟子。

因为董梦林这个人现在已经无从考证，所以董海川和李振清是否都学于江南董梦林暂且不管，仅从技术上讲，阴阳八盘掌和八卦掌惊人相似，显示了二者同出一源，所以我们可以相信阴阳八盘掌就是八卦掌。而且关于阴阳八盘掌，康戈武老师也曾考证了它的来历。

1934 年，天津出版了道德武术社孙锡堃著的《八卦拳真传》一书。任致诚弟兄略阅此书后，感到很像自己练的八卦掌，但内容不尽相同。于是，就由任致诚的徒弟高植楷代笔，给孙锡堃写了一封信。意思是说八卦都是一家，看是在哪儿分的。由于孙锡堃没有回信，在朋友的鼓动下，由高植楷执笔、任致诚口述，编写自己所练的八卦掌。在给此书稿定名时，考虑到八卦掌"分阴阳手，阴阳两面劲"，而且武术家较技一般又称为"盘拳过手"，所以师徒二人经过反复推敲，就取名为"阴阳八盘掌"，以避免与八卦掌的名称重复。书中凡有"八卦"二字处，一律改为"八盘"二字，并从此将他教的八卦掌改名为"阴阳八盘掌"。1937 年 2 月，《阴阳八盘掌法》一书由天津百城书局出版。从此，武坛上才出现了"阴阳八盘掌"这个拳术名称。康戈武老师在高植楷先生的信中也证实了这个问题。由此可见，阴阳八盘掌本来就是八卦掌。

（二）李振清与八卦教

当我们无法从董海川那里找到八卦掌源头的时候，李振清的出现无疑给了我们探究八卦掌源头的线索。我们不能证明董海川和李振清是同一个师父，但是既然二者所传的八卦掌大同小异，那么我们可以从李振清这里继续去寻找八卦掌的源流。

从李振清的徒弟萧海波的经历中我们得知，在萧海波 19 岁时，也就是 1881 年，李振清让他到河南寻访同门，并以"四尺二寸八盘刀"作为门户标记。萧海波走访河南及至最后闻讯入访少林寺内，但是萧氏此行不遇，随即北上京都，再俟良机。在同乡的砂锅店中因为"四尺二寸八盘刀"而偶识河南人陈仆。相见后，双方各自演示了掌法、刀法。由于陈仆另有他事，乃引见游走京都秘密结社的闻人达，经闻某作书，引荐萧海波入热河侧坡进修八卦的全艺。萧海波同陈、闻二人相会之后，始知李振清是从原在河南秘传八卦的中心或外周人士得艺，这些人因起义挫败分散四方，传艺中心转移热河侧坡已有多年了。

从萧海波的经历中我们可以得知李振清的八卦掌来源于河南秘传的八卦教中，这与李振清后来参与义和团运动应该是有因果关系的。

八卦教中八卦宫（分部）加上教首组织（本部）共有九个组织团体，故又有"九宫教"

别称。无独有偶，在任志诚所著的《阴阳八盘掌法》中亦有"三校生九宫分别"的理论。这也暗含了阴阳八盘掌法与八卦教存在着理论上的联系。

因为八卦掌来自八卦教，所以我们可以理解董海川为什么对自己的师父讳莫如深了。

（三）八卦掌与八卦拳

关于八卦拳是不是八卦掌的争论由来已久。姜容樵的《八卦掌考证》中说："国术有八卦掌八卦拳之别，八卦拳类皆花拳绣腿与少林暨江湖拳技相同。惟八卦掌系由河图洛书，概按易理卦形发明。"但是孙禄堂先生则把他的关于八卦掌的著作直接命名为《八卦拳学》，也就是认为八卦掌就是八卦拳了。

在董海川以前，我们没有发现关于八卦掌的资料，但是在八卦教中却有关于八卦拳的两则资料。

第一："（乾隆三十九年十月十八日河南总督管巡抚事何焴折）至张百禄在遂平传教一节，据李贵供出，今年四月张百禄自遂平回家，开了十五个徒弟名字交给王伦，还有遂平街上三个姓刘的，考过武童，还有孟灿的女婿在内。是张百禄一犯，既系王伦干儿，又系孟灿外甥，实为河南倡教贼首。……今既将该犯拿获，其在遂平所收之十五个徒弟及孟灿女婿，皆可于该犯口中根寻着落。……张百禄之堂叔张洪功一（犯）供认，乾隆三十六年七月内，有张百禄母舅孟二往遂平，路过太康，伊曾投拜为师，学习八卦拳，并授运气口诀。又供出太康人李天木系张百禄徒弟，又有遂平入账成章、张荣章、张大章、赵云会，俱从张百禄学习拳棒，经各该县先后拿获等情。臣查孟二系张百禄母舅，是否即系孟灿，现在饬司确查。孟二曾于三十六年到豫传教，近年以来，张百禄又来往其间，招徒聚众，若辈行踪如鬼如蜮，情伪百出，或托之看兄，或假装探亲，阳以教习拳棒为名，阴行其谋为不轨之实。"

孟灿，何许人也？"孟灿，兖州人，勇鸷凶悍。尝因争博，以一掌毙其徒，亡命至楚。素与樊伟善，闻逆谋，潜返。王伦倚如左右手，跬步不离。破寿张、阳谷、堂邑，得其力为多。"由此可见孟灿是天理教（八卦教）的教首王伦的得力助手，孟灿所教的拳就是八卦拳，他曾在乾隆三十六年（1771）到河南传教。

第二："（嘉庆二十年）杜连城供，小的是山东德平县人，庄农度日，……今年正月，……小来家庄有个教师，先说是枣强人，又说是饶阳县人；问他姓名，说是叫刘如金，又说叫刘如容。会打磨、锤字、画虎、玩拳，百步外可以打人，刀枪不怕，附近会玩拳的人都被他打了。……小的盘问刘玉隆（刘如容——编者），说是八卦拳。"

从这则材料可以看出，林清的门徒刘玉隆所练的拳也是八卦拳。作为八卦教的分支，不管是王伦的清水教还是林清的天理教中都有一种称为八卦拳的拳术在流传着。因为没有资料证实八卦拳的技术到底有什么特征，所以还无法把八卦拳和八卦掌画等号。但是却存在着一个不容忽视的巧合：八卦掌来自八卦教，八卦教中有八卦拳。

（四）梅花拳与八卦掌

有人根据一则资料认为在清代八卦教中就有练八卦掌的。这是一则关于离卦教武卦头冯克善的资料。

"嘉庆二年有山东济宁州人王祥即王四教我拳棒，又有滑县朱召村人唐恒乐教我枪法。十五年二月，我连襟滑县书办牛亮臣见我拳法内有八方步，他说你脚步是个八卦嘛，我说你何以知道是八卦，他说我习的是坎卦所以我懂得，我就谎他说，我习的是离卦。他说你即是离卦，我们就是离坎交宫，各人行各人的好吧。后来我就算是离卦了，他就做了坎卦头，十七年四月，有我同县的霍应方举荐我到德州去与宋跃滩比拳，宋跃滩比不过我，同他儿子宋玉林都拜我师入离卦教。"

对这一则资料，有两种不同的解释。一种认为，冯克善练的拳就是后来的八卦掌，持这种观点的有周伟良老师，还有日本的佐藤公彦。另一种观点认为这里的八卦拳其实就是梅花拳。提出两种不同解释的焦点就在于"八方步"。"八方步"到底是属于八卦掌的步法，还是属于梅花拳呢？周伟良老师认为，"按《八卦教理条》，所谓八卦指八个方位，即四周一圈，这也是近代八卦掌的基本步式，至今武术界内仍有人称此为'八方步'"。也就是说周老师认为"八方步"是八卦掌的步法，这个步法也就是沿圈走转。对于这则史料的解读，路遥老师则有另外的解释："'八方步'之称，乃是梅花拳拳步之专称。……两人对练，可以站在坎离两方或干巽、坤艮、兑震两方相交手。所谓'坎离交宫'就是各站在相对的一方交手之意。"那冯克善练的拳到底是梅花拳还是八卦掌呢？

冯克善的武术主要来自两个人，一是梅花拳的传人唐恒乐，二是离卦教武教头王祥。但是据唐的供述，"嘉庆五年正月内，同县的冯克善来要学拳，就拜我为师，到三月以后，他就不学了，此后也不大往来。"冯跟其学拳的时间很短，根据冯的供述"嘉庆二年有山东济宁州人王祥即王四教我拳棒，又有滑县朱召村人唐恒乐教我枪法。"他从唐学枪从王学拳棒，因为学的时间太短，所以可以推测冯的拳术主要来自王祥。据冯供述，"又有掌离卦的郜二，山东东昌府城内人，系现已病故王充之师，王充系王祥之师，王祥即我之师。郜二已故，伊子郜四尚习离卦，我没有见过面。"又有资料说"（嘉庆十八年九月三十日）据高继远即郜添佑供，……高祖郜云龙、曾祖高晋中、祖高从化即郜敬庵，大伯郜大即郜承福、二伯郜二即郜得福、三伯郜三即郜建福、四伯从幼夭亡，父亲第五，名郜洪福。高祖郜云龙从前原是山东单县人老刘爷的门下，那老刘爷原是弥勒佛转世，高祖从他得道，叫透天真人。老刘爷高祖主掌离势教。曾祖合〔和〕祖并大、二、三伯父都沿袭这教。"通过这则资料得知，这个郜二就是郜得福，老刘爷就是刘佐臣。刘佐臣创五荤道的收元教，由于按八卦收徒，所以日后称为八卦教。从这些资料中我们可以推测冯克善的拳法其实就来自郜二，似乎又进一步说明，冯克善的拳法在八卦教刚盛行不久就已经存在了。

这则资料还传递出一个消息，牛亮臣从冯克善所练拳法中的"八方步"看出了八卦，从而互认同门，说明这个"八方步"在八卦教中是个约定俗成的东西，它几乎可以看作是八卦教的一个象征了。

而这种八卦教中的"八方步"可能就来自梅花拳。在《梅花拳秘谱》中有这样的记载："五势梅花桩为昆仑派，五势梅花拳是一种，八卦是一种，此两种拳为昆仑派之基本拳。"这里提到的"八卦"是否就是八卦拳呢？我们不得而知。但是对于下列论述："按图中方向去练习，图分八方，为乾坎艮震巽离坤兑是也。坎离相对，坤艮相对，兑震相对，乾巽相对，是二人相对也。甲在坎北，乙在离南，相对而练也。"这是梅花拳的练法，也是八卦掌的练法。所以笔者认为周伟良老师、路遥老师的解释都没有错。这两种解释正反映了梅花拳和八卦掌在步法上的相似性。

二者技术上的相似不仅表现在"八方步"上，而且梅花拳和八卦掌都有上中下三盘之说，阴阳八盘掌和梅花拳都有阴阳之说。在八卦掌的锻炼形式中有梅花桩练习。所以我们有理由相信八卦掌从技术来说有来自梅花拳的可能。"据韩寿堂《八卦拳》称，八卦拳出自江南董氏的'阴阳八盘掌'，传与董氏三世孙董梦麟，再传董海川。向上推算，董梦麟的三世祖应为康熙四十年前后生人。或许是偶然，这与梅花拳杨丙的年代几乎相同，距八卦教开创相隔不久（刘佐臣、刘如汉有生之年）。"

既然这种拳术在八卦教中已经是一种象征，而且已经由来已久，那么孟灿和刘玉隆练的八卦拳与冯克善练的拳就有可能是同一种拳，这种拳与梅花拳和八卦掌都有很多技术上的相似，或者可以说明八卦掌与梅花拳存在渊源关系。

以上的论证证明：阴阳八盘掌本来就是八卦掌；八卦掌来自八卦教；八卦教内部流传的八卦拳就是八卦掌；八卦教是八卦掌形成的重要社会条件，梅花拳与八卦掌有渊源关系。

第三节　八段锦

习练健身气功。八段锦有个从初始的筋、骨、皮、肉的锻炼，逐渐向精、气、意、神的锻炼深化发展的过程。在这个转变的过程中，虽然"一层有一层之景致，一层有一层之灵验"，但实质是一个由量变引起质变、质变又引起新的量变的不断交替、深化的过程。练功阶段之间由于相互渗透而很难截然分开，且因习练者的健康水平、文化底蕴、用功程度和身心感悟等不同而存在较大差异。为便于习练者掌握练功规律，将练功分为四个阶段进行阐述。

一、塑形学法、抻筋拔骨阶段

尽管健身气功——八段锦是形、气、神三位一体的综合锻炼，强调练功要做到神与形合、气随形动，但练功起始阶段必须先从塑形上下功夫，之后再求形神意气的深化融合。如果开始练功不求姿势正确，习练者的形体塑造达不到练功的要求，就难以掌握练功要领，形神意气的合一也就更无从谈起。练功开始阶段要着力加强身型、手型、步型和站桩等基本内容的反复锤炼，并认真记忆功法动作和运行路线等，对呼吸、意念等可不做要求，顺其自然即可。此阶段练功应像学书法要先写好正楷一样，外在的形体动作要尽量做到横平竖直、有棱有角、方向正确、路线清晰、动作规范，争取招招合章法、势势落到位，切不可急于求成、潦草从事。刚开始练功，习练者肌肉运动的感受刺激传入了大脑皮层，但因大脑内部的抑制尚未确立，大脑皮质中的兴奋与抑制都是呈现扩散状态，往往感觉肌肉僵硬不协调、手脚呆板不灵活，动作别扭吃力，技术粗糙有多余动作。所以此阶段练功要学会慢，只有慢才能有时间静下心来用心记忆和体会功法动作，并逐渐形成正确的技术规范。这种练功方法看似进度缓慢、有束缚感，但能为今后练功打下良好的姿势和动作基础。正所谓"学拳容易改拳难"，反而是开始练功就贪快求全者，其结果往往是本末倒置，今后练功可能要走很多的弯路。

在练功初始阶段，为塑造一个规范的形体动作，也为更好地牵动全身气血运行，尽快获得良好的健身效果，练功往往强调要抻筋拔骨。为何筋要抻、骨要拔？古人云："筋乃人身之经络，骨节之外，肌肉之内，四肢百骸，无处非筋，无处非络，联络周身，通行血脉，而为精神之外辅，与骨配合。""如人肩之能负，手之能摄，足之能履，周身至活泼灵动者，皆筋之能挺然也。"骨是指"骨节"，"骨节者，骨之空隙也，乃人体之壑谷，转动之通灵敏捷，为神明所流注"。由于"肌肤骨节，处处开张"之时，才是人之形体运动变化的最大状态。所以，练功过程中有意识地对拉拔长筋骨，就等于是对全身筋骨皮脉肉等进行了强化刺激，自然练功塑形、引气的效果也随之增加。拔骨是靠抻筋完成的，因为骨头之间主要靠韧带连接，韧带拔长后骨节自然就能松。譬如，"两手托天理三焦"双掌上托定势时，要注意头上领、手掌用力上托、脚趾抓地下踩、中间腰部放松，身体自然就会形成上下对拉拔长的状态。当然，不同的动作有不同抻筋拔骨匹配的方法，这是需要习练者根据自己练功的情况加以适时选用和细心体会的。总的锻炼原则是既要将身上的肌肉、韧带拉长，又要保持肌肉、韧带自身的韧性，虽有些许的抻拉感甚至痛感，但不能超越肌肉、韧带的承受力。实践证明，练功初始阶段强调抻筋拔骨，不但能提高练功质量、锻炼效果，而且可为进一步提高功法技术奠定基础。

二、掌握要领、熟练技法阶段

俗话说："没有规矩，不成方圆"。在练功起始阶段初步感知功法、记忆动作的基础上，要想练功不断提升层次，也必须掌握好相应的规矩。这个规矩的重要组成包括习练要领和熟练技法。这一阶段进行练功，首先是要掌握好习练要领。在练功过程中，要时刻按照习练要领细心体会每一姿势是否达到要求，也可以拿出一个典型姿势专门体验各项要领是否已经做到。练习每一姿势，都要用心感觉身体是否做到中正，重心比例虚实是否已然清楚，是否是以腰为主导，肢体用力顺序是否节节贯穿，形体放松了没有，精神提起来没有，手和脚的位置是否恰当顺遂。如有不合习练要领之处，应即予以修正。如此刻刻留心、事事留意、有的放矢、反复锤炼，方能做到真正合乎练功要求。此阶段练功仍要注意慢而不快，在慢中多磨炼、细揣摩、练精细，才能找到感觉、练出成效。其次是要熟练好技法。技法是练功技术与方法的融合，是练功养生进入高层次的实践形态。健身气功——八段锦的技法既含有身心运动之法，也含有功法姿势之架，还含有演练气韵之动。对于习练者来说，掌握习练要领意味着身心运动之法和功法姿势之架已经是基本掌握，下一步练功重点应放在提升演练气韵之动上。这里的气韵之动，主要是指在练功中要充分体现出本功法的特点、风格、意境和韵味等，其内在实质是对身与心、形与意、气与形、呼与吸、松与紧、动与静、上与下、内与外、升与降、虚与实、养与练等关系的正确处理，表之于外是功法演练中对节奏、虚实、刚柔、形神、劲力等的把握和展现。由此可见，气韵之动是练功由内而外、由形到神、由力度到动律等构成的矛盾统一体。此阶段练功同样需要在实践中反复揣摩体悟，也需要多种途径加深对中国传统文化内涵的理解和感悟，才能逐渐把握形、神、意、气之间的运用之巧和配合之妙，充分理解并体现出本功法的特点、风格、内涵和意境之美。

需要指出的是，这一阶段的呼吸调整，可先结合典型动作按照起吸落呼、开吸合呼的规律进行专门练习，之后再有意识地与动作配合练习，并逐渐形成细、匀、深、长的腹式呼吸。这一阶段的意念运用，已是从单纯注意形体动作，逐渐发展到或体察呼吸与动作的配合，或体察劲力的运行等方面。通过持续不断的练功，此阶段习练者大脑皮质的兴奋与抑制在时间与空间上逐渐集中与协调，特别是对于僵硬、多余动作的分化抑制加强，不仅前一阶段存在的许多错误动作能够得以消除或纠正，而且功法技术将逐渐变得更为连贯、协调、规范和熟练。但是，刚刚建立的功法技术的条件反射还不是很稳固，一旦遇到新的刺激就会出现错误技术，甚至已经建立起来的技术定型还会消失。此阶段的练功，确实是重在反复实践体悟，只有不断掌握强化正确的习练要领和技术方法，使习练者的形、神、意、气能够组合凝固成一个有机的整体，如此方可在举手投足之间合乎练功要求，体现功法特点和风格，促使身心境界持续提升。

三、形神俱妙、自动有序阶段

古人认为，形（身）和神（心）是构成人体生命的两大要素。形与神的关系是"形恃神以立，神须形以存"，两者相互依赖、互根互用。健身气功——八段锦虽是以肢体活动为主，但"人之运动，以意为始，以形为终"，说明本质上习练者的意念是决定形体运动正确与否的关键因素。从形与神的角度审察整个练功层次的进阶，存在由外在"形练"逐渐向内在"神练"，外在肢体形象体验逐渐向内在心灵体验不断转变的过程。反之，随着练功层次的渐次提升，必然会导致人之精神境界和物质形体的不断改变。练功至形神俱妙阶段，人体内部的气化过程已经很是旺盛，气机通达且极为有序、协调，神意不仅能得到气的充分供养，而且能够充分发挥意为气之帅的功能。通过强化人之气的周身运转，促使形与神的更加紧密融合，意念更加专一，呼吸进入自调，肢体动作轻灵含蓄、运转自如，做到意动形随、气贯形中、气到劲到、势随神移。这种形、气、神的运动状态是常年坚持练功，技术定型后才会产生，正所谓"明规矩而守规矩，脱规矩而合规矩"。在日常练功坚持形中寓神、神中合形、神形兼备，日久功深做到"外忘其形而成其形，内不知其神而达其神"是顺其自然之事。

练功至形神俱妙，随着对习练要领和气韵之动的反复锤炼和体悟，建立的运动条件反射达到了非常稳固的程度，并能根据周围情况的变化而自动调整动作，顺利完成整套功法的操作，此时习练八段锦即进入了自动有序阶段。其主要特征是，功法练习形成自动化，动作柔和缓慢、虚实相生、体态安详。动则以气运身，犹如人在气中、气在人中，周身一气、浑然一体。意念恬淡虚无，识神退位元神主事，三调融为一体。自此，练功由"以外导内转入以内导外"，身心处于一种高度和谐，实现了人与自然界的交融，步入"天人合一"的境界。

实践证明，功法练习达到自动化阶段后，随着练功境界的提升，功法的操作技能仍会有所提高。与此同时，习练者要想保持自动有序的高水平功法操练技能，仍需要持续不断的练功予以保证。需要指出的是，虽然此阶段建立的功法技术定型已经非常巩固，但此时练功主要由脑的较低中枢控制功法操作，如功法技术受到外界刺激而发生少许变动，很可能会一时未被觉察，等到一旦觉察时，可能变质的功法技术已因多次重复练习而被固定下来。因此，即使练功已经达到自动有序阶段，仍应注意功法操作的准确性，才能精益求精、再上新台阶。

四、守中致和、融于生活阶段

八段锦虽然练的是功法，得的是祛病强身、益寿延年的成效，但其核心的理念是修身养性，追求的是身心境界的提升。要想达成上述目标，关键是要做到守中致和、融于生活。何谓"中和"？《礼记·中庸》指出："喜怒哀乐之未发谓之中；发而皆中节谓之和。中也者，天下之大本也；和也者，天下之达道也。"意思是说心里有喜怒哀乐却不表现出来称为中；表现出来却能够有所节制称为和。中是稳定天下之本；和是为人处世之道。其实这句古话体现的就是适中的意思，告诉我们要在变化之中求得不偏不倚、和谐自然的境地。汉代大儒董仲舒强调："仁人之所以多寿者，外无贪而内清静，心和平而不失中正，取天地之大美以养其身""能以中和理天下者，其德大盛；能以中和养其身者，其寿极命"。由此可见，无论是修身养性还是治理天下，都必须要遵循"中和"之道。立身中正是习练八段锦的第一要领，其表面含义是强调练功首先要保持身体中正，其实已经暗含从练功伊始把握形神、意气、阴阳、虚实、动静、松紧、内外、练养等均需恪守中和的原则。之所以在此阶段才将守中致和、融于生活郑重提出，并不是之前练功不需要遵循，而是经过前几个阶段的练功积累，随着意念对形、气的支配作用加强，此时练功更需排除各种因素对神的干扰并增强意识的自我调控能力，方能更好地维持人体生命稳态，这也是练功能否完成由术而道跃升的根本所在。

此练功阶段，习练八段锦尤其要做好两层功夫：一层是要守中以制外，另一层是要制外以养中。所谓守中以制外，是指通过加强功法锻炼，进一步优化由形、气、神三者构成的人体生命稳态，特别是要通过排除各种干扰、去除各种杂念，充分发挥神意的主导作用，在调节形神、平衡阴阳的基础上，追求人与自然的和谐统一。练功虽在身心，但优化的生命稳态有利于习练者保持中和之性和健康向上的精神面貌，对和谐人际关系、积极融于社会和生活极有裨益。所谓制外以养中，是指通过在日常生活中加强对心性的磨砺，来进一步提升意识的自我调控能力，进而达到强化功法锻炼的效果。人与社会是一个整体，所谓的脱离社会专心练功，既不符合现今的社会实际，也难以取得真正的大成效。古往今来的实践证明，日常生活中注重修心养性、以德为重、恰如其分地处理好各种人际关系，不仅能使自己时刻保持中和之性，而且更利于形、气、神三位一体生命稳态的优化。在此阶段练功，唯有做到守中以制外、制外以养中两者齐头并修，且达到一定水准时，才能在之前练功基础上再达到一个更高的层次。倘若只重视功法锻炼而不注重日常修养，或只注重日常修养而不重视功法锻炼，都很难提高练功的整体效果。古语云："执道者德全，德全者形全，形全者神全，神全者圣人之道。"练功达到形神合一、人社合一、天人合一的境界，就是融贯天地的中和之道。

第四节　五禽戏

通过对五禽戏发展历程的研究，不仅能对其文化内涵进行了解，进而对五禽戏在现代社会的推广和发展、对全民体质的提高都有着不可替代的作用。本节通过逻辑分析法和文献资料法等研究方法对五禽戏的发展历程进行研究，了解五禽戏的发展现状，并针对其对现代人快节奏的生活方式和现代审美观的要求，提出相应的养生和锻炼方法，以帮助人们通过练习五禽戏进行健身和养生。

"五禽戏"作为中国民间广为流传的健身方法，其卓越的健身效果被众多养生学家所赞扬，所以"五禽戏"顺理成章地成为现代人健身和养生的首选方法。现有的对"五禽戏"的研究，大都集中在"五禽戏"本身的康复和养生层面，而对其是否适合现代人的养生观念和审美要求的研究还几乎是一个空白。为此本节立足对"五禽戏"在现代社会的推广和发展来研究其发展历程。

一、五禽戏的概念维度

"五禽戏"是我国东汉医学家华佗在其所在的历史背景下，在导引术发展的基础上，并结合自身所学和经验，模仿虎、鹿、熊、猿、鸟五种动物的代表性动作极其神态，在中医脏腑、经络和气血等理论的指导下，整理总结而成的一种体育健身疗法。"五"是一个约数，并非是一个确切的数字；"禽"指禽兽，古代泛指动物；"戏"在古代是指歌舞杂技之类的活动，在此指特殊的运动方式，由此得名"五禽戏"。

作为我国民间流行时间最长和最广的健身导引术——"五禽戏"，备受各个时代养生学家的青睐。据《三国志》记载，华佗的弟子吴普就是长年练习五禽戏，活到了90多岁，身体依然很健康。

"五禽戏"是在模仿虎、鹿、熊、猿、鸟动作的基础上，配合练习者的呼吸吐纳和意念导引，而编出了虎戏、鹿戏、熊戏、猿戏、鸟戏。把这些动作连起来持之以恒地练习，可以强壮筋骨、调息脏腑、畅通经脉、导引健身、防治疾病。经现代医学理论证明，长期坚持练习"五禽戏"不仅可以改善神经系统和大脑的抑制功能，还能修复神经细胞；不仅能够改善心肺功能，增强呼吸系统的功能，也能够提高机体的肠胃功能，促进肠胃的消化吸收，为机体活动提供物质基础。

二、五禽戏的发展历程

（一）五禽戏的得名

"五禽戏"的得名深受华佗所处时代的影响，当时人们崇拜图腾和五行思想，"五"几乎成了机械的定数，再加上华佗是根据大自然中五种动物的动作特性编成的这套健身导引术，从而得出了"五禽戏"这个名字。

（二）五禽戏的雏形阶段——春秋和战国时期

"五禽戏"是华佗模仿虎、鹿、熊、猿、鸟五种动物的动作特点而编的，所以就不得不追溯到春秋战国时期所盛行的导引术。导引在《说文解字》中有着详细解释，"导，导引也"，"引，开弓也。象引弓之形"。所以导引术就是肢体做拉伸的动作。根据《吕氏春秋·古乐》的记载，陶唐氏用"舞"来强身祛病，所以导引术的产生可追溯到原始社会，而"舞"就是导引术的原型。

随着社会的发展和人们生活经验的积累，到了春秋战国时期，人们开始在"舞"的基础上模仿动物的动作，来达到健身祛病和长寿的目的。《庄子·刻意》中记载了"熊经鸟伸"这一动作。"熊经鸟伸"就是模仿熊与鸟的动作舒展身体，这就是在春秋战国时期的特别受欢迎的"二禽戏"。"二禽戏"就是"五禽戏"发展的雏形阶段。

由于人类模仿的天性，使得"五禽戏"的出现成为可能。再者，由于导引术在当时的出现和盛行，人们在此时发现了动物生命力的顽强，也就自然而然地模仿动物的动作进行健身，"熊经鸟伸"也就流行起来，这也为后来华佗编创"五禽戏"创造了基础。

（三）五禽戏的形成阶段——两汉时期

西汉前期，尤其是汉武帝时，儒生董仲舒虽然提出"罢黜百家，独尊儒术"，但是同时将阴阳五行神秘化，使"五行之术"成为超自然的世界主宰。董仲舒重建后的理论，维护了汉王朝的集权统治，并且融入了儒家思想，同时在无形中使中医得到了发展。在这个儒家和道教特殊结合的时期，"五禽戏"也就应运而生了。

东汉末年，华佗受"天人合一"、五行思想和传统养生术等理论的影响，再加上多年的实践经验，在仿生类导引的基础上自创了这套"五禽戏"。但由于华佗身处群雄逐鹿、诸侯混战的三国时期，再加上当时造纸术普及程度不深，华佗只是将"五禽戏"口传与自己的弟子，并没有写进书册进行传承转载。西晋时期的《三国志·华佗传》中记载的华佗对"五禽戏"的描述是"吾有一术，名五禽之戏，一曰虎，二曰鹿，三曰熊，四曰猿，五曰鸟，亦以除疾，兼利手足，以常导引体中不快。因起作一禽之戏，遣微汉即止，以粉涂身，则身体轻便，腹中思食"。特别遗憾的是，即使在华佗晚年所著的所有书籍也在被曹操杀害的同时被焚烧了，所谓"千不留一"。因此，"五禽戏"早期的传播只能是靠口耳相传和言传身教的方式。

西汉时期的政府虽没有直接提倡发展医学，但为了集权统治，却也机缘巧合地为中医营造了很好的生存环境，就使"导引术"有了很好的发展。所以，到了东汉末年的三国时代，华佗为了治病救人，更为了"治未病"，在前人的基础上创编了"五禽戏"，但由于"五禽戏"出现于乱世等因素，所以没有通过书籍流传下来，就靠着"言传身教"才侥幸流传到后世。

（四）五禽戏的发展阶段——魏晋南北朝至隋唐时期

魏晋南北朝至隋唐时期，是封建社会的快速发展时期，尤其到了隋唐时期，封建社会达到了鼎盛阶段。在这600多年的时间里，政治几经变动，既有战事不断、政局混乱的南北朝和五代，也有相对和平、政局稳定的隋唐时期。而"五禽戏"的最早文献记载和文字详解也正是出自西晋时期的《三国志》和南北朝时期的《养性延命论》。魏晋时期，由于战事频繁、民族杂居、文化交流频繁，人们没有稳定的生活，只能通过求神拜佛来祈求健康长寿，这个时期导引术并没有科学地发展。而到了隋唐时期，统治者注重收集整理各学科文献，恢复礼乐，这也积极影响着中医导引养生学。所以，晋唐时期，导引养生正是在曲折中得到了进步和发展。医学作为保证人们生存和健康的手段，其发展和进步实际上关系社会的稳定和发展。由于统治者对医学的重视，中医学家编纂了许多综合性的医书，同时也收集、整理了许多中医学文献，保留了许多濒临失传的中医文献，有利于中医学的发展，也有利于导引养生学的延续和进步。这些濒临失传的、珍贵的导引养生文献，为导引的发展和进步提供了宝贵的文献资料和历史考证，至今都是值得我们学习和研究的。

在这个历史时期，从战乱到和平，人们无不迫切地渴望健康的身体，尽快过上安定健康的生活。所以当政者开始重视医学的重要性，再加上造纸术的普及和印刷术的发明，这些都使得"五禽戏"在它刚"出生"就得到了很好的发展和传播，也为后来"五禽戏"的进一步发展提供了可能。

（五）五禽戏的成熟阶段——明清时期

明清时期，由于当时的"八股文"和"文字狱"对社会的影响，人们不敢去创新，也不敢随便发表言论，很多学者就开始对以往的经典进行总结。所以到了明清时期，关于"五禽戏"的研究专著最多，再加上活字印刷术的成熟，印刷业和图书出版业都得到了空前的发展。另外，明代的版画插图雕版技术也有了一定的发展，这对文献中的插图提供了技术支持。在这些众多的"五禽戏"著作中，其中关于练习方法的两本最有研究意义。这两本书记载的关于"五禽戏"的练习方法与以前有关书籍记载的练习方法相比，更加注重以意念来引导动作，更加强调以意引形，这两本书中也配有插图，也让我们能更加直观地认识"五禽戏"在当时的发展情况。

明清时期的统治者特别注重发展医学，太医院已经成为当政者最不可或缺的"后勤部门"，再加上当时的社会风气，对"五禽戏"的研究专著骤然增多。而明清时期也是封建社会没落的阶段，此时资本主义思想开始萌芽，尤其到了清朝末年，人们的思想终于打破禁锢，社会进入了百家齐放、百家争鸣的阶段，这个时期的"五禽戏"被不同的门派所继承，形成众多流派。

（六）五禽戏在现代社会的发展阶段

通过 2000 多年的发展，"五禽戏"已经在各地区形成了许多流派，各个版本甚至有较大差异，这也为初学者和外国友人的选择造成很大疑惑，不能分辨优劣，也不利于"五禽戏"在现代社会的发展。而在现代生活的节奏较快，更迫切需要我国传统体育让人们的身心都"慢"下来。为了弘扬以"五禽戏"为代表的中国传统体育，发挥其在人们健康生活中的作用，1982 年 6 月 28 日，"五禽戏"开始进入我国医药大学的"健身与体育课程"。到了 2003 年，国家体育总局立足提高全民身体素质和发展我国传统健身养生方法，重新总结归纳并编排了"五禽戏"。新编的《健身气功·五禽戏》是在继承了传统"五禽戏"的风格特点，吸取了各流派的精华，将形体美学，现代人体运动学有机结合的基础上，加以提炼、改进、编创而成的。国家体育总局把重新编排后的新版本的五禽戏、八段锦、易舒筋等健身方法作为"健身气功"内容向全国推广。

到了现代，"五禽戏"的发展也进入了全球化发展模式，不少中外人士都热衷于"五禽戏"的学习。自新中国成立以来，"气功"的出现也促进了"五禽戏"的发展，再加上国家体育总局对健身气功的推广，使得"五禽戏"越来越普及。但不得不提的是，西方竞技体育的盛行以及近几年"瑜伽"和"广场舞"的流行都在不同程度上限制了"五禽戏"的发展。很大一部分"五禽戏"的练习者是只注重其外表的术士，而没有配合"意"、"气"的导引，将其练成了"五禽体操"。"五禽戏"与西方体操有着本质的区别，在练习时应当特别注意。

三、五禽戏的锻炼价值

由于"五禽戏"的编写者是华佗，其故乡在今天的亳州市，因此"五禽戏"成为亳州市的一项传统文化活动。其历史渊源流长，《健身气功·五禽戏》作为省级非物质文化遗产在全国推广和普及。近几十年来，"五禽戏"的发展得到了政府及主管部门等的支持，中外各界人士如美国、日本、法国、韩国等都先后不断有人来亳州市学习"五禽戏"，领略其精髓和魅力。

笔者通过查阅众多关于"五禽戏"的文献资料，总结出了一些练习"五禽戏"时应该注意的问题。在练习"五禽戏"时练习量要适度，身体微微出汗即可；要通过科学的意念引导，保持心神放松，心无杂念，一心一意；在采用"五禽戏"进行身体康复时，要有针对性地练习，可简化动作，保证简单易行；练习要循序渐进，不能着急；练习期间要保持心情愉快，思想积极向上；在练习时要注意动作的规范性，这样能更好地达到健身的效果；也可以结合配乐进行练习，这样更能较快地达到特定的境界；在着装上要尽量以宽松舒适为主；要尽量选择安静、环境好的地方进行练习；尽量在早上进行练习，这样能动员身体各个器官机能，能以更好的状态投入整天的生活和工作中去。

第五章　全民田径健身实践

第一节　健身走实践

　　健身走运动的升温为本节提供了研究契机，经济的发展带动着居民生活水平的提高。"健康"成为人们日益关注的焦点，简单易行的健身走运动成为人们热捧的体育锻炼项目。便捷的地理位置和优质的人文环境免费对外开放，吸引了更多的健身爱好者参与到健身走这项运动中来。随着健身走运动普及度的提高，近年来运动人员数量逐渐增加。目前我国的健身走运动和国外的健身走运动存在一定差距，国内的理论研究、现状研究较多，但是对健身走运动呈现出的病态没有进行规划和解决；而且对其未来的发展趋势研究较少、理论与实证相结合较少。首先，对地区有针对性的研究较少，缺少结合当地运动项目的特色。其次，局部研究较多，整体研究少，运动项目的发展不能片面，要求整体发展；在运动团体的研究中缺少对管理组织的深入规划。缺乏结合社会效益、经济效益、环境效益等基础方面的探究。

一、健身走的兴起与演变

　　早期以行走为健身的运动是"手杖行走"健身，芬兰健身运动协会从1997年开始在全国推广手杖行走健身运动。其运动方法是在散步时双手各持一根与滑雪杖相似的手杖，向后支撑，大步行进。随着运动方式不断变化，人们简化了运动方式，徒步健身，推动健身走运动的形成。健身走最早兴起于美国，后流行于欧美和中国台湾地区，中国最早流行健身走的地区是宝岛台湾，路桥蓬街的健身走运动，是台湾居民健身走运动中的一个缩影。经过一段时间流传到大陆，2010年前后大陆健身走运动兴起。最近几年参与人数出现暴增，一般公园、风景区、湖边等空气新鲜，场地开阔的地方是健身走运动者锻炼的最佳场所。

（一）"健身走"运动的界定

　　健身走是一项户外步行运动，它是以促进身心健康为目的、讲究基本技术（身体姿态、肢体摆动、基本用力）及速度和时间的一项运动，健身走的速度和运动量大于散步但小于竞走。健身走要求在行走时保持身体躯干伸直，同时收腹、挺胸、抬头，由于健身走速度的加快相应的肘关节要自然弯曲，相互配合，同时以肩关节为轴前后自然摆臂，腿应朝前迈，脚先着地，然后是前脚掌着地，最后推离地面。健身走速度的快慢是决定锻炼效果的关键因素，通常根据不同人群可分为慢步走（70～90步/min）、中速走（90～120步/min）、快步走（120～140步/min），极快速度（140步以上/min）。

（二）健身走与暴走的区别

暴走是一种高强度又简单易行的户外运动方式，源于美国，是选定一条路线，沿着路线徒步或驾车行走，时间由一日到数日不等，是一种极佳的有氧运动方式。暴走对运动强度、运动时间、运动速度没有明确规划，影响运动者运动效果，同时"暴走"这个名词给予运动者一种排斥感。健身走运动是一种有氧运动，它是心血管健康的保障，是在肌肉不存在氧债的情况下进行的长时间的身体活动。健身走能满足不同群体的健身需求，通过比较发现，健身走运动形式更科学。

二、健身走的作用与价值

世界卫生组织把健康概念定义为：所谓健康就是身体、精神、社会适应完全处于良好的状态，而不是单纯的指疾病或病弱。它涉及人的心理、社会道德方面的问题，生理健康、心理健康、道德健康三方面构成健康的整体概念。

（一）健身走对身体形态的影响

杨悦对64名大体重大学生随机分为实验组与对照组并进行为期一年的健身走锻炼发现，实验组经过为期1年的健身走锻炼后，身体形态和身体机能明显优于对照组，这提示我们，经过长期的健身走锻炼可以改善大体重人群的身体形态和机能。对168名60～69岁老年人进行12周快步走锻炼发现，经过为期12周的快步走锻炼，明显改善了受试老年人的身体形态和体成分相关指标。这提示我们，经过长期的健身走锻炼老年人身体形态和身体机能可以得到提高和改善。

（二）健身走对身心健康的影响

翟水保对110名大学生随机分为实验组与对照组进行为期12周的健身走、健身跑锻炼发现，12周的健身走、健身跑锻炼明显提高了大学生的心理健康水平，通过锻炼提高实验者运动、神经系统等健康水平；高自军对心理亚健康的护士分成实验组与对照组进行为期8周的有氧运动锻炼发现，实验组进行8周的有氧运动锻炼后护士亚健康的发生率明显低于对照组；李克对河南省委党校学员调查发现，89.3%的学员处于亚健康状态，通过健身走可以改变学员的亚健康状态。

（三）健身走对社会适应的影响

体育锻炼能增强人的体质。体育最基本和最重要的功能是强身健体、愉悦身心，在运动中充满活力；运动者运动的目的是增进健康，同时又能改变自己的社会关系、家庭关系等。通过运动接触不同人群，改变交往方式，有利于人们适应社会；健身走给老年人带来不同的影响，参加健身走有利于建立老年人良好的心态，使老年人更加自信地面对外界环境变化，增强社会参与和社会适应能力。

（四）健身走的社会价值

高伟在对贵人鸟赞助"暴走族"的案例分析中表示，暴走运动倡导的"环保、公益、快乐、健康"的生活方式和贵人鸟提倡的"时尚运动、健康生活"的品牌理念不谋而合。2009年8月初贵人鸟集团正式对外界宣布成立"贵人鸟暴走俱乐部"说明健身走运动团队成为全新的"活体广告"，这是一种营销的好方式。于建军等这样解释都市体育运动"健身走"的作用：都市体育运动健身走是一个动态系统，其最大的特点就是运动技术和方式是最优化效应；有它最大的宽容度和开放性，兼容度和合作性，具有都市体育运动的最可行性特点。同时，对建立一个健康的老龄化社会，促进社会经济的可持续发展意义重大。

三、国内外健身走发展的相关研究

（一）国内对健身走发展的相关研究

李猛在对健身走历史的发展考证中提出，在古代社会对健身走就已经有了相关的研究，《黄帝内经》中说："夜卧早起，广步于庭，被发缓形，以使志生。"广步就是指较长时间的走路锻炼，含有跑步的意思；《黄帝内经》明确提出了要早起早睡，进行健身走锻炼，提高人们的防病能力。现在威胁人们寿命的4大病症是心脏病、糖尿病、高血压病和癌症。从古至今长寿是人们梦寐以求的，但是人的生老病死是人的发展规律，我们不能长寿但是可以延年益寿。如何做可以让人们延年益寿，这是当今社会的热点话题。王闯等在研究大连市健身走人群时阐述国内健身走运动者，有的是家庭或朋友、个人等自行组织；现在随着运动人数的增长，大多是呈方队出行，少则几十人多则上千人，大小方队不同；同时还要伴随音乐，跟着音乐节拍走，还有技术指导员和组织者在运动方队的外围，进行安全保护；技术指导员中有些是体育社会指导员，但人数较少，这是大众体育中普遍存在的问题。王卓等对天津市居民健康快步走参与情况进行的调查结果显示，有近40%的居民对快步走能预防高血压病、糖尿病知识知晓。天津市参与健身走人群中男性参加率较低，凸显这座城市参与健身走人群的性别失衡问题所在。

（二）国外对健身走发展的相关研究

健走在北欧是最流行的户外运动，健走是美国 Tom Rutlin 先生发明的；自 1988 年开始，Tom 即向大家展示如何用他独家设计的健走杆子，以及简单易学的技巧，得到健康人生，甚至在台湾推广成立台湾北欧式健走协会，嘉惠更多的需要的人。目前，根据世界卫生组织调查，2015 年人均寿命最长的国家是日本，他们国家人口的平均寿命为 84 岁。专家研究发现，日本流行的运动方式是步行，这对国家公民的健康有着很大的影响；相关资料显示，日本许多大公司设法让自己的员工多走步，在国内还举行各种徒步活动和比赛。日本人还提出了"一天步行一万步"的口号。Morris 对健身走研究发现，健身走对预防心脏病和总死亡率的降低有影响，可以治疗高血压病、间歇性跛行和肌肉骨骼等疾病，同时可以防止康复后心脏病发作和慢性呼吸道疾病。步行是最自然的活动和唯一的持续动态的有氧运动，除了严重残疾或非常虚弱的人，对每个人都是很常见的，同时维持身体健康；心血管能力和耐力运动（耐力）为身体的工作和日常生活的特殊需求提供储备 Kanade 对健身走研究得出，步行是推荐作为辅助对糖尿病患者的饮食和药物治疗，目的是提高身体健康，控制血糖和减少体重。国外流行的健身方法之一就是有氧锻炼，健身走就是有氧锻炼的一种。Tully 每周 5d 对 50 ～ 65 岁的健康和参加健身走的人进行随机对照试验发现，有氧锻炼的运动负荷强度适中，而运动时间较长，可以有效地提高心血管机能和呼吸机能、促进机体的新陈代谢、并减少脂肪的积累；因为环境的优越，国外运动者健身环境大多选择室外，健身走是他们流行的运动方式之一。这些提示我们健身走能够有效地改善身体健康程度。

健身走运动不仅能增强人们的体质、舒缓紧张情绪，同时还起到放松心情、释放压力、丰富人们的社会交往、缩短人与人之间的距离、增进地区的经济发展和缓解老龄化等作用。健身步道的建立促进健身走运动的发展，运动团队的成立使得健身走运动趋于规范化，增强运动者运动动机，促进健身者的健康。运动途径可以根据自己的需要进行选择，可以在公园、广场、小区、环山、环湖等。同时，此运动方式可以满足不同年龄、社会层次等健身者的需求。在健身走运动中，年龄、职业、经济收入水平等因素的影响相对较低。健身走运动的发展及健身步道的建立，增加了运动群体参与锻炼的机会和途径。让人们意识到健身不仅是改变身体的健康，更重要的是改变人们的生活态度和方式，树立健康的生活观念。从锻炼效果来看，健身走运动符合大众体育长期锻炼的行为要求，个体差异、外部环境、运动的组织形式和运动者心理状态都成为影响锻炼者的持续性因素。健身步道的建立为市民提供了良好的锻炼条件和锻炼氛围，经过长期的健身走锻炼，运动人群的身体形态和身体机能可以得到提高和改善。市民自愿地加入运动，有利于增强锻炼动机。从发展趋势来看，健身走运动及健身步道呈现出大众体育发展的必然趋势。综合化体现在有机地把运动和旅游、文化、经济、社会发展融为一体；科学化体现在健身走运动的组织管理为健身走运动提供健康发展模式；户外化体现在健身走运动和健身步道的开发，让人们从室内走向户外，回归大自然。同时，健身走属于自由、简洁的运动项目，对发展群众体育的终身化意识起到了积极的作用。

第二节　健身跑实践

随着我国综合国力的进步与发展，人们的生活水平和生活质量都有了不同程度的改善。同时，经济的发展、科技的进步导致人们工作压力、学习压力、生活压力逐渐增大，人们对自身健康的关注明显降低，国民体质逐渐下降。21世纪初，大众健身跑项目在中国的部分城市兴起并受到大众的喜爱，这一项目对经济、时间、年龄、性别没有太大的限制，给健身爱好者提供了健身的舞台。

两千多年前，古希腊的山岩上曾刻下：如果你想强壮，跑步吧！如果你想健美，跑步吧！健身跑属于户外健身运动项目，在锻炼的同时可以享受沿途的风景，对人们的身体、心理产生的正面效果比较明显。健身跑是身体在放松自然的状态下进行的跑动，它是一切身体运动的基础。长期以来，国内外的相关学者、专家对健身跑的健身价值进行过多次研究，都认为它是促进人体健康的最佳有效途径。在欧美、日本和东南亚等国家都建立有长跑俱乐部，通过一段时间的运动研究健身跑带来的健身价值，相应的有关健身跑的文章也纷纷问世。我国现在的健身跑处于快速成长阶段。2014年5月31日青岛"浩丰杯"半程马拉松赛、北京马拉松ASICS和2014年10月18日在北京龙湾国际露营公园举行的"2014要跑·24小时城市接力赛"都无疑不在宣传着健身跑。

一、健身跑的概念

健身跑是指以健身为目的，以不同的速度，不受场地、器材、气候等条件的限制，跑步者根据自身身体条件、自发进行的一项有氧健身运动项目。

二、研究方法

采用观察法、文献资料法、逻辑分析法分析有关健身跑在当今社会的发展程度及趋势，解析大众在进行健身跑过程中所达到的健身功效。

三、大众健身跑的特点

健身跑和其他的运动项目有一定的差异，健身跑没有一定的规则制度，只要迈开双腿摆动双臂跑起来，较自由、轻松。适度的健身跑运动可以增强呼吸功能，提高人体的通气和换气能力，在运动过程中获取更多的氧气。中老年人由于受年龄的限制，大部分的运动项目不宜参加，而健身跑作为运动强度可调节性较强的项目相对较适宜。

健身跑的动作简单，双腿健全的人都可以进行，也不需要专业指导，参加健身的大众根据自身的身体状况选择适宜的运动量。健身跑对健身爱好者的经济、场地、器材、天气及指导员方面的要求几乎为零，健身跑一系列独特的特点，有利于推动全民健身计划的实施，对宣传和鼓励大众进行健身起到一定的积极作用。

四、大众健身跑的起因

（一）古代跑的原因

古代的人意识到健康的重要性，受传统观念的影响，健康多来源于养生、食疗。从古代开始跑这个概念在中国古典集中已有记载，也留下了许多耳熟能详的精彩故事，譬如"马驰不及""夸父逐日"、汉代绘画作品《车马出行图》的马车前面两名奔跑的武士等。古代的跑主要用于军事训练、比赛竞技和信息传递几个方面，对健身方面关注比较少。

（二）现代健身跑的起因

国民体质呈现亚健康状况：政治经济的快速发展加剧了社会上各行各业的竞争。为了适应社会的各种变化，人们不得不承受日常生活中所带来的沉重压力。社会的发展，知识水平的提高，各种利益的冲突使人们产生一些不必要的烦恼，长时间精神紧绷状态下人的身体和心理会发生一些偏颇。体育锻炼可以缓解精神紧张，释放心情，大众健身跑又不受经济条件和环境条件的限制可以满足人们对健康的需求。

最简便易行、最经济、最有效：健身跑是众多健身项目中简便易行、最经济、最有效的运动项目。它不受场地限制，不受器材约束，最主要的是健身跑不受年龄的限制。不论是小孩、成人、老年人还是部分特殊人群；健身跑对经济没有要求，只要你有一双鞋就行。健身者可以根据自己的身体状况，自己制订一份科学的运动强度和时间的健身计划从而达到健身和保健的目的。长时间跑步可以在一定程度上改变我们的生活方式，帮助我们养成有规律的生活作息时间，还可以减少拖延行为的发生。

互相监督能够促进健身爱好者持之以恒：跑步运动是一种单一的缺乏新意的运动项目，需要跑步者不停地迈步、摆臂，一个人跑容易感到枯燥。心理专家曾说过，和许多人跑步比一个人跑步更容易让人感觉轻松和愉悦。跑步过程中会遇到一些志同道合的朋友，和他们一起锻炼可以有效地解决跑步带来的枯燥。当身体机能开始下降时，同伴能起到督促和鼓励作用。

五、概述国内外健身跑发展现状

（一）国外的发展现状

通过体育锻炼，人们认识到体育锻炼对增进健康、调节情绪、改善生活方式和延年益寿相对明显。现今，健身跑爱好者每年都在积极开展健身跑活动，世界各地呈现出"健身跑热"。20世纪70年代美国由于经济的快速发展，居民的肥胖率、糖尿病病发率、高血压比率迅速增高，这种现象引起了各界人士的关注。到目前为止，美国大约有三千万人参加健身跑，相当于8个人中就有一个人参加健身跑；开展近15年的"心脏健康之路"健身跑活动的法国一直把体育锻炼作为增强国民体质的有效途径；日本每年都会举行和组织中老年长跑比赛，还专门成立了"海龟"长跑协会。俄罗斯的健身跑活动开展得也很普遍，即使在零下28℃的条件下，人们的激情同样高涨。

（二）国内发展现状

我国群众马拉松赛事从2010年12场到2014年46场，可见长跑运动在中国的发展速度之快。2014年青岛"浩丰杯"半程马拉松赛顺利举行，参加比赛的队员都是平常长距离健身跑步的各行各业、各个年龄阶段的人。2014年9月14日ASICS中参加比赛的有各年龄段的肥胖者、脂肪肝患者，还有外国友人。有位78岁高龄的老者可以跑完全程的马拉松，赛后风趣说：我为多吃几口肉要跑。2014年10月18日在北京龙湾国际露营公园举行的"2014要跑·24小时城市接力赛"体育公益活动，通过大众参与，赛事组和姚明基金会在赛后向一些贫苦地区的学校捐助所需的场地器材，以此来发展农村体育项目。由此可以得到更多人的关注，关注爱心活动、关注这项运动，积极参与进来。现在都市流行一种"约跑族"，通过网络、人际关系联系起来的都市人群在空闲时间按照一定的路线一起跑步，一起锻炼。

六、大众健身跑的锻炼价值

（一）减肥效果明显

大众健身跑不同于跑步机、单独跑的效果，它侧重三个或更多的健身爱好者在户外一起跑的锻炼形式。跑是全身运动的项目，通过长时间的运动可以消耗机体大量的能量，运动中汗液的排出除了帮你消耗多余的脂肪还能有效排除体内的毒素，改善睡眠质量，增强营养物质的摄入，促进身体的全面健康。

（二）改变不良的情绪

孤独老人的数量随着经济条件的改善也在增多。长时间独处的老人容易变得焦躁、不安。老年人通过健身跑接触外面的环境，与人交流可以改善心境状态，消除自身的孤独感，改善大脑长时间的木偶状态，进而减缓和消除激动、易怒、神经质等一系列不良的情绪状态；上班族长时间、机械化的工作模式、工作压力，潜在影响着身体机能的机能状态，科学锻炼，有利于缓解精神压力，短时间忘掉工作的烦恼，让身心处于放松状态。

（三）提高心肺功能

心肺功能是人体心脏泵血及肺部吸入氧气的能力，两者的能力又直接影响全身器官及肌肉活动。长时间缺乏锻炼，心肺机能下降。健身跑对提高心肺功能十分有利。体育锻炼可以增强心肌收缩力，提高心脏的摄血能力；呼吸肌发达，有利于机体对氧气的摄取和二氧化碳的排出。同时，运动过程中呼吸的加深加快，使膈肌上下移动，腹部在膈肌运动作用下不断运动，对肠胃起到一定的按摩作用，促进胃肠的消化吸收。

（四）有效预防疾病

合理有效地进行健身跑，人体的免疫力得到一定的提高，可以有效地抵制外界病毒的侵袭。

（五）调节大脑的兴奋与抑制过程

健身跑可以有效改善大脑皮质，提高神经系统的信息交换能力，促进兴奋和抑制转换，健身跑属于户外运动，接触新鲜的空气，使脑细胞得到充足的养分，改善脑功能，人的思维能力能够保持活跃状态。

（六）增强自信心

和竞技运动不同，健身跑没有竞争、没有压力，只有快乐。和大家一起跑可以互相监督，跑不动的时候坚持下来是自信心的一种体现。

（七）促进社交，积累人脉

如今，生活压力的加剧，人与人的交流减少。健身跑可以拉近人和人之间的距离，结识各行各业的有志之士，从而获取更多的人脉，有利于社会工作的进展。有网友在微博中发表，"有一种社交，不是喝酒吃饭，不是吹牛聊天，像'健身跑'那样去社交吧，培养一种共同爱好，感情才能更长远"。

自国家颁布《全民健身计划纲要》以来，社会各个角落都在响应《全民健身计划纲要》要求，积极参加到健身的行列中来，国民体质会得到很大的改观。人们进行体育锻炼的途径多种多样，但健身跑是一项不分年龄段、不分性别，既简单又经济的健身锻炼方式。健身爱好者可以根据自身的身体状况合理安排健身跑计划，从而达到健身的目的。

七、音乐对中长跑运动的影响

（一）缓解负面情绪

对于大多数中长跑者而言，跑步前往往存在不同程度的负面情绪，包括惰性心理和诸多顾虑，比如跑步姿势、速度、空气质量、日程安排等。这些顾虑往往会带给运动者负面的情绪，产生厌跑情绪。

此时轻松、活泼、节奏快、促人上进的音乐会产生积极的效果。音乐可以通过神经系统调节大脑皮质，促进人体分泌一些有益于健康的生化物质，从而兴奋神经细胞，在一定程度上舒缓运动者的不良情绪。

同时，较强音量条件下，节奏感较强、音域较宽、活泼欢快的音乐可以缩短人们从安静状态过渡到训练状态的时间，对这种功能音乐的聆听，会伴随发生一系列身心变化，快速进入相应的 β 脑波状态。当人们清醒、专心、警觉或者是思考、分析、说话和积极行动时，头脑才会发出这种脑波，这种脑波可以调整呼吸、心跳、神经和血压等来适应新的状态。由此可见，适当音乐的使用可以缓解跑步者的不良情绪以及各种顾虑，使其轻松快速地进入运动状态。

（二）降低疲劳感

相关研究已经证实听动感音乐对运动能力的提高有着积极的影响。原因在于普通跑步者往往存在训练不足、体力有限、毅力缺乏等问题，而快节奏音乐往往会令人兴奋，情不自禁地配合音乐的节奏，增加运动的持久性。对于喜爱的音乐，听者往往沉浸其中，或默默吟唱，变得精神愉悦，如果是激励性的音乐还可以使运动者得到鼓舞，获得力量，受到来自音乐内容潜移默化的积极影响。如果音量足够大，可以屏蔽来自跑者自身呼吸及其他来自外界的干扰，同时在很大程度上分散掉跑者的注意力，更多地关注于音乐本身，从而忽视呼吸急促和心跳加快等疲劳反馈。

可见，音乐可以降低群众跑者的疲劳感，因为有音乐的鼓励和陪伴，跑步者往往能不知疲惫，跑得更快、更远，拥有更强的耐力和持久性。

（三）享受跑步过程

对于大多数人来说，传统意义上的长跑是一个漫长、枯燥而乏味的锻炼过程，尤其是单独出行的跑者，整个跑步过程是孤独而无聊的，而音乐的出现在很大程度上改变了这一情况，在音乐的陪伴下，跑步者不用再独自忍受寂寞又疲惫的跑步过程，增加了跑步的参与性。

音乐使跑步具有"娱人致趣"性，其中"娱人"是指运动的主要功能是使人娱乐，"致趣"是让运动者产生兴趣的原因，而音乐"娱人致趣"性的核心就是意境和节奏。

就意境而言，跑步者可以根据个人喜好选择音乐，使得跑步由一项常规锻炼变成享受音乐的放松过程，倾听个人喜爱的音乐为跑步增添了新的乐趣，与音乐结合的跑步在强健体魄的同时也达到释放压力、放松心情的作用。音乐节奏感是人对音的长短、强弱、快慢、停顿等的感受能力。在跑步过程中，跑步者的步伐会不自觉地根据音乐节奏而调整。随着音乐节奏的快慢而改变频率，如果音乐节奏恰好与跑步者的步伐或呼吸相一致，就会有"共鸣"的效果，跑步时会感觉更加轻松、省力，随着音乐节奏不由自主地迈步，为跑步增添乐趣。研究证实，如果跑步者所听音节拍与自己步伐节奏相匹配，可以增加 15% 的耐久性，还能加强跑步者的积极情绪。

音乐让跑步更加具有参与性，音乐的陪伴降低了跑步的孤独感，与音乐结合的跑步不但可以提高身体素质，还是享受和放松的过程，在音乐节奏的选择上，与步伐合拍的音乐可以增加跑步的乐趣。

（四）有利于疲劳的恢复

虽然普通类型的中长跑属于中低强度的有氧运动，但运动后也会产生一定的疲劳感，肌肉可能会感到酸胀，如果忽视修复这一环节，很可能以后对运动者有不利的影响，如肌肉拉伤等。运动后的身体机能恢复方法很多，其中音乐对疲劳的解除、体力的恢复具有一定的效果。

放松音乐的主要特征是旋律悠扬，音域较窄、曲调轻缓平稳，配以简单、缓慢的放松肌肉的动作，这类音乐有利于降低神经系统的兴奋性，产生放松的情绪，达到生理和心理两个方面的放松和恢复。放松性的功能音乐通过听觉系统作用于大脑，促使大脑产生特定 α 脑波，该脑波在人们放松身心、沉思时产生。在这种脑波模式下，人处于放松式的清醒状态中。这种脑波可以影响人的生理指标，如血压、呼吸、内分泌兴奋性等，使跑步者的心跳、血压、皮肤、肌肉、呼吸等尽快恢复到放松的正常状态。

音乐与全民健身运动相结合，具有良好的训练效果。在运动前和运动初期，倾听轻松、活泼、节奏快、促人上进的音乐，可以缓解跑步者的不良情绪以及各种顾虑，使其轻松快速地进入运动状态。在跑步期间，根据个人喜好来倾听节奏明快的音乐，可以屏蔽疲劳反馈、外界干扰，以及各种抵触跑步的想法，从而降低群众跑者的疲劳感；同时，音乐的陪伴可以降低跑步者的孤独感，享受跑步的过程，感受音乐与步伐的和谐统一，增加跑步的"娱人致趣"性；跑步后，舒缓平稳的旋律有助于放松心绪，达到心理和体力的修复，避免运动损伤。

由此可见，在音乐的陪伴下，跑步者往往会跑得更久、更远、更轻松。在选择音乐方面，除了考虑个人喜好、音乐种类、意境，还要考虑音乐节奏，其中应主要考虑的是音乐的 BPM（Beats Per Minute，即每分钟拍数），注重音乐节奏与跑步速度的协调，根据不同跑步阶段选择相应拍数的音乐。

　　在跑步前和开始阶段选择节奏较快，内容积极的歌曲来热身（BPM 在 90~120 之间），让跑者产生积极的态度和想跑的欲望，并快速进入状态，如陶喆的《今天你要嫁给我》（91 BPM）、周杰伦的《霍元甲》（98 BPM）等；在跑步过程中，尽量选择自己喜爱的快歌（BPM 在 120~140 之间），如蔡依林的《舞娘》（124PM），谢娜的《菠萝波罗蜜》；超过 140BPM 的音乐，节奏过快，比较适合专业运动员和冲刺阶段的跑步者；在放松阶段，跑步者可选择旋律悠扬，音域较窄的古典音乐或自然音乐来放松身心。

　　音乐带给跑步者享受和放松的同时，也存在一定的隐患，应注意防范，如过大的音量伤害听力，音乐对疲劳的屏蔽可能造成训练过度、肌肉损伤，对外界干扰的屏蔽可能会导致交通意外等，在常规训练时是应尽力降低其发生的可能性。

　　音乐与跑步的结合相辅相成，跑步强健体魄，音乐放松身心，跑步时听音乐不再是单纯的休闲娱乐，听音乐使跑步也不再是枯燥乏味的训练，音乐赋予跑步新的内涵，让更多人加入到全民健身的行列。

第六章 全民健身中的安全保健问题

大众体育健身不仅要求人们遵守运动和人体发展的基本规律，同时对运动卫生和医疗保健也有着一定的要求。因此，在进行体育健身的同时，要注意加强自身运动的安全与保健，学习和掌握一些运动疲劳、运动疾病和运动损伤的预防、处理以及医务监督方面的相关知识，这对人们体质的增强和运动能力的提高有着重要意义，能保证人们身体健康，预防伤病，提高人们的健身运动能力和水平，从而为大众体育健身的科学化发展提供基本保障。

第一节 体育健身中的运动疲劳

一、运动疲劳概述

疲劳是人们生活中的一种常见现象。按照产生原因的不同，疲劳可以分成不同的种类，如运动疲劳、劳动疲劳和工作疲劳等。运动疲劳是人体运动过程中发生的正常的生理现象，对人的身体并无损害。它是一种警报信号，或者说是一种健康的"保险阀"。

生理学家通过研究认识到，运动疲劳是一种综合性的生理过程，它是以中枢神经系统的作用为主导，在中枢神经和感觉系统、运动系统、内分泌系统及内脏器官的活动中出现的复杂而相互联系的变化。

运动疲劳可分为两个阶段：一是代偿性疲劳。这个阶段的运动能力靠增强中枢神经系统的兴奋性和机体其他系统更加紧张的活动得以维持，这时每一工作单位的能量消耗多，动作的结构也会发生变化。二是非代偿性疲劳。这个阶段的特点是运动能力下降，尽管运动员越来越用力，但仍无法克服这种状态。

二、运动疲劳的分类

运动疲劳可根据其身体疲劳状态不同、疲劳部位不同、运动方式不同、产生机制不同等分为多种类型，其主要分类方法有以下几种。

（一）按疲劳状态分类

1. 身体疲劳

身体疲劳常因活动种类的不同而产生不同的症状，如局部或全身的疲劳、关节僵硬、肌肉和手脚肿胀等。

2. 精神疲劳

精神疲劳是由于心理活动造成的一种疲劳状态，其行为表现为：动作迟缓、不灵敏，动作的协调能力下降，失眠、烦躁与不安。主观症状有：注意力不集中，记忆力障碍，理解、推理困难，脑力活动迟钝等。

在健身运动过程中，过度的身体活动可以引起精神疲劳，而过度的精神紧张也可以导致身体疲劳，所以说，这两方面的疲劳是无法截然分开的。

（二）按疲劳部位分类

1. 局部疲劳

局部疲劳是指以身体某一局部进行运动使该局部器官机能下降而导致的疲劳。

2. 整体疲劳

整体疲劳是指由于全身运动使全身各系统机能下降而导致的疲劳。一般来说，局部疲劳可以发展为整体疲劳，而整体疲劳往往包含着以某一系统为主的局部疲劳。

（三）按运动方式分类

1. 耐力疲劳

耐力疲劳是由小强度、长时间运动引起的身体机能下降的一种疲劳状态。

2. 快速疲劳

快速疲劳是由短时间、剧烈运动引起的身体机能下降的一种疲劳状态。

（四）按疲劳系统分类

1. 呼吸系统疲劳

运动引起的呼吸机能下降等现象，称为呼吸系统疲劳。

2. 心血管疲劳

心血管疲劳是由运动引起的心脏、血管系统及其调节机能下降的一种疲劳状态。疲劳时表现为心率恢复速度减慢、血压升高、心脏射出的血液减少等。

3. 骨骼肌疲劳

由运动引起的骨骼肌机能下降，称为骨骼肌疲劳。如力量训练后肌肉收缩力下降、肌肉僵硬等。

三、运动疲劳产生的原因

1980 年，Edwards 曾将疲劳定义为"不能维持需求或预期的力量"，主要从电刺激、肌电图和能量供应三个方面进行了分析，就疲劳时物质代谢和电刺激的相互关系提出了描述疲劳的三维观点。同时，他认为导致疲劳的原因可能有三方面：一是肌肉收缩，能量消耗，限制 ATP 供应速率；二是肌膜功能损害能量供应，若肌膜动作电位和传导受损，则肌浆网钙泵将受损；三是代谢产物的堆积。根据以上理论，1982 年，Edwards 提出了运动疲劳和运动能力的生化基础——突变理论。

单纯的能量消耗，不存在兴奋性下降时，会引起持续的肌肉强直收缩；带突变的综合性疲劳，会突然丧失兴奋活动的力量；能量消耗和兴奋性同时受损，但没有突变；单纯的兴奋性或活动性下降，没有能量消耗。总地来说，运动疲劳的产生是一个综合性的复杂过程，它与人体多方面的因素及生理变化有关，是由多方面原因引起的。运动性疲劳产生的原因主要有以下几个方面。

（一）运动能力与身体素质的变化

人体的运动能力和身体素质与身体各器官、系统功能紧密相关。身体素质就是人体各器官、系统的功能在肌肉工作中的综合反映，各器官功能的下降，运动能力与身体素质便会受到影响。如长时间的肌肉活动导致肌肉功能下降时，力量与速度等必然会下降，于是在完成各种运动练习时，往往会感到力不从心而觉得疲劳，从而降低机体的工作能力。

（二）体内能源贮备的减少与各器官功能的降低

研究发现，运动导致疲劳时体内能源物质往往消耗较多。如长时间持续运动中，由于糖的大量消耗，肌糖原及血糖含量均大幅度下降。能源贮备的消耗与减少，会引起各器官功能的降低。加上肌肉活动时代谢产物的堆积及水、盐代谢变化等影响，机体工作能力就会下降而出现疲劳。

（三）内环境稳定状态失调

通常情况下，机体是通过神经、内分泌、呼吸、血液循环、泌尿等系统的调节，使机体内环境保持动态平衡的。而机体内环境的相对平衡与稳定是组织器官保持最佳动能状态的基础和前提。但是，长时间的剧烈运动会使血液中的 PH 下降，出现高渗性脱水，血压、渗透压改变，出现内环境稳定状态失调的现象，就会产生疲劳。

（四）代谢产物的堆积

代谢产物在肌组织中堆积也会导致疲劳的产生，如乳酸、氢离子、钙离子等物质。由于乳酸的堆积，血乳酸浓度的增加，可产生三大影响：首先，促使运动组织局部血管扩张，血流速度加快，这虽然有利于增加氧的运输和供能，但这些物质的堆积也产生了一些消极作用，可使 ATP 再合成速度减慢；其次，抑制糖、糖原的分解或酵解，增加肌肉中水分的含量，并可减少乳酸从肌肉中的运出；最后，乳酸解离后产生的氢离子，可以引起肌肉中的 PH 下降。氧离子可以从肌钙蛋白中置换钙离子，从而阻断肌肉收缩，阻碍神经肌肉的兴奋传递，抑制脂肪酶的活性而降低脂肪氧化供能，从而使人体产生疲劳。

（五）精神意志因素

当身体疲劳达到一定程度时，往往主观上会出现疲劳的感觉，这种疲劳感也可以说是疲劳的主观信号。而运动中人体各器官、系统的活动都是在神经系统指挥下完成的，神经系统功能的降低、神经细胞抑制过程的加强都会使疲劳加深。此时，人的情绪意志状态与人体功能潜力的充分动员关系极大。通常情况下，人体在感到疲劳时，机体尚有很大的功能潜力，能源物质远未耗尽，良好的情绪意志因素可动员机体潜力，推迟疲劳的发生。

四、运动疲劳的判断方法

判断运动性疲劳的方法有很多，归纳起来可分为以下三个方面。

（一）观察法

观察运动者的表现，如出现脸色苍白、眼神散乱、表情淡漠、连打哈欠、反应迟缓、精神不易集中、情绪改变、运动成绩下降等现象，可基本判断为疲劳。

（二）主观感觉

人体运动时的主观感觉与工作负荷、心功能、耗氧量、代谢产物堆积等多种因素密切相关。因此，运动时的自我感觉是判断运动性疲劳的重要标志。主观感觉如疲乏、心悸、胸闷、恶心、头疼、腿疼等，除去染病，则很有可能是运动疲劳。

（三）客观检查

1.生理指标测定

（1）小腿围

长距离跑后，由于下肢血液滞留及组织液增多，可使小腿围度增加，其增加程度与疲劳度成正比。

（2）小腿皮下水肿检查

用拇指压小腿胫骨前面皮肤，当去除按压，若留下皮肤凹陷不能立即消失者为阳性。凹陷的深浅与皮下组织液的积聚和疲劳程度有关。

（3）体重

长时间运动时的泌汗增多，体重下降，其降低程度与运动量大小密切相关。

（4）肌肉力量

运动后肌肉力量明显下降而且不能及时恢复，可视为肌肉疲劳。在评定疲劳时，可根据参与工作的主要肌群确定测试内容，如以上肢工作为主的运动可用握力或屈臂力量测试等。常用的测试仪器有背力计、握力计等。测试时，首先在运动前连续测定若干次肌肉力量，计算出平均值。运动结束后，再进行同样方式的力量测定，如果肌肉力量平均值低于运动前水平，或几次力量测定值连续下降，即为肌肉疲劳。

（5）肌力

可测定握力、腿力和背力，早晚各测一次，或运动前后测定，观察其差数和恢复情况，如次日晨已恢复可判定为正常的肌肉疲劳。

（6）肌张力

肌肉疲劳时，随意放松的能力降低，肌肉放松时张力增加，肌张力振幅减小。

（7）心率

心率（HR）是评定运动性疲劳最简易的指标，一般常用基础心率、运动中心率和恢复期心率对疲劳进行判断。

（8）血压

血压是大动脉血管内血液对血管壁产生的侧压，它是反映疲劳程度的常用指标。身体机能良好时，清晨时安静血压较为稳定。若安静血压比平时升高 20% 左右，且持续两天以上不恢复，往往是机能下降或疲劳的表现。

2. 医学判定

（1）脉搏

脉搏频率增加的程度与疲劳程度成正比。可测定晨脉或运动前、运动后和恢复期的脉搏，来判断疲劳情况。

（2）心电图

运动中在骨骼肌出现疲劳的同时，心肌也相继出现疲劳，使心电图出现异常变化，若在排除其他原因的前提下出现期前收缩且运动后期前收缩次数增多、完全性右束支传导阻滞或有持久存在的不完全性右束支传导阻滞、ST 段下移、房室传导阻滞等，这当中的任何一种异常都提示有重度运动性疲劳的存在，并提示可能已有过度疲劳产生。

（3）肌电图

肌电图是肌肉兴奋时所产生的电变化，可反映肌肉的收缩、兴奋程度。运动过程中的肌电图变化可确定神经系统和骨骼肌的功能状态，通过肌电图可以反映出肌肉是否疲劳。

（4）呼吸肌耐力测定

让受试者连续测 5 次肺活量，包括吹气时间在内，每次间隔 15 秒，记录各次结果。疲劳时，肺活量逐渐下降。

（5）尿蛋白

每日清晨和运动后测定尿蛋白，可以了解身体对运动量和强度的适应情况及疲劳程度。

（6）血红蛋白

由运动引起的运动性贫血与运动强度和运动量有关，此外还与营养摄入不合理、身体健康状况、机能水平下降等因素有关。

（7）皮肤空间阈

测定皮肤对两点的定位感觉。运动后疲劳时触觉机能下降，运动后较安静时，大 1.5 倍以上为轻度疲劳，2 倍以上为重度疲劳。

（8）血尿素

安静时成人的血尿素为每百毫升 28 ~ 40 毫克，运动时肌肉中的蛋白质及氨基酸分解代谢加强，其血尿素的数量可增高 10% ~ 100%，在身体机能状态正常的情况下，运动后次日晨血尿素上升幅度在 50% 以下，这是出现了中度或重度运动性疲劳的表现。

（9）定量运动负荷试验

内脏器官的机能能力只有在机体进行运动负荷试验中才能充分发挥。因此，机能检查的主要方法是定量运动负荷试验，检查的着重点是心脏血管机能。负荷的种类、负荷量的大小应根据机能检查的目的，受试者的年龄、性别、健康状况、训练水平而定。

五、大众体育健身运动疲劳的消除

运动疲劳消除的最好手段是停止进行身体活动。但疲劳已经产生了，就需要用一些具体有效的措施来消除，达到恢复身体良好状态的目的。在消除运动疲劳时，要尽量采用多种有效的方法来进行。

概括地说，消除运动疲劳的方法主要有以下几种。

（一）活动性休息

活动性休息，也就是积极性疲劳消除。研究证明，在疲劳后更换运动练习或做些放松动作，都可以达到疲劳消除的目的。

实验表明，积极性疲劳消除的生理依据及其效益主要表现在以下三个方面。首先，防止神志昏迷、眩晕及恶心。在运动结束后转入低强度、慢节奏的轻活动，肌肉的泵血功能保持持续状态，机体血液循环系统活动无骤然变化，就能防止神志昏迷、眩晕及恶心的出现。其次，加速血液中乳酸的排泄。疲劳的原因之一是体内乳酸堆积。通过运动后的整理活动，使流经收缩肌群的血流速度仍不减慢，故能及时地把扩散到血液中的乳酸带走并排泄掉。最后，防止过勤换气。停止剧烈运动后，由于运动时欠下的氧债过多会发生急促的大喘气。当机体转换到轻运动时，氧债的补偿过程就能达到逐步化，不至于过勤换气。

（二）静止性休息

睡眠是恢复体力、消除疲劳最常规的方法，也是非常有效的方法之一，最好的静止性休息是保证睡眠质量。健身运动导致身体疲劳后，保证良好而充足的睡眠是使身体得到恢复的重要措施。

保证睡眠的效果，应注意以下几个方面。

（1）睡眠要有规律，养成定时入寝与定时起床的习惯。

（2）保证有足够的睡眠时间。

（3）睡眠不足时应在白天补足。午睡时间 30 ~ 60 分钟最适宜，可稍微补充一下睡眠不足。

（4）优化睡眠环境。适宜的居室温度、湿度及寝具的舒适程度对睡眠都有一定影响。

（三）合理补充营养

运动性疲劳的原因之一就是能源物质的大量消耗，因而只有适当地补充营养才有利于肌体的恢复。

糖是人体运动的基本能源物质。肌糖原储量多少直接影响运动能力，因此应重视糖的补充。食果糖对肝糖原的恢复速度大于食葡萄糖。

蛋白质是一切细胞和组织结构的重要成分，是生命的物质基础，大运动量训练时应注意蛋白质的补充，特别是必须有氨基酸的补充。大强度运动中，由于产生乳酸等代谢产物，使肌肉中的 pH 值下降，导致肌肉疲劳。因此，运动后适当地补充碱性盐类可以提高运动者耐乳酸的能力，提高负氧债的能力。维生素缺乏时，会影响运动者的运动能力，因此应注意维生素的补充，尤其是维生素 B1、维生素 B2、维生素 B6、维生素 C、维生素 E 的补充，达到每日的推荐量即可。因此，在大众体育健身过程中，会造成体内蛋白质、维生素及微量元素的过量消耗，而仅依靠自身饮食获取的能量很难保持身体训练水平，所以在健身运动后进行合理的营养补充有助于疲劳的消除。

（四）心理调节

1.心理恢复法

这是一种心理学恢复的方法。通过调节大脑皮质的机能，达到消除疲劳的目的。心理恢复法能减轻紧张情绪、放松肌肉，对消除疲劳和延迟疲劳的产生有良好的效果。它主要包括心理调整、自我暗示、放松训练和气功等手段。

2. 音乐疗法

音乐可以使中枢神经系统的疲劳得到缓解，可调节呼吸、循环系统功能，对骨骼机能产生影响，有镇静、镇痛、增强记忆力、改善注意力的作用。选曲原则应根据运动者的情绪选择合适的音乐，应考虑个人的文化素质和对音乐的欣赏能力。

（五）其他疗法

1. 按摩

按摩是放松和帮助恢复体力常用的手段，主要目的是促进身体和肌肉进入放松状态，改善血液循环和扩张血管，消除代谢产物。

按摩的方法很多，一般采用手法按摩，进行全身或局部的按摩，有损伤的还可以兼做治疗，均有良好效果。按摩时以揉捏为主，先按摩大肌肉，后按摩小肌肉，一侧按摩完以后再按摩另一侧。大腿后面的丰厚肌群可用重压，使肌肉放松，还可运用搓、抖、叩等手法。按摩时可配以按穴方法加强效果。第一次按摩应在训练后 20 分钟进行，如果配合桑拿浴或水浴，效果会更好；第二次按摩最好在训练后的 2 小时进行。

2. 水疗

（1）热敷。热敷能减少肌肉中酸性代谢产物的堆积，消除肌肉僵硬、紧张以及酸痛。

（2）热水淋浴。淋浴是一种简易的消除疲劳的方法，淋浴时水温不能过高，一般以温水浴（水温 40℃左右）为佳，时间为 15 ~ 20 分钟。

（3）冷、热水交替淋浴，起振奋作用。

（4）水漩涡。利用水快速流动时产生的压力进行水下按摩。

（5）热盆浴。热水浸泡 15 ~ 20 分钟，四肢做缓慢的运动。

（6）用高压力的水蒸气做水下按摩。

（7）桑拿浴。剧烈的训练之后不要马上做桑拿浴，因为那样会使身体进一步脱水，增加电解质流失，加快心率，由此增加身体的应激反应。正确的桑拿浴应在训练后过一段时间进行，每次 9 ~ 12 分钟，重复 3 次。

3. 药物补充

药物补充也是恢复运动疲劳的重要手段，如运动后可服用维生素 B1、C 和 E。另有麦芽油、花粉，以及中药中的黄芪、刺五加、人参、三七也对促进疲劳的消除有一定功效。具体应用时应遵医嘱。

4. 理疗

常用红外线、生物频谱仪、TDP 灯、生物信息治疗仪等消除运动后的疲劳。理疗可以促进血液循环，改善血液供应，有利于营养物质的吸收和代谢产物的排泄，从而消除疲劳。

5. 吸氧及空气负离子疗法

吸氧可以促进新陈代谢，改善微循环，有助于消除疲劳。如果有条件，在大运动量训练后采用高压氧治疗，对消除疲劳有明显效果。空气负离子能改善肺的换气功能，增加氧吸收量和二氧化碳排出量，改善大脑机能，刺激造血机能，使红细胞、血红蛋白、血小板增加，血流速度加快，心搏输出量加大，扩张毛细血管，加速乳酸的代谢，有助于疲劳的消除。

6. 拔罐及刮痧疗法

拔罐及刮痧疗法通过刺激人体的经穴，可以改善血液循环，促进新陈代谢，有利于组织代谢产物的排泄，使疲劳得以消除。

第二节 体育健身中的运动损伤

体育健身的主要目的是缓解身心压力，增强身体素质，增进身心健康。但是近年来运动损伤在健身锻炼中发生率越来越高，这不仅影响了健身者正常的生活和工作，也对身心健康带来了很多负面作用。所以，只有深入分析运动损伤形成的原因，才能将其发生的概率降至最低，进而达到更有效的健身效果。

一、对运动损伤的认知

运动过程中发生的各种损伤统称为运动损伤。损伤的部位与运动项目及专项技术特点有着密切的关系。相关资料显示，四肢损伤的比例远远高于其他部位的损伤。因为四肢是人体运动状态的主要表现形式和载体，其关节较多，承受的外力较大，所以四肢损伤在所有运动损伤中的比例是最高的。由于技术特点的不同，与慢跑、游泳等运动项目相比较，球类运动造成损伤的严重程度更高。

运动损伤按时间可分为新伤和旧伤；按病程可分为急性损伤和慢性损伤；按性质可分为开放性损伤和闭合性损伤；按程度可分为轻度、中度损伤和重伤。

在健身过程中，运动损伤多为急性损伤和闭合性损伤。轻度损伤主要表现为肌肉表面擦伤、挫伤等；中度损伤主要表现为关节扭伤、韧带拉伤、肌肉拉伤或挫伤等；重度的运动损伤主要表现为肌腱拉断、韧带撕裂、半月板破损、骨折、脱臼、脑震荡等。

二、健身过程中造成运动损伤的主要因素分析

（一）人的不安全因素

1. 心理因素

自我概念被认为是运动损伤的相关因素。Irvind 和 Lamb 的研究都表明，低的自我概念是运动损伤的最危险因素。自我概念是指一个人对自身存在的体验。它包括一个人通过经验、反省和他人的反馈，逐步加深对自身的了解。自我概念是一个有机的认知机构，由态度、情感、信仰和价值观等组成，贯穿整个经验和行动，并把个体表现出来的各种特定习惯、能力、思想、观点等组织起来。

人在体育健身时，会根据自己的喜好和熟悉程度选择运动项目。因此对所选择的项目都有一定的参与经验，但同时也有助于一些不正确的经验演变成习惯。再次参与体育锻炼，已养成的习惯必定会贯穿于整个健身过程。竞技类运动在这方面表现得更为明显。如果养成安全意识淡薄的习惯，会导致健身过程中注意力不够集中，自我保护不到位，很容易造成运动损伤。例如，很多人在参与球类运动时，忽略了准备活动，直接进入比赛状态。这样就使身体的各关节在没有得到充分活动的情况下，承受着负荷强度较大的运动量，导致运动能力急速下降，在很大程度上增加了关节扭伤和肌肉拉伤的概率。并且由于养成了一些不正确的运动习惯，会使侥幸心理得到扩张，这无疑也是引发运动损伤的一大因素。

2. 行为因素

每项运动都有其独特的技术特点和运动规律。在健身过程中，只有充分认识运动项目的特点，掌握其运动要领，遵循其规律，才能达到预期的锻炼效果。但有时人的行为会随心理的变化而变化。很多人在健身过程中，有时候过度兴奋导致侥幸心理作祟，随意更改技术动作或添加自认为合理的动作，这样势必增加了运动损伤的概率。

体育学习和锻炼中充满了速度、力度、高等、远度、准确度或艰难度等的竞争与评价，是典型的成就情景，对参与者的勇气和进取精神提出了种种挑战。体育参与者都有力求达到完美、取得优异成绩的心理倾向，这样会使他们做出一些明知不可为而为之的行为，一定程度上增加了运动损伤事件的发生。

（二）健身环境的不安全因素

健身环境的不安全因素主要是指天气等客观条件及运动器材给健身带来的损伤。健身活动容易受到天气条件的制约，进行户外体育锻炼时尤为明显。例如雷雨天气易引发雷击的危险；湿滑场地，易引发扭伤、摔伤的危险；炎热易引发中暑的危险。

运动器材又包含场地器材和运动装备。如果运动器材存在不安全因素，也会给体育锻炼带来一定的运动损伤。例如，场地器材锈蚀老化，检修不彻底等，易导致摔伤，

擦伤等运动损伤的发生。运动装备是参与项目的主要保障，如服装、鞋子、其他专业装备等。如果运动装备与运动项目不匹配，或者运用不合理，都会带来一定的运动损伤。

三、健身过程中预防运动损伤的主要措施

（一）提高安全意识

安全是达到健身效果的前提条件。如果没有了安全的保障，健身活动也就失去了其本来的意义。安全与不安全之间没有过渡，一旦踏出了安全的界限，就直接进入了不安全。但健身过程中的运动损伤又是无法避免的。只有将损伤降至最低，才能使体育锻炼发挥最大的健身作用。所以，健身过程中，一定要提高安全意识。

自我安全概念对提高安全意识有很大作用。因为个人需要按照保持自我看法一致性的方式行动。自我概念在引导一致行为方面发挥着重要的作用。这就是自我概念的引导作用。所以较高的自我安全概念，会使健身者充分认识到运动损伤形成的原因，采取积极的应对措施，从而避免了一些损伤的发生。

所有人健身的期望都是为了增进健康，不是为了身体损伤。有时候概念决定着人们的期望，这是自我期望的作用。所以自我安全概念有助于参与者提高健身安全意识。提高安全意识的措施包括锻炼前对运动项目可能带来的损伤进行分析，培养自我安全概念，以及积极地心理暗示等。

（二）充足的准备活动

"工欲善其事，必先利其器"。准备活动是使身体各器官和运动系统充分预热，是健身锻炼"利其器"的过程，是体育健身的必要环节。适宜而充分的准备活动对健身效果将起到事半功倍的作用。准备活动可以减少肌肉与韧带的黏滞性，增强其弹性，并促使关节囊分泌更多滑液，从而减少关节的摩擦力，加大关节的灵活性。准备活动不但可以提高锻炼效果，而且有效地避免了肌肉、韧带等软组织的运动损伤。

准备活动可分为一般性和专项性两种。一般性准备活动是在正式练习前进行的活动量较小的全身性体育锻炼，运动形式主要是慢跑，同时可做一些伸展性体操和牵引性练习，使身体各器官充分活动开，为即将进行的体育锻炼做好准备。专项性准备活动主要是指一些与活动项目相似的准备活动内容。

准备活动是体育健身不可缺少的内容和步骤，科学合理地安排准备活动，不仅能使健身者有效地掌握运动技术、技能，提高运动质量，而且能有效地避免运动损伤，所以准备活动的好坏将直接影响体育健身的效果，也是降低运动损伤最主要的措施之一。

（三）运动强度的有效控制

健身过程中运动强度的控制，是指对于运动负荷的合理安排。而运动负荷是指人

体在运动活动中所承受的生理刺激。按其对人体产生刺激的性质，又把运动负荷相应地分为负荷强度和负荷量两方面。

要想达到良好的健身效果必须具备以下四个因素：锻炼频度为每周 3 至 5 天；锻炼强度为最大心率的 60% 至 90%，或最大摄氧量的 50% 至 85%；运动持续时间为有氧运动 15 至 60 分钟。

根据超量恢复原理，机体只有在一定的运动负荷刺激下，才能造成一定的反应，引起超量恢复，从而达到促进健康的效果。如果运动过程中，负荷强度和负荷量过小，对机体运动能力的刺激较小，很难达到预期的效果。但如果负荷强度和负荷量过大，会使得机体运动技能明显下降，身体各关节抗击外部压力的能力降低，极易引发损伤。所以，体育健身应遵循循序渐进的原则。锻炼的内容、形式要由简到繁、由易到难，运动负荷要由小到大。运动强度只有控制在一定的有效范围内，才能避免因过度疲劳而引起的运动损伤。

（四）运动持续时间的合理安排

运动持续时间是取得健身效果的保证。但并不意味着运动时间越长，健身效果越显著。从运动生理学的角度来说，5 分钟是全身耐力运动所需要的最短时间，60 分钟是坚持正常工作的最大限度时间。每次进行 20~60 分钟的耐力性运动是比较适宜的。但运动持续时间与运动项目、运动强度、运动频度和运动方式、年龄体质因素之间有着密切的关联。库珀认为，心率达到 150 次 / 分以上时，持续 5 分钟即可收到效果；在 150 次 / 分以下时，就需要 5 分钟以上才能达到效果。

在体育健身过程中，随着运动持续时间的延长，身体的能量也逐渐消耗殆尽，运动代谢产物也不断累积，导致身体机能下降，从而在一定程度上增加了运动损伤的风险。所以，运动持续时间的合理安排，也是降低运动损伤的措施之一。

（五）身体疲劳的积极恢复

体育运动后的疲劳恢复是获得超量恢复的主要途径，也是达到预期健身效果的必要手段。所以在运动之后应该采取积极的恢复手段，如慢跑、放松性游戏、伸展运动、按摩等手段，促进身体机能得到有效的放松与恢复。身体的疲劳恢复不仅是排除运动代谢产物、补充能量消耗的过程，也是降低运动损伤的过程。

运动过程中，运动强度的增加，能量的消耗，都会使得各运动器官承受外力的能力下降，会造成一定的损伤。这些损伤处于正常的生理范围之内，可以伴随着能量的补充和疲劳的恢复，自动痊愈。但如果运动疲劳没有得到很好的恢复，反而会加重这些损伤的程度。久而久之的累加，就会导致更为严重的损伤出现，这就是慢性损伤形成的过程。所以说，运动后身体疲劳的积极恢复也是降低运动损伤的有效措施。

伴随着社会的不断发展和物质生活水平的不断提高，体育健身也受到越来越多人的青睐。但不可否认的是运动一般都会带来损伤，要达到理想的健身效果，就必须高度重视运动损伤产生的原因，采取积极有效的措施预防运动损伤的出现。较高的运动安全意识、运动前充足的准备活动、运动中运动强度的有效控制和运动持续时间的合理安排，以及运动后身体疲劳的积极恢复，都是预防运动损伤行之有效的措施。平时还应认真学习一些简单的运动损伤的治疗方法，以便在出现运动损伤后做到及时合理的治疗与处理。

第三节 体育健身中的运动疾病

当运动负荷超过了运动员所能承受的生理、心理限度，引起机能紊乱和病理变化而导致的各种疾病，称为运动性疾病。在大众体育健身过程中，常见的运动性疾病主要有以下几种。

一、过度紧张

过度紧张是在训练或比赛时，运动负荷超出了机体所能承受的能力而引起的病理状态，多发生于运动比赛经验不足、体育锻炼基础差、长期中断训练或有某种疾病的人身上。

（一）产生原因

（1）运动训练水平低或生理状况不佳。多发生在训练水平低、经验较少的新手身上，有时也会发生在受到了剧烈精神刺激后的高水平运动员身上。

（2）由于伤病导致较长时间中断训练的运动员，突然或过于迅速地投入剧烈训练或比赛中。

（3）患有疾病，特别是患有高血压病、心脏病者，或急性病初愈而未完全康复者勉强完成剧烈运动或比赛。

（二）主要症状

1.急性心脏功能不全和心肌损伤

急性心脏功能不全和心肌损伤表现为运动后出现头晕、眼花、步态不稳、面色苍白，身体迅速衰弱，呼吸困难，并有恶心、呕吐、咳嗽、咯血沫、胸痛甚至意识丧失此症状。检查时可见脉快而弱，或节律不齐、血压降低等。

2.昏厥

昏厥是指在运动中或运动后，由于供血量的减少或脑血管的痉挛，引起脑部突然供血不足而发生的暂时性知觉丧失。昏倒前，常会全身软弱、头晕、耳鸣、眼前发黑、面色苍白。昏倒后，意识丧失或模糊不清、面色苍白、手足发凉、出冷汗、脉率增快或正常、血压降低或正常、呼吸慢或增快。通常在昏倒片刻后，由于脑贫血消除，患者意识很快恢复，但也有经 3 ~ 4 小时才恢复的。清醒后，患者精神不佳，仍有头痛、头晕、全身无力，也可有恶心、呕吐，个别患者可出现逆行性健忘。

3. 急性胃肠功能紊乱及运动应激性溃疡

急性胃肠功能紊乱是过度紧张中最常见的一种，常在剧烈运动后即刻或短时间内发病，出现恶心、呕吐、头痛及头晕、面色苍白、呈衰弱状态，呕吐物为食物、黏液及水。有的人在运动后仅有恶心或不适感，仍可少量进食；有的人在运动后 8 ~ 10 小时发生呕吐。体检时，腹部有轻微压痛，脉搏稍快，血压多数正常。

4. 脑血管痉挛

脑血管痉挛是指运动后突然发生一侧肢体麻木、动作不灵活或麻痹，同时伴有头痛、恶心及呕吐症状。

（三）防治方法

1. 预防

体育运动基础较差者，活动前要做好充分的准备活动，并注意加强身体的全面训练，运动量的增加要做到循序渐进。患病时应积极治疗并注意休息，避免剧烈运动。伤病初愈或因其他原因中断体育锻炼后再重新参加锻炼时，要逐渐增加运动量，不要马上进行大强度训练或剧烈比赛。在参加体力负担较重的比赛前，应做全面深入的体格检查。

2. 治疗

轻度的过度紧张，应将患者安静平卧，并注意保暖，可服用热糖水或镇静剂，一般经短时间休息即可恢复。对有心功能不全的患者，应处半卧位，保持安静，并针刺或掐点内关、足三里等穴。如果有昏迷，可掐点人中、百会、合谷、涌泉等穴，并请医生处理。

二、过度疲劳

过度疲劳又称过度训练，是指锻炼者由于长期训练不当，或在运动锻炼过程中由于疲劳的连续积累而导致机体出现功能紊乱或病理状态。

（一）产生原因

（1）缺乏科学性，未遵循循序渐进和系统性原则合理安排运动负荷。

（2）身体状况不佳，练习者没有针对性地进行锻炼。

（3）缺乏全面身体训练和心理训练，运动手段单调枯燥，产生生理和心理的过度疲劳。

（4）患病或伤病后未痊愈，生理上和心理上没有足够的准备便参加大强度的运动锻炼。

（5）生活规律的改变，环境、气候的变化，睡眠不足、营养不良等均可导致身体机能下降，引起过度疲劳的发生。

（二）主要症状

1. 呼吸系统疲劳

呼吸系统疲劳主要表现为呼吸功能下降，肺通气量减少，呼吸频率加快、多汗、耗氧量增加，最大摄氧量降低，运动后氧债增加，易患感冒或其他疾病。

2. 消化系统疲劳

过度疲劳往往还有体重明显下降的现象，这是因为胃肠的功能紊乱，食欲下降，还会引起消化不良、恶心、呕吐、腹胀、腹痛、腹泻或便秘等。

3. 神经系统疲劳

早期或轻度患者主要表现为一系列的神经症状、生理障碍，如身体软弱无力、倦怠、精神不振、无运动欲望甚至厌烦运动，心理上有压抑感且缺乏信心。有的锻炼者表现为情绪波动较大，爱激动和发脾气，或反应迟钝，对周围发生的事情淡漠健忘，注意力不集中等，少数人有耳鸣、心情烦躁、容易激动等症状。

4. 心血管系统疲劳

其常见症状为胸闷、心慌、气短、心前区不适式疼痛、皮疹及女子月经失调，以及心律不齐、血压增高且不稳定、血红蛋白量下降、恢复期延长等。

（三）防治方法

1. 预防

过度疲劳（过度训练）预防的关键是早期发现和及时治疗。平时一定要注意运动量的安排，切忌运动量过大；要认真进行自我监督，及时预防过度疲劳。

2. 治疗

早期发现，只要调整训练计划和项目，减少运动量，并注意休息、调整睡眠，2 ~ 3 周以后即可恢复正常。过度疲劳发展到中、后期，病情进一步发展，必要时应停止专项训练，调整生活制度，并加强营养，同时根据病情进行药物治疗，如服用 VC、VB^1、VB^6、VB^{12}、葡萄糖、ATP 等。只要经过有针对性的治疗，重者 2 ~ 3 个月就会恢复正常。

三、运动性贫血

血液中红细胞数与血红蛋白数低于正常值，称为贫血。因运动引起的这种血红蛋白量减少，就称为运动性贫血。

（一）产生原因

（1）运动性贫血发病缓慢，其临床表现有头晕、恶心、呕吐、气喘、体力下降，运动后心悸、心率加快、脸色苍白等。

（2）由于剧烈运动时血流加速，易造成红细胞破裂，致使红细胞的新生与衰亡之间的平衡遭到破坏，从而导致运动性贫血。

（3）由于运动时肌肉对蛋白质和铁的需要量增加而得不到满足，即可引起运动性贫血。

（二）主要症状

运动性贫血症状的轻重取决于贫血产生的速度、贫血的原因和血红蛋白浓度降低的程度。当运动员患有轻度贫血时，安静状态和中小训练量时不出现症状或症状不明显，仅在大运动量训练时才表现出某些症状。中度和重度贫血时，由于血红蛋白明显下降，影响运氧能力，因此可出现因缺氧而引起的一系列症状。主要表现为以下几个方面。

（1）体征。轻度贫血体征不明显，中、重度贫血会出现皮肤和黏膜苍白、舌乳头萎缩、心率加快、心尖部出现收缩期吹风样杂音，较重者会出现肢体浮肿、心脏扩大等体征。

（2）神经系统。会出现头痛、头晕、失眠、反应能力降低等症状。

（3）内分泌系统。女运动员会出现月经紊乱或闭经。

（4）心肺系统。贫血造成运氧能力下降，血氧减少，机体出现一系列代偿现象，如心悸、心慌，活动后更加明显，甚至出现呼吸急促。

（5）血液检查。男性红细胞数低于 400 万／立方毫米，血红蛋白量低于 120 克／升；女性红细胞数低于 350 万／立方毫米，血红蛋白量低于 105 克／升；14 岁以下儿童少年的血红蛋白量低于 120 克／升，就诊断为贫血。目前运动性贫血的称呼逐渐被运动性低蛋白血症代替。

（三）防治方法

1. 预防

遵循循序渐进和个别对待原则，合理调整膳食。如运动时经常有头晕症状，应及时诊断医治。

2. 治疗

如运动中（后）出现头晕、无力、恶心等症状，应适当减小运动量，必要时暂停运动，并补充富含蛋白质和铁的食物，口服硫酸亚铁，这对治疗缺铁性贫血效果显著。

四、运动性昏厥

在运动中，由于脑部突然血液供给不足而发生的暂时性知觉丧失现象，称为运动性昏厥。

（一）产生原因

由于剧烈运动或长时间运动，使大量血液积聚在下肢，回心血量减少所致，也和剧烈运动后引起的低血糖有关。

（二）主要症状

发病后患者有全身乏力、面色发白、头昏、耳鸣、恶心、眼前发黑和出虚汗等症状。严重的会突然失去知觉昏倒。昏倒后，患者面色苍白、四肢发凉、脉搏慢而弱、呼吸缓慢，一般在昏倒片刻之后，由于脑缺血消除，知觉恢复而清醒，醒后精神不佳，仍有头昏和无力感。

（三）防治方法

1. 预防

平时要经常坚持体育运动，以增强体质；久蹲后不要突然起立；不要带病参加剧烈运动；疾跑后不要立即停下来；不要在饥饿的情况下参加剧烈运动。

2. 治疗

使患者平卧，足略高于头部，并进行由小腿向心脏方向推摩或拍击。同时用手指点压人中、合谷等穴位，必要时给氨水闻嗅。如有呕吐，应将患者的头偏向一侧。如停止呼吸，应马上进行人工呼吸。轻度休克者，应由同伴搀扶慢慢走一段时间，帮助进行深呼吸。

五、肌肉痉挛

肌肉痉挛俗称抽筋，是指肌肉发生不自主的收缩反应。运动中小腿腓肠肌和大腿后群肌肉发生痉挛较为常见。痉挛的肌肉僵硬，剧烈疼痛、肿胀，肌肉的运动能力和柔韧性降低，肌肉痉挛所涉及的关节的功能也会发生一定的障碍。

（一）产生原因

（1）肌肉疲劳。长时间或大强度的运动训练，会引起肌肉结构的损伤，肌肉的血液循环和能量物质代谢发生改变，肌肉中大量的乳酸和代谢废物堆积，肌肉收缩与放松不能协调地交替进行，从而引起肌肉痉挛。

（2）电解质和水丢失过多。运动中大量排汗，特别是在高温条件下长时间的剧烈运动，使电解质从汗液中大量丢失，肌肉的兴奋性增高，引起肌肉痉挛。

（3）其他因素。肌肉受到寒冷刺激，兴奋性会增强，易发生强直性收缩。肌肉突然受到外力的猛烈打击等，也会产生强烈收缩而引起痉挛。

（二）主要症状

痉挛的肌肉僵硬，疼痛难忍；痉挛的肌肉所涉及的关节有一定的伸屈功能障碍。

（三）防治方法

1. 预防

（1）运动前做好准备活动，对容易发生抽筋的肌肉可事先做适当的按摩。

（2）注意保暖，注意电解质的补充和维生素的摄取。

（3）加强身体锻炼，提高机体的耐寒能力和耐久力。

（4）采取科学的降体重和控制体重的方法。

2. 治疗

一般肌肉痉挛只要向相反的方向牵引痉挛的肌肉，即可缓解或消失。牵引时用力宜缓慢、均匀，切忌用暴力，以免拉伤肌肉。大腿后群肌肉、小腿腓肠肌痉挛，可尽力伸直膝关节，用力将踝关节充分背伸，尽可能拉长痉挛的肌肉。缓解后，配合局部按压、揉捏、点掐、针刺等有关穴位，效果会更好。

六、运动中腹痛

运动员在训练和比赛中，因生理和病理原因而发生的腹部疼痛症状，称为运动中腹痛。运动中较常见的是肝脾淤血、胃肠痉挛和膈肌痉挛导致的腹痛。

（一）产生原因

（1）缺乏训练或训练水平较低，准备活动不充分。

（2）饭后过早地参加运动，运动前吃得过饱、过多，或吃了较难消化的食物使胃肠充盈、饱满，在剧烈的运动中受到牵扯引起胃肠痉挛。空腹运动时，由于胃酸或冷空气对胃的刺激，也可引起胃痉挛。

（3）运动中呼吸与动作之间的节奏配合不良，呼吸急促、表浅，使呼吸肌的收缩过于频繁、过于紧张与疲劳，引起膈肌痉挛。

（4）运动的速度和强度突然过快和过大，以致内脏器官和心肺功能赶不上肌肉工作的需要，引起腹痛。

（5）运动中腹痛的程度与运动负荷的大小成正比：强度小，较慢速度运动时，疼痛不明显；随着运动负荷的加大，疼痛逐渐加剧。

（6）腹内的某些疾病，如肝炎、胃炎、肺炎、肠炎、胆结石、胆囊炎等也可引起运动中腹痛。

（二）主要症状

呼吸肌活动紊乱或痉挛疼痛部位以季肋部和下胸部多见，疼痛性质为锐痛，且与呼吸活动有关。肝脾淤血腹痛的部位多数发生在左、右上腹，呈钝痛或胀痛。胃肠功能紊乱或痉挛疼痛部位在上腹部或肚脐周围，宿便刺激引发的肠痉挛疼痛部位多在左下腹，疼痛性质可以是钝痛、胀痛，甚至绞痛。

（三）防治方法

1. 预防

（1）遵守训练的科学原则。运动前要做好充分的准备活动，运动时应循序渐进地增加运动负荷。注意加强全面身体训练，提高心血管机能水平；在训练和比赛时要调整好运动与呼吸节奏，合理地分配运动速度。

（2）运动前体检，排除疾患。对于出现过腹痛现象的运动员，应积极到医院进行全面检查。如果确实患有腹内、外疾病，应进行彻底治疗。

（3）合理安排膳食。运动前不要吃得过饱或饮水过多，不吃不易消化或产气的食物；餐后 1.5 ~ 2 小时才可进行剧烈运动。不要在饥饿状态下参加训练。

2. 治疗

（1）对于运动时出现腹痛的运动员要慎重对待。首先要了解腹痛的性质、部位，根据腹痛的部位与运动负荷的关系，来判断是由疾病引起的，还是由与运动有关的生理原因引起的，做到有的放矢。

（2）出现腹痛时应立即降低负荷强度，适当减慢速度，调整呼吸和动作节奏，再用手按压疼痛部位，如果无效或疼痛反而加重，应立即停止运动，请医生诊治。

（3）对疾病引起的腹痛应根据原发疾病进行相应的治疗。

七、运动性中暑

由于人体运动时产生的热超过了身体的散热能力而发生的高热状态，称为运动性中暑。运动性中暑可分为热射病、日射症、热痉挛和循环衰竭四种类型。

（一）产生原因

1. 热射病

热射病是发生在高热环境中的一种急性病。运动时，体内产热较多，如果天气温度和湿度较高，且空气不流通，散热就会受到影响，热量在体内大量积累，会造成体温大大升高，水、盐代谢出现紊乱，严重影响体内的生理机能以及中枢神经系统的机能活动。

2. 日射症

日射症是由于阳光直接照射头部而引起的机体强烈反应。

3. 热痉挛

运动中机体大量排汗，失水失盐过多以致电解质平衡紊乱，发生肌肉疼痛和痉挛。

4. 循环衰竭

由于运动时机体失水过多，使血容量减少，如果心脏功能和血管舒张调节不能适应，可导致周围循环衰竭而发生中暑。

（二）主要症状

运动性中暑多见于年轻的锻炼者。运动性中暑与一般中暑不同的是骤然发生居多，主要症状有高热、中枢神经系统功能障碍和皮肤发热、干燥、呈粉红色。

（三）防治方法

1. 预防

（1）夏天炎热，要安排好训练时间，避免在一天中最热的时间里进行训练。热天运动时，宜穿浅色衣服，戴遮阳帽。保证充足的睡眠，并加强常规医务监督。

（2）安排好炎热天气训练和比赛时的营养和饮水，注意补充食物中的蛋白质，额外增加维生素 B1、B2、C 供给量。组织合理的水盐供应，主要是强调运动员采取少量多次饮水的原则，训练或比赛后的氯化钠供给量宜从常温下的 10 ~ 15 克增加到 20 ~ 25 克，所需氯化钠可通过含盐饮料、菜汤和盐渍食品提供。

（3）对不耐热个体要加强预防措施。中暑存在明显的个体差异，一些人对炎热较敏感。不耐热个体是指某些人不能耐受炎热，其体温升高早于一般人，他们更易出现中暑。年轻人发生运动性中暑的危险性较大。对炎热的低耐受性的诱因有：脱水、肥胖、体能水平低、疾病、皮肤因素等，有诱因存在时应减少或避免炎热天气时的剧烈运动。

2. 治疗

首先必须降温，迅速将患者移到凉爽、通风的地方，平卧休息，头部稍垫高，松解衣服，全身扇风，头部冷敷，用温水或酒精擦身，服饮盐开水或清凉饮料，必要时服解热药物。肌肉痉挛者主要是牵引痉挛的肌肉，补充盐和水。头痛剧烈者，针刺或点太阳穴、风池、合谷、足三里等穴位。如有昏迷，可刺激人中急救，对四肢进行重推摩和揉捏，必要时一面急救，一面迅速送医院治疗。

八、运动性高血压

运动性高血压是指因运动过度和过度紧张所导致的一种症状。

（一）产生原因

（1）连续大运动量训练，缺乏必要的调节。

（2）生活无节奏。

（3）运动负荷增加过快。

（4）病愈后运动负荷过大，不适应。

（二）主要症状

运动性高血压患者可出现头痛、头晕、睡眠不佳，一度产生贫血症。

（三）防治方法

1. 预防

注意适当控制训练强度、密度、次数等。年龄较小者应限制比赛次数和力量性练习。只要正确合理地安排负荷量，就能恢复正常。

2. 治疗

对原发性高血压病患者应避免剧烈运动，可适当参加体育锻炼，生活要有规律，劳逸结合。有症状时可给予药物治疗。

第四节 体育健身的医务监督

一、医务监督概述

医务监督是指以运动生理学、运动解剖学、运动生物化学、运动心理学和病理学等学科理论为基础，从医学生物学的角度揭示健身性体能训练的规律，对从事健身训练的人（包括运动员）的身体进行全面检查和观察，评价其发育水平、训练水平和健康状况，为体育教师和教练员提供科学训练的依据，是保证运动训练顺利进行并取得好成绩的一种手段。简而言之，即在医学观察下，科学、合理地进行体育运动，以期达到保证健康、预防伤病、提高运动技术水平的目的。

医务监督是现代训练科学的重要组成部分。从广义上说，它的内容包括体格检查、女子体育卫生、健康分级、运动性疾病防治、运动员的自我监督、运动环境和器材服装的卫生要求、消除疲劳和恢复体力的措施、学校体育训练的医务监督、运动训练的医务监督、比赛期间特殊问题的医务监督、兴奋剂的问题、运动员控制体重等。从狭义上说，它主要指的是对运动员的身体机能进行监测的过程。通过医学检查综合地评定运动员的一般适应能力和专项适应能力、训练状态和机能潜力，为训练安排提供科学依据。

医务监督的作用主要可以体现在以下两个方面：一方面，可以了解运动员身体训练水平和机能状态的变化，了解不同性质的训练方法和不同负荷的运动量对运动员身体形态和机能的影响。另一方面，运动医务监督是选择科学训练方法、确定合理运动量和预防运动性伤病等不可缺少的一项工作。

随着人们生活水平的提高，大众体育健身的开展也越来越普及，指导人们进行合理科学的体育锻炼是医务监督工作的一个重要方面。

二、大众体育健身中医务监督的任务

人体是一个十分精密而复杂的生命有机体。参加健身活动对人的机体会产生许多强烈的刺激和影响。机体从事健身活动时的机能状态和运动负荷决定了这些刺激和影响的结果是有益于增强体质，还是有损于健康。只有及时准确地把握机体生命活动的变化状态，科学合理地安排和调整运动负荷，对人们在参加体育锻炼过程中机体内产生的各种变化进行监测和医学评定，为体育锻炼过程提供客观的反馈信息才能科学地控制锻炼过程，从而克服锻炼的盲目性，使体育锻炼获得最大的效益。

大众体育健身中医务监督的主要任务有以下几个方面。

（1）评定身体机能状况。通过综合的体格检查，包括各种机能试验，来评定锻炼者对负荷的适应能力和机能潜力，以此为科学依据来合理安排健身训练。

（2）讲究体育锻炼的卫生。即在体育锻炼中注意环境卫生、个人卫生、营养卫生、心理卫生和运动卫生，保证健身效果。

（3）控制疲劳与恢复体力，掌握训练节奏。健身运动后，体力和精神上感到疲劳，这是一种正常的机体反应。但如未及时清除疲劳积累，则会导致机体功能紊乱和体力下降，从而影响健康。因此，要在锻炼后采取各种措施及时消除疲劳，保障健康。

（4）研究健身运动中出现的生理和病理现象的界限。即研究人体对运动的最大适应能力，了解锻炼中各种生理现象和可能产生的病理状态，以便在锻炼中既能充分发挥机体的潜力，又能防止出现伤病。

三、大众体育健身中医务监督的内容

在大众体育健身过程中，锻炼内容是否合理、方法是否正确、运动是否合适、身体健康状况和功能水平有何变化，都可以从自我监督的各种指标中反映出来，这些指标对分析训练情况，预防和早期发现运动性伤病都具有积极意义。另外，经常进行自我监督，还能使个体对自我身体健康状况有大致的了解，并对养成良好的个人卫生习惯有促进作用。自我监督的内容主要包括主观感觉、客观检查及健身效果三个方面。

（一）主观感觉

主观感觉，一般包括运动前、运动中及运动后的感觉。正常人如果运动负荷合适，工作、学习和劳动时会感到精力旺盛、体力充沛。运动后虽有一定的疲劳感，但不影响正常的食欲和睡眠等，有时也有肌肉轻度疼痛，四肢沉重感，但这些症状经过一夜的休息，次晨即可消失，而且身体的机能状况越好，则沉重感消失越快。

主观感觉主要包括运动情绪、身体感觉、食欲、睡眠、排汗等方面。

（1）运动情绪：人的情绪丰富多彩，并表现出各种情绪状态。在人体运动中，为驾驭情绪向正确方向发展，必须了解与掌握情绪状态的内容和特点。良好的情绪状态有利于振奋精神，提高工作效率和机体能力。

（2）身体感觉：身体上有无异常感觉，某些部位有无疼痛，体力好或感到疲劳、无力等，都应记录清楚。

（3）食欲：健康者食欲稳定，体育锻炼稍事休息后，食欲旺盛、食欲增加是正常现象。食欲不佳通常表明疲劳或身体不健康。

（4）睡眠：青年人正常的睡眠应是入睡快，睡得深，醒后感到全身轻快。锻炼后如出现经常失眠、易醒或嗜睡，则表现机能状态不佳。

（5）排汗：体育锻炼时的排汗量是反映锻炼者身体锻炼水平的重要指标，对出汗的程度应加以仔细观察，如虚汗、较多、正常。随着锻炼水平的提高，出汗量可以减少。

（二）客观检查

在主观感觉的基础上，测定脉搏（一般测晨脉）、体重（固定时间每周测一次）和运动成绩的变化情况，条件允许的话可测定握力、肺活量、血压等生理指标。

（1）脉搏：脉搏这一指标多用于观察机体对运动负荷量的反映情况。基础脉搏是清晨起床前的脉搏。对基础脉搏的测定可以了解机体的功能状况，检测运动负荷及疲劳程度。基础脉搏平稳或逐渐下降，说明机体机能状况良好。

脉搏恢复的快慢与运动负荷的大小、体质状态强弱成正比。如运动负荷适宜，无疲劳积累时，则基础脉搏稳定，而且精神饱满。反之，如基础脉搏波动幅度大，且身体的疲劳感非常明显，又无其他诱发因素（疾病或重大精神因素等），则反映机体功能水平下降，这可能与运动负荷过大、身体疲劳有关。

（2）体重：在健身运动中，体重可作为医务监督的一个指标，用以观察锻炼者疲劳程度和运动量的情况。如锻炼后和次晨测量体重，看其恢复情况。在一次健身运动后，由于能量消耗和排汗，体重可下降 1 ~ 2.5 千克，甚至更多，一般 24 小时左右即可恢复。成年人体重相对稳定，如体重持续下降（进行性下降），常反映身体机能不良，可能是运动量不适宜的反应或患有其他消耗性疾病，应查明原因做及时处理。相反，若没有感觉到疲劳或体重持续上升，则是运动量较少的标志。

（3）肺活量：肺活量反映一次呼吸可达到的最大通气量。肺活量测定是了解生理负荷大小、机体适应与否及健康水平好坏的一项生理指标，它同年龄、性别、身高、体重等因素有关。采用呼吸肌耐力测量，连续测量 5 次肺活量，每次间隔 30 秒，运动前后进行对比。如果疲劳，肺活量会逐次下降。

（三）健身效果

健身效果包括身体体质和身体机能以及其他伤病情况等。

（1）身体体质和身体机能：健身运动要有适宜的生理和心理负荷。运动刺激的强度在很大程度上决定了锻炼效果的大小，太弱的刺激对身体机能没有影响，不能引起变化，而过强的刺激不仅不能增强体质，还会损害健康，影响专项成绩的提高。所以，只有适宜的运动负荷才能增强体质和提高身体机能。

（2）其他伤病情况：造成伤病的原因很多，既与锻炼者的运动基础、体质水平有关，也与运动项目的特点、技术难度及运动环境等因素有关。过度疲劳是造成伤病的重要原因之一。

四、大众体育健身中医务监督的方法

在进行大众体育健身运动时，要做好运动前、运动中和运动后的医务监督工作，这对保护人的身心健康有着十分重要的意义。

（一）运动前的医务监督

运动前，应对参加运动人员进行体格检查，了解其健康状况和功能状况。检查的重点应该是心血管系统和运动系统，如测安静脉搏、血压、心脏听诊、关节检查和询问近期的伤病情况，必要时还应做功能试验。如果发现有慢性病和身体其他异常情况时，应做进一步特殊检查，如血常规、肝功能、血液生化、尿常规、心电图及 X 线摄片。如果一切正常，健康状况良好，均可参加各项运动。如果有感冒、发热、过度疲劳、体格检查和特殊检查结果异常、外伤未愈等，一般不应该参加运动。那些有心血管疾病史，或心血管检查及心电图检查有异常的心脏杂音者，特别是舒张期杂音者，一般不允许参加运动。

医务人员应协助体育锻炼者做好体育运动的锻炼计划。制订计划和日程时，应考虑气候因素和人体的生理解剖特点，在炎热的环境中不宜安排长时间激烈的运动项目。每人每天运动项目不能过多。

（二）运动中的医务监督

对运动中出现的常见伤病，如腹痛、昏厥、肌肉痉挛、挫伤、撕裂伤、擦伤、韧带损伤等要随时注意观察，及时发现和处理。对一些严重伤病，应做现场紧急处理后送医院急救。在运动中加强饮食饮水卫生工作，特别是在炎热的气候条件下，饮水及补充盐分是防止中暑和电解质发生紊乱的重要手段。

（三）运动后的医务监督

在运动后要有针对性和选择性地进行体检，测定某些生理、生化指标，如脉率、血压、体重、蛋白尿、血红蛋白、心电图、功能试验，询问运动员的自我感觉，观察机体的恢复状况。如发现异常，应分析原因并及时处理。

由运动引起的疲劳，一般不能在 1 ~ 2 天内恢复，因此应采用多种方法消除运动疲劳，产生适应性反应。如运动后进行散步、听音乐、参加各种娱乐活动等积极性休息，对精神疲劳和体力疲劳的消除都有良好的作用。此外，在运动后应注意合理补充营养，以促进能量物质和机体功能恢复。

第七章 休闲娱乐体育健康产业

第一节 概述

相对于国外来说，我国的休闲体育产业发展还处于成长阶段，在各方面还存在有很多需要进一步解决完善的地方，例如产业结构方面、协同机制方面以及专业性人才方面等，如果不采取措施解决必将会影响到其未来的发展状态。这就需要体育行政管理部门借鉴国外先进经验，转变发展思维，采取相对应措施，加大这方面的关注和支持力度，从而推动休闲体育产业的长远发展。

一、休闲体育产业

休闲体育是近些年来新出现的一个流行术语，它的产生背景是休闲时代的到来，目前为止，对其具体概念还没有一个标准严格的规定，但是它最明显的特征之一就是参与的自愿性和体验性。所谓的休闲体育产业指的是以社会公众为接受主体，提供必要的休闲体育产品和服务的活动，并且包含有与这些活动相关联的活动集合，简单来讲，就是只要和休闲体育活动相关的产业都可以称为休闲体育产业，例如体育用品的制造业、旅游业、博彩业以及竞赛表演业等行业。从世界范围来看，休闲体育产业得到了大多数国家的普遍认可和接受，而且参与的人数也越来越多，具有广阔的发展前景。

二、制约我国休闲体育产业发展的因素

管理部门在认识上的缺乏。由于传统计划经济机制的影响，我国的体育事业一直被误认为是公益性事业，在发展管理上具有明显的政府行为色彩，而当前我国的体育事业运作体制也是将竞技体育作为中心，由此来进行部门设置和人员安排，对社会公众日益增长的休闲体育消费需求没有过多关注，导致体育事业和体育产业相分离，休闲体育产业很难形成规模化发展趋势，这就在很大程度上阻碍了休闲体育产业的发展壮大。具体来讲就是，体育管理部门缺少对休闲体育产业发展的正确认知，经营理念

陈旧，缺少健全的行业管理标准，可执行性较差，所提出的发展方案也没有和现实实际紧密结合，不利于休闲体育的持续稳定发展。

产业结构不合理。当前休闲体育产业构成结构不合理表现在多个方面，但是，最主要的还是核心产业发展滞后和中介产业的缺位。随着人们生活水平的提高，在精神方面的消费量逐渐增加，现阶段我国的体育博彩业、竞赛表演业发展迅速，势头很好，而休闲服务业、健身娱乐业等的发展则相对较慢，这与结构构成有很大关系。此外，在中介产业中，市场的缺位问题也十分严重，当前市场上所提供的休闲体育劳务和技术服务部门也仅仅是处于形式上的需要，并不具有真正的意义，没有形成实质上的休闲体育劳务和技术服务市场。

协同推动机制不健全。上述提到，休闲体育产业包含有多个领域，整个产业是一个相互配套的系统性工程，需要各个产业和部门之间的有效协同和衔接，例如教育领域、交通领域、医疗领域、文化领域等，只有各个部门和领域间高度协同才可以为休闲体育产业的健康发展提供有力支持。但是，近些年来随着我国"假日经济"的出现，逐渐暴露出休闲体育产业结构中各个领域发展不协同的问题，尤其是在消费方面出现的交通拥挤、餐饮脏乱以及服务质量差等普遍性问题一直存在，没有从根本上解决，进而影响到整个产业的发展状况。

专业人才不足。长期以来，我国体育事业在发展过程中，对人才的培养是十分看重的，强化体育人才培训一直是发展的重点，然而这种人才培训主要还是以竞技人才为主，没有考虑到休闲体育产业的专业人才培养，导致休闲体育产业在发展上受到瓶颈。虽然当前国内已有很多休闲体育产业专业人才培训机构，高校也设置了相应的培训课程，但是，不论是在人才培训的质量还是数量上，培训效果并不是很理想，很难满足休闲体育产业持续稳定发展的需要。可以说，专业人才的缺乏已经成为制约休闲体育产业发展的关键因素。

二、娱乐是体育运动的核心价值

体育运动的娱乐本质。体育运动从其产生以来一直就是一种娱乐活动，只是因为它在现代社会中具有巨大的商业价值和政治的象征意义而被作为政治宣传和商业运作的工具，但无论怎样，大众对体育运动的兴趣归根结底还是出于娱乐，所以每个人的运动兴趣各不相同，不同民族和国家的人也有了他们特有的民族体育运动形式，并由此产生了体育文化传统。运动生理学的研究证明，运动可以促使人体产生一种叫"脑啡肽"的物质，这种物质可以刺激大脑使人产生愉悦的情绪，其作用机理类似于毒品对人体的刺激。这可以解释为什么人们喜欢运动，而且有些人甚至"运动上瘾"。同样，观看体育比赛，作为体育运动的旁观者也同样是为了体验愉悦，其实看电影、听音乐会、看体育比赛，人们的心情是一样的，都是在从事一种休闲娱乐活动。人们之所以喜爱体育运动是因为人们对嬉戏追逐等运动活动的喜好是与生俱来的，人的本质力量和体育运动的核心价值是一致的，那就是娱乐。

我国大众体育态度的变迁。随着我国经济、社会的不断发展与变迁，人们的体育态度和体育观念也一直在行为价值博弈中发生着变化，中国的改革开放以及与西方世界的融入与冲突，促使人们在种种价值选择上徘徊。在接受体育教育的过程中人们被告知，体育是一种教育活动，它具有提升健康水平、锻炼意志品质、促进个体社会化等功能。然而在现实生活中人们却发现，由于接受学校体育教育而形成良好的运动锻炼习惯的人实在很少，更多人的体育运动兴趣来自离开学校之后的行为选择。与学校体育相比，社会上的健身房、单项俱乐部、体育旅游活动等似乎更具吸引力，因为这些活动的一个共同特征就是娱乐。其实，早在19世纪七八十年代，西方娱乐体育就引发了近代中国的消闲娱乐风潮，体育在商业社会中被赋予了更多的娱乐和社会功能。新中国成立之后，体育在一定程度上被过度政治化、严肃化和功利化了，对个人而言，人们追求体育运动促进健康，对政府而言则是竞技体育展现国富民强，这自然而然地就埋没了体育运动的娱乐本质，学校在培养人们的运动兴趣时出现了本末倒置，以说教代替了对人们本真自然兴趣的激发。

2008年北京奥运会是我国体育事业发展的一个分水岭，这之后，竞技体育举国体制受到质疑，体育运动的本质价值受到人们的关注，一系列的体育政策与管理体制的改革彰显了体育核心价值的回归，而改革的重要趋向就是，竞技体育在政府主办和主导下从国家公益走向市场化发展的道路，而休闲娱乐体育则从民间大众开始传播，最终走向与竞技体育同步发展的轨道。这种变化是有划时代意义的，因为体育的休闲娱乐本质被正式承认，人们开始体验体育运动最本源的东西，并且这种体验得到了官方和学术界的认可和支持。它把多年来由于体育教育灌输给人们的体育观念几乎颠覆了，这使得人们自然而然地重拾体育自由精神和以人为本的体育价值观。事实上，体育运动就是由娱乐而产生的，它是古人最重要的娱乐形式，竞争本身也是娱乐，所以胜负并不重要，重要的是竞争者和旁观者都能从中得到快乐。

三、娱乐体育是当代中国体育产业转型的风向标

我国体育产业的发展与转型。中国的体育事业曾经是国家公益事业，同时也是教育事业的重要组成部分，所以过去我们没有体育产业的概念，生产体育服装的就是服装业，生产体育器材的就是制造业。改革开放以后，我国体育事业逐渐掺入了体育产业的概念，历经几十年的发展壮大，而今体育产业已成为一个重要的产业类别，其严格的产业链机构，巨大的市场使得各级政府都不得不把体育产业作为产业规划、管理

的重要部分。有学者对体育产业化发展的意义进行了总结，认为体育产业开启了从市场经济角度认识体育、运作体育的先河，为我国体育发展注入新的现代性要素，成为体育转型发展的催化剂，促使我国体育在思想观念、组织体系、运作机制和体育形态等各个方面出现一系列重大转变。在我国经济发展从粗犷型向集约型跨越式发展的过程中，产业转型势在必行，而体育产业同样亟待转型升级，此次转型是深层次的，从人们的体育价值观开始。"我运动，我快乐""为什么要运动，因为我喜欢运动"，就这么简单，这些问题反映了一个基本事实，那就是，体育运动的本质就是娱乐，我们不需要给体育运动冠以高调的主题，什么促进健康、锻炼意志等等，这些都是娱乐的副产品，只要你出于兴趣参加了体育运动，你的身体自然得到了锻炼，反过来，你为了健身而把体育运动当作任务来完成，那却不见得能取得好的锻炼效果。现代社会在"娱乐至死"的大潮中，人们从事和参与体育运动的目的越来越单纯，那就是"我运动，我快乐"，这种娱乐价值取向决定了体育产业的发展方向必须迎合甚至引导人们的兴趣，从而营造体育产业新的体育消费热点和市场基础。

西方休闲娱乐体育引领下的我国体育供求关系转向。把西方国家的体育场地和我国的体育场地进行一下比较会发现一个十分有趣的问题，在美国、加拿大、英国、德国等国家，学校和社区乃至健身中心的运动场地、器材的规格五花八门，而在中国，无论是大、中、小学，还是社区的运动场地、设施，其规格大都是奥运会正式比赛场地规格，比如田径运动场都是 400m 跑道，个别场地紧张的小学有 200m 跑道，而在加拿大、美国，很多时候，学校的田径场跑道是 250m、300m，甚至有时你问学校校长，他们都说不清是多长，而且会很惊讶地反问你，这很重要吗？再看很多篮球场，从篮球架高度到场地尺寸都似乎是有多种规格，超市商场更有各种尺寸的运动器材适应家庭庭院或者室内供选择。这反映出，我们眼中的奥运会项目，在西方国家大众看来都是游戏。此外，很多休闲娱乐体育项目才真正是流行于大众的项目，如登山、徒步、水上项目、雪上项目、冰攀、跳伞等等，大众经常从事的项目绝对比奥运会项目多，而这些项目的共同特点就在于休闲娱乐。现在越来越多的西方休闲娱乐体育项目传入中国，同时传入的是休闲娱乐的体育价值观，而后者更加重要，对国人体育观的影响更加深远。

与休闲娱乐体育项目的红火度相比，娱乐体育用品以及可供休闲娱乐体育的场所却远远不足，特别是休闲娱乐体育运动场所，它涉及国家土地与自然资源产权问题，相关商业法律、法规滞后问题以及相关经营管理人才缺乏问题等的困扰，解决这些问题还需时日。就简单地从休闲娱乐体育用品的侧面来看，目前流行的产品品牌大多是国外的品牌，民族品牌还远不能与洋品牌一决高下。总体而言，我国目前体育产业的状况是，人们的体育消费观念与需求与当下体育产业发展指向及规模还远没有取得平衡，本土体育产业内容和规模远不能满足体育消费者的需求，这其实正是我国体育产业转型的契机和方向。在竞技体育和学校体育占主导地位的时代，体育产业的发展范围似乎被一种无形的力量圈定了，而一旦娱乐体育成为社会体育消费的主方向，那么这相当于把过去体育产业的边界打破了，其发展范围几乎是无限的，体育产业在一定长度上部分地重叠到了娱乐产业之中，新兴消费倾向给体育产业提供了创新发展的空间，给体育产业与其他相关产业融合发展提供了无限机遇。

四、我国体育产业基于娱乐体育思想的发展策略

淡化传统体育功能定位，促进竞技体育娱乐化发展。我国是竞技体育大国和强国，竞技体育有着深厚的群众基础，这不仅表现在我国从事竞技体育训练的人数多，而且表现在大众对竞技体育的关注和认可度方面。多年来，我国政府把竞技体育水平提升作为一项国策，使得大众带着爱国主义情操和中华民族复兴的期盼来关注中国运动员在国际赛事上的表现，也使得大众对竞技体育有着浓厚的兴趣，这是我国体育产业发展的基础。同样，今天发展休闲娱乐体育指向的体育产业仍然不能忽视这个基础，最好的转型就是促使竞技体育向娱乐化发展。其实早有学者提出过"竞技 - 娱乐体育"的基本概念，并从"竞技——娱乐体育"的商业价值管理的科学性、宣传的必要性、竞技的高超性和娱乐体育的艺术性和观赏性四个方面进行了论述。其实，竞技体育娱乐化发展的最重要途径就是增加多样化的竞技体育比赛，增加商业性的比赛。除了奥运会、世界杯、全运会等之外，增加一些俱乐部之间、国际国内邀请赛等形式的比赛，使大众能够抛开国家、民族等概念的束缚，以一种休闲娱乐的心态去观看比赛，从而改变他们的体育观和体育消费观。

中国竞技体育产生了许许多多的体育明星，这些明星的影响力不亚于演艺明星，而且有许多体育明星退役后转向演艺界，成为演艺明星，大众接受他们的根本原因其实就是，体育比赛与演艺娱乐其实就同属一类，是人们休闲生活中不可缺少的部分。只要媒体正确引导，给竞技体育的国家、民族竞技第一"大标题"降降温，竞技体育比赛自然就增加了休闲娱乐的色彩。我国目前在各方面都已经是世界上有影响的大国了，再不需要大张旗鼓地靠竞技体育扬国威、兴国运了，也是时候促进竞技体育娱乐化发展了。如果把多年来举国体制积攒下来的竞技体育实力投入休闲娱乐体育发展方向上，那么它对体育产业的带动作用将是空前的。

打破传统体育思维局限，积极发挥娱乐体育创造力。随着人们体育观念的变化，社会上已经出现了许多娱乐化的体育运动项目，并深受人们喜爱。比如361篮球、儿童蹦床运动、泡泡足球等等。有学者专门对泡泡足球的社会效益进行了研究，认为这种娱乐体育项目对提升全民体育素质，促进足球运动的发展具有积极作用。其实西方国家的很多休闲娱乐体育项目，是先有运动产品生产厂家生产出产品，然后介绍到市

场上，最后逐渐成为流行的娱乐体育项目。商家可以投资研发新的娱乐体育项目，然后引导市场追随其设计思想。早期的滑旱冰、划水、浮潜、轮滑板等都是针对娱乐体育而创造出来的新项目，现在很多国家有滑旱冰比赛、轮滑板比赛等五花八门的体育比赛，它们与电视媒体配合，赢得了大众的眼球，也从而创造了新的、巨大的市场价值。现代互联网为娱乐体育的发展更是提供了得天独厚的传播条件。我国2015年两会期间，有专家提出了"互联网＋"的概念，为许多行业的发展扩宽了思路，各行各业也都在向这个风口积极靠拢，越来越多的资本涌入，也孕育出大批明星产品。中国娱乐产业正在"互联网＋"战略推动下泛娱乐化，娱乐经济全面崛起。

事实上，泛娱乐产业是未来产业发展的一个新概念，它把许多相关产业融合在一起，向娱乐方向靠拢，形成了一个庞大的产业链集群，而对于消费者来说，它们都是种种不同的娱乐形式。所以，尽管泛娱乐产业的结构复杂、体系庞大、经营管理环环相扣，但对于消费者来说则是简单的一个消费类别选项，也就是说，泛娱乐产业把消费者轻易地集合了起来，进而以庞大的集约化的市场吸引新兴产业的加入，最终形成庞大的产业集群与庞大的市场对接，并使该产业的每个企业都能从中分一杯羹。产业理论研究者认为，泛娱乐产业脱胎于文化产业，具有一个题材多维度开发、全平台推广、周边产品丰富的鲜明行业特点与自身的发展规律。对于娱乐化的体育产业来说，假如把游戏当中的运动现实化，或者把现实的运动项目游戏化，不正是泛娱乐产业的典型案例吗？现在的世界杯足球赛和NBA联赛都可以在游戏中进行比赛模拟，这是一个娱乐体育的新思路，类似的开发不胜枚举。

创造娱乐体育知名品牌，带动体育娱乐产业全面发展。2017年，美国华尔街日报公布了当年体育用品销售业绩排行，美国安德玛（Under Armour）公司销售首次超过老牌公司阿迪达斯，仅次于耐克公司排名第二。众所周知，阿迪达斯公司是生产专业体育服装、用品的公司，无论奥运会、世界杯足球赛、世界杯田径赛等都少不了阿迪达斯的身影。然而安德玛这个成立仅仅16年的体育服装用品公司，从一开始就指向大众休闲娱乐体育，国际竞技体育大赛很少能看见这个品牌，却以惊人的速度快速发展，终于于2014年在美国这样一个体育消费大国超越了阿迪达斯。这其实是预示着一种体育产业发展的未来趋势，即关注大众休闲娱乐体育就能抓住体育消费市场的主流。相比之下，我国体育产业中还没有一个具有国际竞争力的响亮品牌，即便在国内市场上也没有一个品牌能与耐克、阿迪达斯、安德玛、彪马、艾斯克斯等国外品牌竞争。有学者提出，当前中国体育用品制造产业集群品牌建设中存在的主要问题包括：体育用品制造产业集群品牌建设水平过低，服务支撑体系不健全，企业市场投机行为盛行，外部信息供给不足，内部协作不畅，遭遇过多行政干预，企业品牌建设过程中存在诸多问题。如此看来，我国体育产业品牌建设仍然任重道远，当前体育产业的转型是一次机遇，中国企业应当抓住这次转型，抓住大众关注点的转变，努力创造娱乐体育知名品牌。我国体育产业与国外品牌竞争总是处于劣势，原因就在于我们没有一个能够带动整个产业影响力的领衔品牌，就像德国汽车，当他们的奔驰车被世界认可之后，其实人们在认可奔驰这个品牌的同时，也认可德国制造，这样他们就比较容易地创造出宝马、奥迪、大众。日本的汽车、电器也是同样的道理。中国娱乐体育品牌创造是关乎整个体育产业的大事情。

娱乐体育，与其说是体育运动形式的改变，不如说是人们体育观念和体育态度的转变，而后者是影响人们体育消费的核心要素。经过几十年的发展，我国大众体育态度已发生了根本转变，相比之下，体育产业的转型却相对滞后了。娱乐体育是我国未来体育产业发展的主方向。

五、休闲体育产业发展的策略

创新发展理念，合理调整部门职责。首先，要将核心体育产业类型作为核心来抓，在此基础上进一步提升体育传媒领域、体育旅游领域以及服务领域的发展速度和质量，相关行政部门也要适当增加这方面的投入，将现有产业比例进行合理调整；其次，根据区域发展状况，将区域经济规划和休闲体育产业发展相融合，通过整合、挖掘等方式来把餐饮业、旅游业等和休闲体育产业相结合起来，实现在横向和纵向上两个维度的协同发展；最后，采用先进的发展理念做指导，充分完善国家在这方面的扶持政策，落实相关法律法规制度，积极引导社会群众参与到休闲体育产业的发展中，同时还要对部门间的职责进行强化，细分到位，有明确的职责落实体制，为休闲体育产业的发展提供后盾支持。

进一步优化产业结构，实现联动式发展。在发展过程中要坚持以核心产业尤其是健身娱乐业和竞赛表演业为主导的原则，通过重点引导和提升健身休闲服务业和竞赛表演业等核心产业的发展来带动产业结构的优化和升级，与此同时，还要将区域经济进行合理利用，和区域经济的相融合来实现产业间的联动式发展，这样也有利于区域经济竞争力的提升。除此之外，相关行政部门还要积极发挥行政作用，为休闲体育中介以及市场发展提供有利环境，这样在休闲体育产业化格局不断提升的背景下，中介经纪服务水平也会有所提高，市场需求也会逐渐更为多样化。

健全社会发展条件，塑造良好的产业环境。休闲体育产业的良好发展并不是单单强调单个领域的实力提升，而是需要各个领域之间有效协同、共同作用而实现的，一旦有一个领域被削弱，都会对发展产生不利影响。对此就需要体育行政部门重视社会条件的健全和运用，为产业发展提供良好环境。例如休闲体育产业发展的政策完善、法律法规制度的落实、社会保障系统的健全以及理论研究深层化等；同时还要加强监督监管，做好"假日经济"的正常管理工作，提升服务质量。

加强人才培养。休闲体育产业发展所需要的专业性人才资源主要有三种类型：一是对休闲体育产业、休闲市场规划以及监管等进行负责的行政管理人才；二是休闲体育经纪人人才；三是休闲体育营销人才和研发人才。在具体培养上，可以在综合性院校中开设与休闲体育相关的专业和课程，并设置一个层次较高的体育经济学位点，同时还要积极引导相关社会单位实行休闲体育人才的在职进修、岗位培训等人才培养模式，以休闲体育产业发展的需要为出发点来制定培训方案，争取在数量和质量上达到双赢效果。

休闲体育产业作为一种新兴产业，它与人们的生活有密切关联。针对当前我国休闲体育产业发展所存在的制约因素，需要相关部门结合实际情况，转变发展思维，不断调整和优化发展结构，进一步强化人才培养，从而带动休闲体育产业的长远发展。

制定相关政策法规，培育休闲体育产业环境。休闲体育活动能够带动巨大的休闲消费。但三亚政府如何引导扩大休闲体育消费，运用什么政策手段鼓励社会兴办休闲体育产业，如何实现民间资本、社会团体和政府管理机构共同扶持休闲体育产业发展，尚无明确政策可循。这是因为我国体育产业立法在总体上较为薄弱，水平不高，而且已有的法规配套性较差、可操作性低、需要根据社会经济形式的变化制定相应政策法规。因此，完善政府在培育休闲体育产业环境方面的积极作用，政府有关部门负责休闲体育产业的开发、经营和管理工作还需要不断有创意、有创新。一方面急需制定稳定、优惠的产业政策，另一方面也需要快速出台和完善三亚市休闲体育产业的各项法规，协调有关部门及时建立和完善一套包括政府财政投入政策、产业项目基本建设投资政策、税收政策、体育彩票和体育基金等在内的比较完整、系统的体育产业政策，形成全方位、多层次的政策体系，为休闲体育产业的发展创造良好的环境。

加强市场调研，优化组合休闲体育产品。优化休闲体育产品组合是优化休闲体育产业结构的需要，也是休闲体育产业蓬勃发展的基础。要紧密结合国际旅游岛发展战略与规划，深入市场调研，体现出区域发展战略的时序和阶段性、项目开发的市场性，优化休闲体育产品组合，建立一个门类齐全、结构合理、功能齐备的休闲体育产品市场。

高端休闲体育产品。对高端休闲体育产品如发展游艇、高尔夫、体育博彩等新兴体育旅游业态而言，这种新业态新产品究竟会如何发展，这在国内还没有先例，需要加强对三亚区域旅游现状分析的基础上，结合国际级休闲度假城市的成功经验以及对世界旅游市场发展趋势的判断去研发去创新。

对易造成拥挤的休闲体育产品而言，要设计不同线路，引导分散游客到不同区域、体验不同休闲体育产品。对依赖"山""海"自然资源休闲体育产品的不同组合，如房车露营体验、热带雨林探险、山地车业余挑战赛、三亚潜水探奇等。

就民族传统体育旅游来说，Rodrigo（2002）介绍了复苏的海滨度假区的成果经验，他认为对本土传统文化的挖掘是度假区在日益严峻的竞争中获胜的法宝。休闲娱乐性是中国传统体育的主导价值取向，应充分发挥民族传统体育在我国休闲体育发展中的价值，结合我国传统体育活动内容，彰显我国休闲体育的传统文化特色，充分发挥其弱竞技、强娱乐、调身心的休闲健身价值。三亚民族传统体育旅游资源的开发，要找准发展的重点，真正将特色鲜明、文化内涵丰富、知名度高的民族传统体育文化挖掘出来。

优化休闲体育旅游环境及设施的完善。休闲体育产业多为户外活动，安全隐患很多，需要有良好的旅游环境和完善的体育设施。据专家预测三亚旅游的散客比例会越来越高，人们登山、攀岩、摩托车、潜水、冲浪，尤其是自驾游等等，因此要大力构建安全的旅游环境、便捷的出行环境、舒适的住宿环境、优惠的购物环境让游客高兴而来，满意而归。同时政府要加大对基础设施和休闲体育设施的投入，特别是交通、通信、水、电、气、餐饮、旅店、文化娱乐、环保等设施的配套建设，以实现休闲体育产业联动开发。

加强休闲体育产品整体宣传与推介。由于我国群众休闲体育参与水平与能力有限，目前主要是作为休闲方式度个周末，还没有视为调整身体机能的度假选择，未形成一种运动偏好。因此，倡导"健康、快乐、时尚"的休闲体育消费新理念，对引导和激发大众休闲体育消费具有重要的意义。同时在激烈的市场竞争中，不仅需要优质的旅游资源、产品和服务，还要进行有效的市场营销以扩大知名度。因此政府若能做好宣传与推介工作，使之了解三亚特定休闲体育产品和服务的重要信息，吸引国内外消费人群，渴望客源滚滚。

随着人们生活水平的不断提高，休闲体育产业成为人们在闲暇时间丰富自己生活的必需品，因此，在这样的背景下，休闲体育产业在未来会有更好的发展前景，另外，随着国家对休闲体育运动重视程度的逐步增加，这也为整个国家休闲体育产业的发展提供了更多的便利条件。因此，加大对休闲体育产业的相关研究，更加合理地推动这一阳光产业的发展，对推动遂平县休闲体育产业经济发展具有很大的经济价值。

第二节　休闲娱乐体育探悉

近年来，我国已经逐渐进入大休闲时代，居民的休闲娱乐需求不断增长，体育的娱乐属性和功能被不断地确证和挖掘。体育与娱乐融合作为新兴大消费领域的重要发力点，市场的（泛）娱乐生态在世界范围内业已形成，体育被纳入泛娱乐生态的重要环节，且在国民经济发展中发挥着重要的作用。通过系统分析推进体育与娱乐融合发展的价值逻辑、背景与形势、领域与内容，提出了体育与娱乐融合发展的路径。研究认为：推进体育与娱乐融合发展要增强体育要素的娱乐功能，扶持体育娱乐重点业态发展，打造体育娱乐发展平台，防止体育过度娱乐化倾向等。

体育与娱乐融合是指通过娱乐元素在服务内容、体育用品、活动空间等方面的融入，吸引更多的百姓参与到体育中来，增强体育吸引力，提升体育获得感，促进体育事业和产业快速发展。作为新兴大消费领域的重要发力点，市场的（泛）娱乐生态在世界范围内业已形成，体育被纳入泛娱乐生态之中，且在国民经济发展中发挥着重要的作用。近年来，我国已逐渐进入大休闲时代，居民的休闲娱乐需求不断增长，体育的娱乐属性和功能被不断地确证和挖掘。国务院《关于加快发展体育产业促进体育消费的若干意见》（国发〔2014〕46 号）、国务院办公厅《关于加快发展健身休闲产业的指导意见》（国办发〔2016〕77 号）等文件均提出，要加快推进体育与娱乐等关联产业融合发展。在此背景下研究我国体育与娱乐融合发展问题具有较强的现实意义。

一、推进体育与娱乐融合发展的价值逻辑

体育是娱乐的重要内容与形式，而娱乐是体育的本质属性和重要功能。从两者之间的关系上看，体育与娱乐融合实质上是体育娱乐价值的回归，是经济发展到一定水平后人们对幸福生活的追求，反映了人们在新时代的体育新需求。从产业关联的角度来看，体育与娱乐产业之间具有密切的经济联系，健身休闲、竞赛表演等体育产业核心层的资产通用性为体育与娱乐在产业层面上的融合成长创造了天然条件。"十三五"时期，随着我国经济发展步入"新常态"和人们体育消费需求结构的升级，加快推进体育与娱乐融合发展，大力发展体育娱乐产业，对提高全民体育参与、促进体育消费、培育国民经济新增长点具有重要价值。

实现体育全人群共享的有效途径。后工业化时代，由于人类体力劳动的减轻和社会紧张因素的增强，人们的生命质量堪忧，迫切需要寻求一种既能使机体得以适当运动，又能使精神获得松弛的社会活动，于是休闲娱乐活动便成为人们生活的重要组成部分。在我国，随着全民健身上升为国家战略，坚持发展以人民为中心的体育，让人民群众共享体育发展成果已经成为社会各界的共识。大力发展体育娱乐是实现体育全人群共享的有效路径。加快推进体育与娱乐融合发展，不断增强体育的趣味性与娱乐性，既能够极大地吸引广大老百姓参与体育运动，提高全民的体育参与度，又能够满足群众多元化、多样性的体育需求，持续增强老百姓参与体育运动的获得感和幸福感。

培育经济新动能的内在要求。当前我国经济正处在新旧产业与发展动能转换的关键期，作为"五大幸福产业"之一的体育产业在不断拓展国民经济增长新空间中所展现的强劲势头，让全社会充满了期待。伴随着体验经济的纵深发展，人们的体育消费观念也在不断转变，从注重实物消费转向注重服务消费，从单纯的观赏型体育消费转向观赏型与参与型相结合的体育消费。推进体育与娱乐融合发展顺应了体验经济背景

下体育消费的新趋势，激发了一批以个性化、场景化为主要特征的体育新需求，培育了一批体验性强、科技化程度高的体育新消费，产生了一批以体育文创、体育影视、体育表演、电子竞技等为代表的体育新业态，有助于我国经济新动能的培育和发展。

新时代体育工作的必然趋势。纵观国内外体育发展，现代体育已经呈现出大众化、职业化、市场化、智能化、社会化发展的新趋势。在这些趋势的助推下，体育与娱乐的互动越来越明显，体育发展也受到了娱乐价值导向的牵引。以傅园慧、刘璇、刘翔、姚明、李娜等为代表的知名运动员多次出现在各种娱乐场合，田亮、张继科等体育明星已涉足娱乐圈，运动员个性化、明星化发展已成为一种趋势。如今，观赏各类高水平的职业比赛已成为当代人休闲娱乐生活中不可或缺的元素，由此产生的"眼球经济""注意力经济"也是体验经济的重要组成部分。因此，推进体育与娱乐融合发展，是顺应现代体育发展新趋势的明智之举，也是新时代体育工作的新特点和新要求。

二、推进体育与娱乐融合发展的背景与形势

体育与娱乐有着天然的结合基因，在人类发展的历史上具有紧密的联系。从本质上来讲，体育与娱乐融合发展是体育娱乐价值的回归。改革开放以来，我国市场经济得到了长足发展，社会的人文关怀明显提高，大众体育观也在不断转变，为体育与娱乐的融合发展创造了良好的内外部环境。

经济繁荣打下了坚实基础。体育与娱乐融合的哲学意义在于它体现了体育对其精神本质的回归，反映了人类对自由的追求，兼而关注人类的世俗关怀和终极关怀。它是人们精神消费的重要内容，是大众体育消费高级化的具体体现。因此，体育与娱乐的融合形成与发展得益于人类物质生活的极大丰富和闲暇时间的增多，深深地植根于不断发展的经济社会基础中。改革开放40年以来，中国经济社会日趋繁荣，人们的物质生活水平迅速提高，也有了更多的余暇时间。这一变化使得广大老百姓为满足物质性需求而必须从事生产劳动的权重逐步下降，而为满足身心与精神需求从事包括体育在内的各种娱乐文化活动的权重逐步增加。与此同时，根据国际经验，人均GDP达到5 000美元，体育产业将呈现井喷态势。2017年中国人均GDP已接近9 000美元。由此可以判断，我国体育产业将在未来一个很长时间内保持较快速度的增长，体育与娱乐的融合互动也将成为一种必然趋势。

社会转型创造了良好环境。20世纪90年代以来，中国的经济、社会、文化等领域快速变革，在大众精神取向和价值观念方面引起了极大的变动，呈现出由统一向分化、由教化模式向消费模式、由社会活动向私人娱乐、由自由向自觉的转换。体育与娱乐的融合发展走向，正是中国大众价值取向发生变化的生动体现。它关注大众对体育娱乐功能的合理需求，体现的是对人的价值、人的主体性的充分肯定，也是对过去

那种将体育政治化、漠视公众权力的冲击和否定。在逐渐开放宽松的社会环境下，国家对体育赛事、体育场馆、运动员无形资产等体育诸生产要素的管制逐步放开，体育诸要素的流动性和生产活力逐步得到释放，社会资本投资体育产业的热情持续上涨，为体育与娱乐等关联产业的跨界融合创造了优越的环境。所有这些社会环境变化而引起的体育和娱乐的变化，使体育逐渐回归本质，体育与娱乐的融合发展成为必然。

政策红利提供了强大支持。2014 年以来，国务院《关于加快发展体育产业促进体育消费的若干意见》《关于推进文化创意和设计服务与相关产业融合发展的若干意见》《关于促进旅游业改革发展的若干意见》以及国务院办公厅《关于加快发展健身休闲产业的指导意见》《关于进一步扩大旅游文化体育健康养老教育培训等领域消费的意见》等一系列国家层面的政策文件相继出台，旨在进一步改革与完善体育体制机制、激活生产要素活力、破除行业壁垒、拓展产业发展空间，为推进体育与娱乐等关联产业之间的跨界融合和创新发展创造了良好的政策环境。随着这些政策红利的逐步释放，未来我国体育产业发展的一个重要"新常态"就是在更大范围、更深程度上与相关产业的融合，体育与娱乐的融合互动就是重要内容之一。由此可见，国家层面政策性文件如此频繁且旗帜鲜明地引导体育产业的跨界融合，为我国体育与娱乐融合的加速发展带来了千载难逢的历史机遇。

科技发展增添了持续动力。世界新科技革命与全球产业变革的互动发展，极大地影响和改变世界经济的发展进程，影响和改变人们的工作、生活方式，也不断变革着体育、娱乐等与人们生活紧密相关的一系列活动的组织形式。例如以体感技术、虚拟现实、增强现实、全景摄影、智能硬件、人工智能等为代表的创新技术，造就了迷你高尔夫、魔毯滑雪机、高山速降模拟机、卡丁车、室内攀岩馆等新的运动模式，将高尔夫、滑雪、赛车、攀岩等极具风险与挑战的户外运动实现了场景化、室内化和生活化。以"互联网+"、云计算、大数据为代表的技术创新，实现了人、场馆、教练等的智能匹配，推动了运动社交娱乐、互动体育消费的技术进步、效率提升和组织变革。这些科技的进步和技术的创新将之前被广泛抑制的体育娱乐需求转化为了有效需求，并使人们参与体育运动的获得感和幸福感得到了极大提升。

三、体育与娱乐融合的领域与内容

体育与娱乐的跨界融合和创新发展，变革了体育诸多要素的组织形式，催生了许多新的产品和业态，从领域和内容上来看，体育与娱乐的融合主要包括体育要素的变革和体育娱乐产业的兴起。

（一）体育要素的娱乐变革

运动员。运动员是体育的核心主体，也是体育与娱乐融合发展过程中最受关注的领域。现如今，运动员的称谓已经逐渐被体育明星这个概念所取代，体育明星的内涵也从最早的竞技体育英雄演变到与娱乐明星具有相同商业价值的市场元素。例如，NBA 球星科比、奥尼尔，足球明星 C 罗、梅西，网球明星费德勒、纳达尔等，他们不仅仅是运动员，还是由美国职业篮球联盟、皇家马德里、巴塞罗那职业足球俱乐部、国际男子网球联合会以及等精心打造的娱乐明星。李连杰、吴京、陶虹、刘璇、田亮等是运动员投身娱乐行业的成功案例。此外，国乒的球员和教练也像娱乐明星一样，参加了《快乐大本营》《天天向上》《我们来了》《看你往哪儿跑》等综艺节目，"国乒三剑客"马龙、张继科、许昕的照片还刊登上《ELLE》《GQ》《Figaro》等时尚杂志封面。

体育赛事。随着体育赛事审批权的取消，我国商业性赛事和群众性赛事快速发展，体育赛事呈现市场化和大众化的发展趋势，娱乐元素不断融合体育赛事策划与运营中，使得体育赛事逐渐成为一种以体育竞赛为主题的、具有泛娱乐化属性的节事活动。美国职业橄榄球大联盟的年度冠军赛的策划和运营堪称世界顶级体育赛事娱乐化的典范。它将娱乐巨星、盛大活动、科技表演等融入赛事全过程，不仅成功吸引了巨额而又同样充满创意、噱头十足和博人眼球的商业广告，更具吸引力的是，它为美国人们供给了比赛之外更具价值的东西，即美国当代价值观的精神慰藉、时代文化情结的共鸣以及生活谈资的统一。美国职业篮球联盟全明星赛、中国网球公开赛等一批顶级赛事同样在积极借鉴"泛娱乐化模式"，努力提高赛事的观赏性和参与性。球迷的互动狂欢、Cosplay、赛场求婚、现场涌现的各种标语等娱乐元素在职业赛场内层出不穷，迷你马拉松、亲子跑、四季跑、彩色跑等有带较强娱乐性质的参与性赛事风靡全球，徒步、龙舟赛、广场舞、轮滑等许多充满趣味性的群众赛事也与日俱增。一些体育公司专门推出符合大众群体的体育配套服务，意在强化体育赛事的娱乐休闲功能，为大众提供娱乐化的体育场景。随着全息投影技术、可穿戴设备、虚拟现实技术以及云计算等高科技元素在体育赛场中的广泛应用，极大地拉近了观众与运动员的距离。国乒与腾讯联手打造的"地表最强 12 人赛"，在球员出场、球员介绍、赛事转播等诸多环节中均植入了高科技元素，打造了一个泛娱乐化、创新科技与专业竞技相融合的时尚酷炫的体育赛事。马拉松传感式拍摄轨迹、画面的切换，登山等活动个人轨迹的极限追踪甚至可穿戴、GoPro 等技术设备，有效提高了赛事的游戏化和高代入感，让参与者真切地感受到运动的炫酷与时尚之美。

体育器材装备。体育器材装备是开展体育运动必不可少的元素，也在某种程度上引领着体育的发展方向。随着体育的"去中心化"特征越来越凸显，体育器材装备的研发呈现出小型化、智能化、科技化、娱乐化的方向，体育器材装备在形式和功能上的趣味性、智能性和可参与性显著提升。在形式上，器材装备制造商倾向于采用艺术性手法、运用新材料将体育器材装备打造得更加安全、智能、可爱和易于操作。这方面在儿童趣味性体育器材装备方面体现得最为明显，比如充气跨栏、充气平衡木、充气钻网通道、充气鱼跃龙门以及动物或者卡通人物形状的跷跷板等。在功能上，体育器材装备制造商倾向于采用新技术或变革体育器材的形状、大小等参数提高体育活动的可参与性。比如笼式足球场、可移动的篮球架、羽毛球网架等；或采用新技术，依据人体工程学的原则，强化体育器材的智能化。再如轻松乐趣派代表"Parrot AR.Drone 遥控飞行器"，它使用 WI-FI 技术与 iOS 设备连接，使用重力感应来操作飞行，同时还能够拍摄录像，让你体验到实境游戏的乐趣；科技智能派代表"Ciclotte 概念自行车健身器"，它只有一个轮子，主轮采用了磁性设计为驾驶者模拟完美的踏脚阻尼，把手上的触摸屏显示则可以放置一台 iPad，运动娱乐两不误，大大增强了消费者的运动体验。

（二）体育娱乐产业的兴起

体育影视。体育影视是指以体育元素为题材制作的电影与电视娱乐节目。由于其所具有的娱乐性和广泛影响力，影视作品成为宣传体育和普及体育的重要手段。此外，体育影视早已超出体育文化宣传的功能，形成了一个涵盖影视投资、生产、发行及其周边产品开发等多环节、多领域的产业经济形态。研究表明，目前全球体育影视作品已近万部，如《摔跤吧，爸爸》《点球成金》《百万宝贝》《选秀日》《重振球风》《卡特教练》等。除了众多的体育影视作品，国际性的体育影视组织业已形成。比如：国际体育电影电视联合会就是国际奥委会承认的一个致力于在电视、电影、传播与体育文化领域里推动体育价值的世界性组织，有 113 个国家和地区的会员，在世界上具有很大影响；有"体育奥斯卡"之称的米兰国际电影电视节也是国际奥委会唯一承认的组织，它是向世界展示体育影视魅力和体育影视人风采的最重要舞台，在国际体育影视领域的地位非常突出，影响力也越来越大。与国外成熟的体育影视产业相比，我国体育影视产业才刚刚起步。尽管早期《许海峰的枪》《女篮五号》《冰上姐妹》《女足九号》《沙鸥》等优秀体育题材影视影响了一代人，但遗憾的是，近几年我国优秀的体育影视作品屈指可数。随着体育强国建设的不断推进，体育影视作为体育产业和体育文化的重要组成部分，越来越得到国家的重视。好的体育影视作品不仅能够更好地传播体育精神、传播中国体育文化，还有助于形成完善的现代体育产业体系。随着体育大众化、市场化的不断推进，已经形成完善产业链条的影视产业必将更加关注体育题材，体育影视也将迎来发展的春天。

体育表演。体育表演是以力量、技巧、功夫等为主要形式，以观赏性的体育活动为主要内容，以传播体育文化为主要目的的艺术演艺活动。从国际经验来看，由于体育比赛、大型庆典活动、商业宣传、对外联络等领域对体育表演的需求，涌现出了较多体育表演的典范。荣称"世界上最受欢迎的篮球队"——哈林男子篮球队，建队 50

余年来用令人兴奋的篮球"秀"征服了115个国家和地区的1亿多观众，并为盈利机构和学校带来了数百万美元的资金。风靡全球的一对一单挑花式足球表演三对三铁笼赛、街舞、街头音乐等多种元素构成了独特的街头文化，并受到青少年的狂热追捧。就国内而言，随着人们对体育休闲娱乐的需求越趋旺盛，兼具体育和娱乐功能的体育表演产业也得到了快速发展，尤其是武术表演产业。例如，以舞台剧《寺院内外》《风中少林》《少林少林》，以及少林寺武僧代表团少林真功夫的全球巡演为代表的一系列现代大型武术创意表演风靡海内外，短短几年时间迅速形成了一个直接经济收益达数亿元人民币的武术创意表演产业，并有力地带动了武术文化旅游等相关产业的发展。著名的大型山地实景武术创意演出剧目《禅宗少林·音乐大典》仅3年的票房收入就将前期的1.15亿元投资收回，并走出了一条通过体育表演带动旅游、拉动就业的良性发展模式。

体育文创。体育文创，即体育文化创意产业，是以专利、版权、商标和设计等四大类知识产权为核心，体育、文化、科技交融的产物。该产业处于技术创新和研发等产业价值链的高端环节，极大地改变了体育产品原有的形态及其在市场中的地位，是一种具有自主知识产权的高附加值、高收益性产业。就内容而言，根据其科技含量和数字化程度的不同，可以分为手工制售（如体育艺术品、体育特许商品等）、创意服务（如外观设计、体育商务策划、场馆建筑等）和内容生产（如体育广告、体育动漫、体育出版、体育信息、赛事转播等）三个类别，其中手工制售的科技含量和数字化程度相对较低，内容生产的科技含量和数字化程度比较高，创意服务介于两者之间。随着科技革命和产业变革的不断推进、全民体育的不断发展以及体育资源市场化配置程度的逐步提升，体育文创产业将逐渐成为体育产业转型升级和高质量发展的重要助推器。

电子竞技。电子竞技运动是指以信息技术为核心，以软硬件设备为媒介，在信息技术营造的虚拟环境中、在体育竞赛规则下进行的对抗性益智电子游戏运动，是国家体育总局2003年正式批准确立的第99个体育项目。尽管目前关于"电竞是不是体育"的争议不断，但我国电子竞技已经从昔日家长眼中的"洪水猛兽"逐渐成为新兴的"世界语言"和文化，由一种社会现象延伸成为一个产业经济问题。随着电子竞技运动的逐渐普及、电子竞技赛事平台的不断完善和商业模式的日渐成熟，我国电子竞技产业的市场规模持续增长，中国游戏产业报告显示，2016年我国电子竞技市场实际销售达504.6亿元，达到游戏市场实际销售收入的30.5%。然而，电子竞技作为一种产业经济活动快速发展的同时，其"过度娱乐化"的原始属性与体育固有的"运动、健康、快乐"的价值取向之间的矛盾愈发引人关注与担忧。本节认为，在互联网时代，随着青少年电竞玩家数量和电竞市场规模的急剧增长，电子竞技产业的快速发展态势已经不可改变，但其发展理念要发生根本扭转，即要牢固树立以人为本、以体为本的发展理念，将"传播体育文化、培育青少年运动兴趣、吸引青少年参与体育锻炼"作为电子竞技产业发展的根本出发点和落脚点，在内容上要增强体育的元素，要坚持以体为核心，让青少年在线上参与电竞过程的同时，进一步培育线下参与体育运动的兴趣。

四、推进体育与娱乐融合发展的路径

增强体育要素的娱乐功能。将娱乐元素融合体育核心要素，增强运动员、体育赛事、体育器材装备等体育要素的娱乐性是吸引广大老百姓广泛参与体育运动、推动体育可持续发展的重要举措。一是进一步推进放管服改革，鼓励具备较好市场基础的运动项目试点运动员、教练员商业权和所有权分离，努力培育和打造一批具有国际影响力的职业体育明星。二是以满足消费者玩、吃、秀、购等多元需求为目标导向，将各类契合度较高的娱乐元素融入职业赛事的大平台，而针对群众性体育赛事则加强创意设计，增加更多互动性较强的娱乐元素或环节。三是结合不同项目的运动特点和不同人群的体育需求，设计和建设具有趣味性、可参与性的多功能体育器材装备，尤其是对政府采购的全民健身器材，要进一步修订标准，将智能化、数字化、娱乐化的元素融入其中，也可以通过探索运动项目规则的变化使其更具观赏性和娱乐性，吸引大众广泛参与。

扶持体育娱乐重点业态发展。大力推进体育与娱乐产业的深度融合，扶持体育影视、体育表演、体育文创和电子竞技等新业态发展，是扩大体育产业规模、优化体育产业结构、实现体育产业高质量发展的有力之举。一是建立与完善推动体育与娱乐产业融合发展的联席会议制度，推进多部门合作的体育产业工作协调机制。二是大力推进商事制度改革，实施严格的知识产权保护，广泛吸引社会力量参与。三是建设体育创新创业教育服务平台，帮助企业、高校、金融机构有效对接，鼓励设立各类体育产业孵化平台，培育高品质、有影响力的体育产业众创空间。四是支持企业运用大数据技术分析消费者行为，开展精准服务和定制服务，灵活运用网络平台、移动终端、社交媒体与顾客互动，建立及时、高效的消费需求反馈机制，做精做深体育娱乐的体验消费。五是强化政策支撑，优化营商环境，有效引导资金、土地、人才等资源集聚，减轻企业负担，进一步激发体育娱乐类企业的创新活力。

打造体育娱乐发展平台。体育娱乐的发展具有典型的平台经济的特点，离不开各类发展平台的搭建和支撑。一是加快推动体育赛事版权和转播权市场化运营，推进体育赛事制播分离，积极打造国家体育传播平台，引导有条件的地方电视台创办体育频道，增加体育节目，延长播放时间，允许央视以外的地方卫视播放奥运会、亚运会、全运会等综合性体育赛事以及足球世界杯，体育赛事播放收益由赛事主办方或组委会与转播机构分享。二是鼓励发展多媒体广播电视、网络广播电视、手机 APP 等体育传媒新业态，培育一批发展潜力巨大的体育新媒体平台。三是搭建体育产权交易平台，推进赛事举办权、赛事转播权、赛事版权、运动员转会权等具备交易条件的资源公平、公正、公开流转。四是以大型体育场馆、体育综合体、运动休闲特色小镇等为基础，积极打造体育文化创意园区、电子竞技小镇、体育影视基地、体育娱乐主题公园等各类体育娱乐载体平台。五是打造具有中国特色的国家体育娱乐节品牌，激发国民参与体育活动的欲望和热情，促进体育运动的普及以及地方经济和社会的发展。

防止体育过度娱乐化倾向。体育与娱乐的结合是一把"双刃剑"，体育与娱乐的有效融合可以扩大全民的体育参与，促进体育高质量发展，但体育的过度娱乐化将会造成体育价值的扭曲，进而影响体育的健康发展。应该采取有效措施防止体育的过度娱乐化倾向。一是加强舆论的宣传和引导，大力弘扬中华体育精神和中华传统体育文化，树立良好的体育形象。二是推进体育娱乐相关标准化建设，通过制定相关标准、指南和规则，规范市场主体的经济行为。三是加快构建覆盖体育组织、体育企业、从业人员等的行业信用体系，建立严重失信主体名单制度，推广信用服务和产品的应用，提倡诚信经营、服务规范。四是鼓励社会公众参与体育市场监管，发挥媒体监督作用，促进体育娱乐健康发展。五是加强体育娱乐相关行业协会建设，发挥各级体育娱乐相关协会在体育娱乐健康发展中的作用。

第三节　休闲娱乐体育与小康社会

党的十八大提出了全面建成小康社会的宏伟目标，建设小康体育是建设小康社会的重要组成部分。以体育需求及体育参与为研究出发点，提出发展观赏型娱乐体育是建设小康体育的重要内容，并对发展观赏型娱乐体育的新思路进行探讨。

中国共产党第十八次全国代表大会提出了到 2020 年全面建成小康社会的宏伟目标，中国社会又将迎来一个快速发展时期。实现小康社会绝不仅仅是让广大人民群众在物质条件得到跨越式满足的同时过上殷实的生活，而且要让广大的人民群众具有文明的生活方式、乐观的生存理念、愉悦的生活环境和氛围。体育作为现代人类生活不可缺少的赖以寄托健康、情感、意志、趣味、社会责任的一项事业，理应成为小康社会生活的重要组成部分。在全面建成小康社会的目标下，如何建设与社会协调发展的小康体育，成为现阶段亟待解决的问题。

一、小康体育概述

小康体育的概念。目前，学界对小康体育概念的界定可分为狭义和广义两种。狭义的小康体育特指小康家庭生活中的体育教育和体育休闲、娱乐。广义的小康体育则泛指小康社会生活中的体育，它涵盖社会体育、家庭体育、竞技体育、体育科技、体育产业等内容。小康体育是具有中国特色的小康生活体育，是面向现代化、面向世界和面向 21 世纪的中国社会主义发展新时期体育。小康体育具有生活家庭化、娱乐多样化、锻炼科学化、管理社会化、产业扩大化、制度法制化等特点。

满足人民体育需求是小康体育的首要目标。发展小康体育的根本目的，实质上是在更高层次与程度上达成我国社会体育事业的发展目标，即满足人民群众在小康社会中日益增长的多样化的体育需求，倡导文明健康的生活方式，提高全民健康水平，使人民文化生活更加丰富，建成与小康社会发展相适应的小康体育，促进物质文明和精神文明建设，最终促进人的全面发展，满足人民的体育需求是其发展的首要目标。

促进体育参与是建设小康体育的核心任务。建设小康体育是一个复杂的系统工程，而小康体育目标的全面实现，最终有赖于大众体育参与程度的全面提高。因此，提高大众的体育参与程度是建设小康体育的核心任务，即保证每一位公民都有参与体育、享受体育、发展体育的权利，让人民更广泛地、真正地享受到体育发展的成果和利益。

二、观赏型娱乐体育

娱乐体育的概念。娱乐体育指为追求生活乐趣而进行的轻松愉快、能够体验文化享受的体育活动。娱乐体育按其性质可分为观赏型体育活动和参与型体育活动。

娱乐体育的作用。

愉悦身心的作用。娱乐体育使人快乐源于运动的乐趣，尤其是"趣"字，由于项目有趣，在活动中就会获得快乐，快乐又会使精神放松，身心感到愉快。

调节生活的作用。娱乐体育作为一种积极的休息方式，具有较强的生活调节作用，是人们保持健康的重要方法。

文化修养的作用。不仅能使人获得文化享受，更能使人提高文化素养，改变人的风度、气质。

观赏型娱乐体育。观赏型娱乐体育主要指通过观看体育比赛或表演获得快乐的间接性体育活动。由于观赏型体育活动能够享受运动的美感、紧张感以及由于专注所带来的陶醉感，是一种受到普遍欢迎的休闲方式，其主要形式是观赏高水平体育比赛、表演。

观赏高水平体育比赛和表演是由专业机构组织进行的，观赏价值高，但消费水平也比较高。观赏体育比赛与观看戏剧、电影不同的是，观众的参与意识较强，对比赛结果有一定的期待（因为结果的不确定性），因此，观赏过程中情绪波动较大，体验深刻。

三、发展观赏型娱乐体育是建设小康体育的重要内容

（一）发展观赏型娱乐体育满足大众体育需求

体育需求的概念。体育需求是人的需求的一种，指人们因生理或社会原因而产生从事体育活动的愿望和要求。它源自现代社会生活发展中，生产方式、生活方式、生活环境等的变化使人们对保健、娱乐、社交、自我实现等的需求不断增长，而体育活动的多功能性对满足人们身心和社会需求具有十分明显的作用。

体育需求的特点。体育需求有以下几个特点：指向某种具体对象；影响内容的选择和行动；不因体育需求得到满足而中止；需求的改变、发展以其对象范围的改变和满足的方式而变化。需求得到满足，则产生积极的情感；反之，则产生消极的情感。积极的情感会使人产生新的需求；而消极的情感则使人的需求有所改变。

观赏型娱乐体育将成为小康社会主要的体育需求。观赏型体育将成为小康社会主要的体育需求，这是基于对体育需求发展规律的把握，参照前人对转型期我国体育需求的研究成果，对比世界发达国家的历史经验，进行综合研判得出的结果。

收入增加推动体育需求的转型。党的"十八大"报告提出了到 2020 年"实现国内生产总值和城乡居民人均收入比 2010 年翻一番"的具体目标。这将意味着小康社会人民的物质生活会更加丰富，人民在基本的物质生活需求满足以后，精神享受和发展需求也会越来越高，体现精神享受发展需求的体育需求会得到更大的扩展。大众对体育的集体需求将会从最基本的健身需求向较高层次的娱乐需求转化。

发达国家的历史经验。从国际比较的视角来看，我国正步入全面建成小康社会体育的历史阶段，大体相当于 20 世纪初的美国和"二战"结束后的欧洲所处的历史时期。这一时期欧美体育发展的显著特征是"sports for all"成为主导理念，体育人口快速增长，体育平民化、生活化、组织化、消费化、娱乐化蔚然成风。以"NBA"为代表的观赏型体育赛事就是在这一时期发展起来的。

体育观赏消费需求将成为体育需求的重要特征。体育观赏消费需求将成为小康社会体育需求的重要特征。作为观赏型体育消费之主体的体育观众，在这里买到了平等、欢乐、时尚、朋友、感动、交流、荣誉感、成就感等社会心理的各种不同需求的满足，从而形成了观众进行观赏消费的复杂动因，也将促进一种新的大众体育文化的形成。

（二）发展观赏型娱乐体育促进大众体育参与

体育参与的形式。大众参与社会体育活动的形式按参与性质分为直接参与和间接参与。直接参与是指人们亲身参加社会体育活动，并通过运动获得体育参与满足感的形式。我国经常参加体育锻炼者（体育人口）占国民总数的比例还不到 30%，远低于发达国家平均水平。

体育间接参与人群。间接参与是指人们通过观看体育比赛、表演或阅读体育报刊以及参与体育活动的组织管理服务等方式，获得体育参与满足感的社会体育活动形式。在间接参与社会体育活动的人群中，观赏体育比赛表演的观众是主体。他们的参与形式虽然与直接参与者有本质的区别，但也是构成体育参与的重要组成部分，尤其是体育市场不可缺少的重要方面。间接参与者中的大多数人为潜在体育人口，是通过动员工作最有可能转化为直接参与体育活动的人群。

观赏型娱乐体育是促进体育参与的重要途径。观赏体育比赛表演是人们间接参与体育活动最直接的途径。在我国全面建设小康社会的历史进程中，随着我国居民收入水平的不断提高和消费结构的不断变化，人们不但对观看高水平竞赛表演的需求将会进一步提高，还会增加对趣味性、娱乐性、刺激性等体育活动的观赏兴趣，观赏性体育消费者群体也会越来越大。

需要特别指出的是，大众对高水平运动竞赛和对趣味性、娱乐性、刺激性等体育活动的观赏并不是一种刚性需求，即在这方面的消费弹性很大，如果观赏性娱乐体育的发展程度不能达到大众的预期，观众花钱得不到应有享受的话，这种潜在的增长趋势也就难以变为现实。

四、发展观赏型娱乐体育的新思路

观赏型娱乐体育，其主要形式就是高水平的体育竞赛表演，提高竞赛表演水平是其发展的基本动力，学界关于如何提高竞赛表演水平的研究一直在深化，本节不再赘述。

小康社会观赏型的娱乐体育，应更加注重内涵发展，引入新的项目，丰富竞赛表演内容；更多的以人为本，丰富大众精神文明生活，促进大众对体育的热爱。在此，提出以下两个方面的新思路，进行讨论。

"冷门"项目将为观赏型娱乐体育的发展注入新的内容。

体育运动项目有冷门热门之分由来已久，通常意义上来说，"冷门"项目是指那些参与人数少、受关注程度少的项目。民众对一些冷门项目普遍缺乏了解，而且东西方体育文化有所差异，对我们来说是冷门的项目，对于别的一些国家来说，却可能是热门项目，即很多冷门项目只是相对意义上的"冷门"，比如棒球、冰球等。棒球在美国、日本被奉为"国球"，在古巴及南美洲、韩国、我国台湾地区也很受欢迎，是开展得很普遍的运动项目，在欧洲及大洋洲的发展和提高也较迅速。在美国，职业棒球大联盟（Major League Baseball）是北美地区最高水平的职业棒球联赛，是美国四大职业体育联盟之一，其受欢迎的程度可想而知。又如在加拿大，民众对冰球项目的热爱程度可以用疯狂来形容。

因此，不难看出很多冷门项目虽然现在"冷"，但是其观赏价值是客观存在的，而且潜力巨大，如果能够得到很好的开发，将会丰富观赏型娱乐体育的内容。

博弈性消费与观赏型娱乐体育的结合将会促进大众体育参与。目前，以体育彩票为龙头的博弈性消费需求已成为国际上体育产业的重要组成部分。体育彩票把人们对体育竞技的兴趣和对竞猜游戏的追求有机结合起来，使人们从单纯观赏体育竞技表演向深入了解体育竞技过程、了解运动技术、了解选手能力和竞技状态等深层次发展，大大提高人们的体育参与程度，对深入理解竞技体育、喜爱竞技体育、形成体育参与习惯具有重要的推动作用。

我国体育彩票和体育观赏之间缺乏联系。目前，我国的体育彩票，除去足球彩票外，其他种类的彩票不论是即开型彩票还是电脑体育彩票，基本上都与体育活动没有直接的关联，也就是说体育彩票消费行为并不会直接造成消费者关注体育项目的需求，客观上降低了大众应有的体育参与热情。即使是足球彩票，因为竞猜的是外国足球比赛，也不能产生体育参与效果，不能转化为对中国足球的热爱。从各国情况来看，针对体育比赛结果的主动竞猜型彩票已经成为彩票业发展的潮流与趋势，在这种情况下，我们有必要认真借鉴国外体育彩票业的先进经验，提高博弈性消费与观赏型娱乐体育的结合，以更好地促进大众的体育参与程度的提高。

"公营竞技"是一种值得借鉴的模式。长期以来，我国对赛马、赛车、赛艇等竞猜型观赏娱乐体育讳莫如深，怕导致赌博行为的盛行和社会文化堕落。综观欧美和亚洲一些发达国家的竞猜型观赏娱乐体育发展过程，并没有出现我们担心的不利结果。发达国家普遍采用的"公营竞技"模式对控制赌博行为和暗箱操作有积极的作用，值得借鉴。

"公营竞技"模式是指把竞猜型观赏娱乐体育作为特殊体育竞技，由政府监管、国家经营（可委托专业组织进行管理）的特殊体育管理模式。特殊体育竞技项目通常涉及赛马、赛车、赛艇和自行车、摩托车比赛等。"公营竞技"活动的彩票一般须到现场在赛前规定时间购买，彩票的价格非常低廉，且规定每次可投注彩票的限额，很好地抑制了冲动性消费行为。

在防止腐败方面，"公营竞技"模式采用国家经营的方式，对钱款、账务进行集中管理，对财务流程实行公开透明的方式，避免暗箱操作现象的发生。对委托管理组织的收益进行额定，一般包括管理成本，控制在15%以下。与购买普通体育彩票的不同之处是"公营竞技"返还率非常高，一般为75%，远远高于普通体育彩票的不超过50%的返还率。由于返还概率高，娱乐性就比较强，加上运作的透明度高，容易激起民众的兴趣和参与欲望，在发达国家竞猜型观赏娱乐体育的参与度是非常高的。其次，"公营竞技"设定的现场投注，投注额小，而且有一定的购买限制等措施，这对防止非理性消费及赌博现象的发生具有积极作用。第三，人们在参与竞猜型观赏娱乐体育时，为了增加投注彩票的中奖率，就会关注体育比赛的各种相关因素，分析比赛过程的各种可能性，以便确定比赛胜负走向等。所以，通过投注彩票，可以提升对体育赛事过程的关注度，并在深入了解体育赛事各要素间关系的过程中，逐步形成观赏习惯，成为铁杆体育迷。可以预见，竞猜型观赏娱乐体育的开展，将促进民众对体育竞赛观赏的兴趣，从而提高大众体育的参与程度。竞猜型观赏娱乐体育无论对竞技体育发展也好，大众体育发展也好，还是对体育产业发展、体育彩票发展等都有着重要的推动作用。

第八章　体育健康产业组织、结构、政策

第一节　体育健康产业组织

通过文献资料法、专家访谈法和案例分析法等研究方法，在深入推进"一带一路"倡议和自由贸易区（港）建设发展的背景下，以首届中国国际进口贸易博览会为新基点，对我国体育产业高质量发展的组织建设与规划布局状态开展综合研究，力图从组织创新和布局优化的双重视角剖析和重构体育产业高质量发展的组织与布局基础。近5年来，我国体育产业发展速度持续加快，开放式发展和渐进式梯度增长的效果初步显现，但在体育产业组织发育和科学布局上还存在各种问题与不足。研究者通过查阅梳理全球与中国体育产业高质量发展的组织与布局领域的相关文献资料和最新数据，回顾和分析我国体育产业组织和体育产业布局发展的经验与问题，从理论上为我国体育产业高质量发展寻找新的组织创新与布局优化思路并提出政策建议。

2014年10月，《国务院关于加快发展体育产业促进体育消费的若干意见》发布实施，标志着中国体育产业进入了弯道超车的全新历史机遇期。经过近5年的政策实施与执行周期，逐步形成了国家推动、部门协同、地方落实体育产业政策的良好社会氛围与市场环境，体育产业在推动我国经济结构转型升级、新型城镇化建设和健康中国建设中发挥了越来越重要的作用。随着近年来中国宏观经济形势和政策的演进，以"一带一路"和"自由贸易区（港）"为主导的开放包容发展道路成为必然选择，体育事业和体育产业的发展方式正在快速变革。国家体育总局与国家统计局2019年1月8日联合发布的体育产业统计数据显示：2014—2017年，我国体育产业总规模从1.35万亿增长到2.2万亿，年均增长速度18%。从体育产业的增加值来看，2014年为4 040亿，2017年达到7 800亿，年均增长19%。体育产业产值占GDP的比重从2014年的0.64%到2017年的0.94%，该比重在2018年的预估数据将超过1%这个关键节点。由以上数据判断，我国体育产业发展的市场带动力、消费引领力和健康促进力正在快速增强，成为我国国民经济和社会发展的重要创新动能。

在体育产业取得快速发展的历史节点，回顾和梳理我国体育产业发展的进程与问

题，研究发现：我国体育产业发展进程中存在一系列的不足和问题，特别是体育产业组织发育不完整和不均衡、体育产业布局建设不科学和不合理两方面的要害问题，正在形成阻滞体育产业高质量发展的关键节点性问题，需要引起政策制定者、理论界和市场人士的高度关注。从理论源流来看，产业经济学理论之于体育产业实践，乃是源头活水，然而，由于学科认知和研究者知识结构，我国体育产业研究长期存在着"体育＋产业"的惯性，把体育产业看作体育部门的衍生品，这固然在很大程度上匹配了体育产业资源政府垄断的现实，但严重抑制了知识交叉和思维创新，扭曲了体育产业的"经济＋体育"本性。基于上述情况，本研究以"体育产业组织创新"和"体育产业布局优化"为着眼点，部分解构体育产业高质量发展进程中产业组织和产业布局的问题与出路，着力于在破解现实问题的同时促动理论创新。

一、研究回顾与简评

有关体育产业组织的研究述评。对于体育产业组织的研究主要来自产业经济学和体育经济学领域，其研究起点和阶段基本与体育产业自身的发展节奏相匹配。西方学者因其体育产业起飞较早（如美国在 20 世纪 70 年代就形成了一定规模的体育产业市场和较为成熟的职业体育联盟），因而其相关研究开展得也最早，在体育产业组织环境与生态、体育产业组织竞争优势等方面积累了研究基础。近年来，西方体育经济与管理领域涌现出 Richard Thaler（美国芝加哥大学，2017 年诺贝尔经济学奖得主）、Daniel Mason（加拿大阿尔伯塔大学）、James Zhang（美国佐治亚大学）、Dennis Coates（美国马里兰大学）等代表性学者，他们的研究着眼点虽然各有特色，但高度集中在职业体育市场、俱乐部运营和职业体育赛事领域。20 世纪 80 年代末，中国大陆地区开始出现体育经济研究，此后，有关体育产业组织的研究缓慢增加，到北京奥运会前后出现了快速增长的情况，研究主题集中在"产业组织规范发展""体育产业组织环境""体育产业组织业态类型""体育产业组织竞争优势"等方面，涌现出鲍明晓、丛湖平、易剑东、张林、程林林、曹可强、马志和等代表性学者。最近 5 年，有关体育产业组织的研究开始深化和细化，研究者开始深入到体育产业组织的政策引导、业态融合、基于 SCP 范式的研讨等领域，理论深度和实用性同时得到了提高，表现出较好的发展性特点。从具体的研究视角和切入点来看，有关体育产业组织的研究主要基于动力机制、市场特性、空间分布、自组织发展、创业创新五个方面，代表性学者主要有易剑东、刘兵、李荣日、黄海燕、王裕雄、宋昱等。已有研究为我国体育产业组织的高质量发展研究提供了基础支撑和方向指引，但总体而言还比较薄弱，尤其是体育产业组织的理论研究与市场现实脱节的情况比较突出。此外，值得注意的是，截至 2019 年 6 月 2 日，中国知网以"体育产业组织"为主题的文献超过 600 篇，但以"体育产业组织"为篇名的论文总共只有 9 篇（其中全国中文核心期刊论文 5 篇，CSSCI 来源期刊论文仅有 2 篇），显示出体育产业组织研究的频度仍然不高。上述情况，对研究者如何充分运用好产业经济学成熟理论路径和基本分析框架深入中国体育产业组织发展的实际，开展创新性研究提出了新的更高的要求：（1）如何理清和重新界定中国体育产业组织的企业边界？（2）如何引导和解决体育产业组织的分工专业化问题？（3）如何挖掘和探究体育产业组织的生态系统？通过深入挖掘相关话题及其背后的理论与现实领域，将为解决我国体育产业组织创新发展问题打下坚实的理论基础。

有关体育产业布局的研究述评。有关产业布局的研究首先来源于经济学大师——英国剑桥大学的经济学教授马歇尔，他于 1890 年前后在研究特定区域的产业萌芽与增长过程中提出了"产业区"的概念，此后逐渐演化出了"产业集聚"等创新概念。近年来，产业集聚、产业集群、区域产业增长极等相关概念逐渐成为产业经济学之产业布局理论的重要概念，涌现出 2008 年诺贝尔经济学奖得主保罗·克鲁格曼（Paul R.Krugman）等领军人物。目前，学术界对特定区域和行业从集聚到集群的发展，通常沿着"集聚生成——集群演化——增长极引领带动"的脉络和思路渐次展开。有关体育领域的产业规划和区域发展问题，也已经成为体育产业研究的热点选题领域，代表性学者包括鲍明晓、张林、程林林、刘兵、黄海燕、方春妮、陈林会、刘东升等。一般认为，区域体育产业的发展，除了偶然因素和自然禀赋之外，政府规划是最主要的源流和动力源泉，这也与我国体育产业资源高度集中在政府手中高度有关和匹配。截至 2019 年 6 月 2 日，在中国知网以"体育产业布局"为主题的文献共有 429 篇，以"体育产业布局"为篇名的文献共有 10 篇（其中全国中文核心期刊论文 3 篇，CSSCI 来源期刊论文仅 1 篇）。已有研究为我国体育产业布局优化的相关研究提供基础支撑和方向指引，但总体而言前期研究基本以正面肯定和倡导发展为主，反思性研究很少，尤其是目前我国体育产业发展处在承前启后的关键时期，在宏观经济面临新旧动能转换和国际市场风云变幻的情况下，如何在经济新常态格局下重新梳理和探究我国体育产业布局的科学规范、务实高效与可持续发展，最终形成推动体育产业高质量发展的规划布局，需要研究者深入一线，开展综合分析和调查研究，用第一手资料与素材，对症下药，提出更有创造力和针对性的新建议。

二、我国体育产业组织发展的现状与问题

（一）体育产业组织的数量与类型、结构

体育产业组织的数量指标分析。体育组织是以体育为范围和目标的社会组织的统称，一般认为我国的体育组织可以分为行政管理型、经营管理型、公益服务型三种，我们研究的体育产业组织主要指的是以营利为基本诉求和运营目标的经营管理型体育

组织。根据国家统计局和国家体育总局联合授权发布的数据：2017 年全国体育产业总规模（总产出）为 2.2 万亿元，增加值为 7 811 亿元；从名义增长看，总产出比 2016 年增长 15.7%，增加值增长了 20.6%，体育产业从业人数达到 440 余万人，这与《体育发展"十三五"规划》提出的到 2020 年我国体育产业总规模超过 3 万亿、从业人口达到 600 万人的目标还有一定的差距，但从年均增长率来看，"十三五"规划目标依然是有望达成的。上述 440 余万体育产业从业人员分布在全国近 20 万家各类体育产业组织（公司、协会、俱乐部、合伙或个体工商户）中，2018 年体育产业机构数量增幅预测值超过 20%，显现出明显的规模小、数量多、增速猛的特征。从体育产业机构的规模来看，从业人员低于 10 人的机构超过 40%，从业人数在 11~50 人之间的约占 25%，也就是说，超过 65% 的体育产业组织人数在 50 人以下，是地地道道的小微企业。从数量和增速看，体育产业组织总量大，且数量上增速迅猛，特别是民营体育公司、青少年体育俱乐部、社会性体育协会和行会组织的增长速度很快。

体育产业组织的类型与结构概述。从具体的产业组织类型来看，随着体育市场化进程的深化，体育产业组织类型多元化趋势明显，体育企业、青少年体育俱乐部、体育项目协会和行会组织成为市场主体。目前，我国注册登记的体育企业逾 10 万家，其中实际开展体育业务的公司占注册数的 65%~70%，大多数公司的专职员工人数少于 10 人，兼职员工成为体育服务企业用工的主体。从具有很强示范性和行业龙头地位的体育类上市公司情况来看，截至 2018 年 11 月 1 日，共有 81 家上市公司布局体育业务，这 81 家 A 股概念上市公司合计营收达 5 539 亿元，平均营业收入为 78 亿元，较 2017 年同期增加 13 亿元。此外，随着体育项目协会实体化进程的加速深化，部分社会主体和社会资本发起和运营管理的体育项目协会也成为体育产业组织的重要来源，与分布在全国的数万家青少年体育俱乐部（其中国家级青少年体育俱乐部近 3 000 家）一起，在全民健身和青少年体育市场上发挥着日益重要的作用。

（二）体育产业组织的运营状况与主要问题

体育产业组织的整体运营情况及问题。由于我国体育管理体制和运行机制的转轨特征十分突出，传统体育管理体制下形成的体育行业资源的高度垄断现实严重制约了体育的商业化进程，因此，我国体育产业的真正兴起是从建立社会主义市场经济体制才开始的，其重要标志就是以足球为代表的职业体育市场化改革的起步，这个时间长度至今不过 20 余年。随着 2014 年以来国家加快体育产业发展，促进体育消费的政策逐步落地，以及全民健身国家战略和大健康战略的深入实施，我国体育行业的市场氛围和契机已然显现，全民健身与全民健康国家战略的深度融合一度成为理论界和业界的焦点，但实际的体育产业发展进程并不像设想的那么顺利。《人民日报》2019 年 1 月 11 日刊发薛原的文章《体育产业快与慢》，直言不讳地指出以体育竞赛表演业和体育健身休闲业为代表的体育服务业尚不能与体育用品制造业形成鼎足之势，共同支撑中国体育产业的可持续增长，其背后的根本原因就在于体育消费的启动情况还不容乐观。对此，卢元镇、易剑东等知名学者也几乎同时表达了类似看法。笔者认为，我国人均体育消费水平不高的根本原因在于供给侧薄弱，体育服务产品提供者的规模经济效应尚未充分显现，竞争活力也不强，简而言之，就是体育产业组织发育滞后，无法满足人民群众日益增长的体育消费需求，市场在迫切呼唤体育产业组织的供给侧结构性改革。

主导细分子产业类型组织的问题评析。从具体的细分子产业领域来看：（1）竞赛表演产业。经过20多年的职业体育市场化改革，我国职业体育俱乐部和职业体育联盟的运营管理水平取得了长足进步，但与全球顶级职业体育联盟和俱乐部的差距还非常大。体育竞赛表演业表现出赛事精彩程度较差、观赏性不强、俱乐部运营管理规范化程度不够、品牌效应与忠诚度不佳、职业体育联盟自治能力弱、利益冲突加剧等多重矛盾和问题。此外，由于赛事水平和观赏性较差，赛事版权的商业开发并不乐观，无论是联赛版权还是媒体版权开发都遭遇了泡沫挤破后的滑坡阵痛。（2）健身休闲产业。近年来随着居民运动健康意识和消费能力的提升，健身休闲产业的发展迎来了快速增长期，特别是在"体育＋"和"＋体育"领域开展产品衍生性开发的新兴企业和项目获得了一轮爆发式增长周期，以"洛克篮球公园"等为代表的时尚运动休闲项目的确吸引了众多年轻人的参与，获得了政府和市场的广泛关注。但值得注意的是，绝大多数健身休闲产业企业及其项目的技术门槛不高、团队运营管理能力有限，短期行为多，以健身会所跑路现象为代表的不诚信经营问题频发，凸显出行业管理和经营的乱象。（3）体育场馆产业。我国体育场馆的所有权高度集中在政府手中，国有体育场馆的所有权与经营权分离一直是业界的关键痛点，真正的市场主体往往只能开展中小型体育场馆的管理服务，其进入和退出的门槛很低，经营波动性和风险大。对体育赛事和活动的运营主体来说，场馆使用成本往往覆盖其运营成本的八成以上。（4）其他细分产业。包括但不限于体育金融、体育旅游、体育服务贸易、体育培训、体育中介等行业，由于体育行业资源仍由政府主导，而政府缺少营利性冲动，其政策目标主要还是公共管理和行政管理的需求，以及稳步提高老百姓的健身休闲活动满意度，在体育消费刺激与带动问题上，缺少针对性的政策和思路，因此，近年来其他细分产业领域的体育企业发展主要依靠政府购买公共体育服务的单一渠道，市场化程度还远远不够。

习近平总书记的绿色发展理论，从某种程度上而言，满足了当今时代的具体需求：资源环境与经济发展已成为我国社会发展的主要矛盾，实施绿色发展、建设生态文明是破解这一矛盾的主要举措。生态文明建设不应只是局限于生态、环境的建设，要实现经济社会的持续健康全面的发展，还必须将其融入社会生活的其他领域。唯有如此才能真正实现生态文明建设的目的，我国也才能在世界民族之林中立于不败之地。习近平总书记指出，要坚持绿色发展，"协同推进人民富裕、国家富强、中国美丽"。[3]这是以习近平为核心的党中央在生态文明建设中，遵循马克思主义认识论的基本规律，通过不断摸索和总结经验而形成的对绿色发展的深刻认识。

从产业发展环境与组织运营的发展阶段看，体育企业（体育市场主体）的规模经济效应与竞争活力存在着天然的矛盾，而具体到我国体育市场主体的发育环境和实际状况来看，却呈现出规模经济效应不足、竞争活力也不强的双重问题。一方面，具有政府和行业资源垄断背景的国有企业管理和运营着绝大多数的品牌 IP 赛事和大型体育场馆，而这些赛事和场馆的营利性一直受到质疑，与其品牌塑造和社会效益形成鲜明对比；另一方面，基于前一方面的原因，大多数体育企业属于中小微民营企业，它们的发展与我国民营经济和民企发展的情况高度类似，在朝阳行业领域参与红海竞争，处境尴尬，无法与具有垄断优势的国有企业和体育体制内单位有效竞争。因此，我国体育产业组织凸显出明显的两重性矛盾和不足，既缺少规模经济效应，又缺乏竞争活力，这个问题如果不能得到真正的重视和有效的解决，势必影响中国体育产业的可持续、高质量发展。

三、我国体育产业组织创新发展的思路与实施路径

（一）体育产业组织创新发展的思路分析

体育产业组织的制度创新。制度经济学大师科斯的产权理论为产业组织的制度创新提供了理论武器。具体到我国体育产业组织的发展进程和现实情况来看，体育产业资源高度集中在政府和官方背景的项目协会、各级各类学校、公办青少年俱乐部等不同类型的组织机构手中，成为制约体育市场化进程的根源问题。要推动体育产业组织的制度创新，首先就要从根本上改革体育产业资源垄断的格局，打破政府管理和带动体育赛事活动、场馆服务、健身休闲的一元结构，引导和培育市场化主体（特别是体育服务类公司、俱乐部、协会组织等）；其次，要在体育市场中鼓励和培育富含体育要素、融入主导产业、完善资本进入和退出机制的完全市场化的体育产业组织，真正让市场经济理念和机制进入体育领域；最后，要优化体育产业组织的外部治理和内部管理机制，形成政府提供平台和政策服务、市场在体育资源配置中起主导作用、价格机制在体育资源交换中起关键作用的新型体育产业组织环境。

体育产业组织的技术创新。长期以来，体育产业组织在竞赛组织与服务、场馆管理与服务、健身休闲活动组织与运营等主导细分产业的市场化运作中，存在着技术手段落后、脱离市场需求、忽视学习型组织建设、质疑和回避资本运作等一系列问题。近年来，随着"互联网＋体育""文化、旅游、会展、商业＋体育"等的技术与市场环境的变化，能够有效带动新兴产业腾飞的新技术乃至"黑科技"手段层出不穷，正

在作用于体育领域。例如，国内互联网体育领跑者虎扑体育投资的"超级猩猩""智慧运动场"，就充分利用了"移动互联 + 体育"的新模式，塑造在"线上 + 线下"全方位、立体化、实时化、可比对的全新运动健身生态链，获得了市场认可。再例如，每步（科技）上海有限公司通过自主研发的跑步跟踪系统及配套 APP，成功塑造了一个以专业、共享、社群为核心，将体育资源融入互联网，打造创新模式的体育平台。目前，每步科技公司已经成长为长三角地区路跑赛事和活动运营的领先企业，其在上海路跑市场的占有率超过 80%。由此可见，对体育科技创新带动企业和产业发展来说，新科技演化出新经营模式，新模式催生出新的增长点，体育产业组织的技术创新成为其可持续发展的不二选择。

体育产业组织的服务与管理创新。体育产业组织的服务管理是近年来理论研究和业界探索的热点话题。尽管我国每年有数万名体育相关专业的本科生和研究生毕业进入体育行业，但尚未有效突破体育行业重技术、轻服务、不懂甚至不关心市场规则的惯性问题。上述情况不仅造成了体育产业组织发展滞后、人员流动频繁、市场控制力弱的局面，而且导致了体育市场主体行为的短期化及严重的"委托——代理"问题。以全民健身领域最为常见的健身俱乐部（会所）频繁出现的会员卡权益纠纷为例，上海市为了规制健身机构卷款跑路现象，从 2018 年开始试点推广健身服务企业"黑名单"和"联保"制度，通过信用管理和连锁经营管控等方式，维护健身休闲市场秩序，强力回应百姓健身休闲消费的权益保护诉求。由此可见，体育产业组织的服务与管理仍然面临较为严峻的局面，需要通过制度建设来引导和做好服务管理创新工作。

（二）体育产业组织的建设发展路径

强化对体育产业组织的政策引导与扶持力度。传统意义上的体育产业组织并没有特殊的政策扶持依据和理由，然而，我国体育产业组织发展呈现的"规模小、数量多、增长迅猛"等特征，又使得其具有获得新的政策引导与扶持的迫切需要。特别是随着 2019 年以来国务院力推营商环境改善和为小微企业减税的惠民举措，已经开始影响和作用于数以十万计的小微体育企业，对小微体育服务企业和体育用品制造与零售企业构成利好。除了降税减费这一普惠的核心举措之外，体育产业组织在人员培训与招募、场地设施使用的便利性与奖补机制、体育产业引导资金、体育行业投资基金、体育企业上市辅导、文创科技类扶持倾斜政策、国家和省市级体育示范项目（基地、企业、具体项目）等的评定和奖补中，在一定程度上可以提供促进行业可持续发展的有力因素，亟待获得进一步的更大力度的引导与扶持。

体育产业组织运营问题的根源与创新发展障碍。目前我国体育产业引导基金和投资基金增长速度很快，有统计数据显示，2017 年中国体育领域投融资达到 180 亿起，融资接近 90 亿元。市场上涌现出的政府背景的体育产业引导资金（基金）近 20 个，市场化体育投资基金逾30家。比较有代表性的包括江苏省体育产业引导资金、虎扑体育产业投资基金、光大体育产业投资基金、邓亚萍体育产业投资基金等。除了纯政府财政出资的体育产业引导资金因其奖补性质不存在外部资本进入和退出的问题以外，所有具有吸引和撬动社会资本进入的体育扶持和投资基金项目，都需要按照现代金融市场游戏规则，进行风险评估、项目评审和项目跟踪，设置严格的资本进入和退出流程，否则，体育产业组织无法有效运用现代资本市场的力量撬动社会资源，有效助推机构和项目的可持续发展。

形成体育产业人才培养、使用、共享与流动的市场环境与法律保障体系。如前所述，我国体育产业组织绝大多数属于小微企业和非营利组织，在专业人才培养、使用和激励方面存在着天然的弱势特征。此外，体育产业（特别是体育服务业）具有较为明显的周期性特点，无论是赛事活动的举办、场地设施的使用还是健身休闲的消费需求都具有淡旺季明显的周期性问题，因此在人员招募和使用管理上存在较大的波动性风险。随着市场竞争的加剧，体育产业组织的人才招募、培养和使用面临着更为严峻的调整，需要通过人力资源共享和合理流动来控制成本、消除不确定性风险，增强体育产业组织的抗风险能力。目前，体育人力资源补充的主要方式仍然是市场招聘，体育组织机构与体育人才之间的互信和权益保障是其中的关键一环，形成和塑造更为快捷高效、进出有序的体育人才使用机制和保障体系是下一步体育人力资源管理的重中之重。

四、我国体育产业布局的现状与问题

体育产业布局对产业发展的基础性作用。产业布局是产业结构在地理空间上的投射，一般来说，在一定地域内，产业总是从一两个优势节点开始萌发的，在此基础上，点与点之间开始出现连接轴线，轴线经纬交织形成网络，因此，特定区域的产业发展基本遵循了由一个或多个增长极向经济轴线，再向经济网络演进的规律。尽管近年来国内外诸多学者纷纷对产业发展是否需要前置规划（政策性布局）提出不同看法，但总体而言，我国宏观经济和产业经济发展与规划布局的关系十分紧密，也就是说，产业布局是产业发展不可回避的关键环节之一。由于中国体育是在计划经济向市场经济转型的过程中，依靠自上而下的改革逐步推进的，因而，体育产业从改革开放之初的萌芽，到体育职业化以来的初步发展，凝聚了几代管理者和实践者的心血，是具体地、历史地体现中国产业经济演进和优化发展的行业例证。

我国体育产业布局发展的政策依据与热点区域。自从2014年国务院发布"关于加快体育产业发展促进体育消费"的46号文件以来，我国体育产业的规划（布局）发展持续加速，自上而下结合体育（产业）发展"十三五"规划乃至体育产业、项目产业的中长期规划，各地政府出台了一系列区域体育产业和项目产业发展的政策文件，除了按照传统行政区划开展了五年规划之外，比较有代表性的体育产业优势与创新发展区域包括了京津冀、长三角、粤港澳大湾区（内地区域）、成渝一体化自贸试验区、海南自由贸易港等，这些区域既是当前中国区域经济和产业经济发展的关键亮点和重心，也是区域产业增长极孕育和生成的热点地带。此外，部分市场化程度高或者群众基础好、社会关注度高的项目也依托国家体育总局直属的项目中心单独出台了发展规划，比较有代表性的包括马拉松、户外运动、自行车等项目产业的国家级规划。

值得注意的是，经过近 10 年国家体育总局、国家旅游局等中央层面自上而下的规划布局和示范发展，目前我国区域体育产业规划布局涌现出一些有代表性的引导性政策和做法，如国家级体育产业示范基地（示范园区、示范单位、示范项目）、国家精品体育旅游线路与体育旅游示范项目、国家和各地纷纷兴起推进的体育主题特色小镇等，这些示范性政策的总体目标依然是通过政府自上而下的宣传鼓动和自下而上的遴选申报相结合，引导、鼓励和支持有产业资源优势的地方政府、体育机构和体育组织为体育产业健康持续发展提供要素支撑和资源支持。结合前述区域体育产业发展的亮点与增长极分布的情况，这些国家级示范项目也大量分布在了前述五大地域，这就为研究者以地域为观察节点开展调查研究打下了现实基础。

体育产业布局发展存在的主要问题。在取得巨大成绩的同时，笔者也注意到，当前我国体育产业规划和布局还不够成熟，体育产业规划的随意性和粗线条现象比较突出，地域布局规划中的产业结构趋同问题较为明显，数据指标的设定相对盲目，已经引起高度关注，研究者开始重新梳理和审视中国体育产业规划布局存在的各类突出问题，笔者认为，目前我国体育产业布局存在以下几个重要问题需要认真对待和逐步解决：（1）体育产业规划的牵头部门以体育行政主管机关为主，规划布局政策的协同性差；（2）不同区域体育产业布局相似度偏高，产业结构趋同现象日益凸显；（3）体育产业示范项目偏普及鼓励和概念包装，要素根植性不强，体育产业的可持续性较差；（4）区域内各类体育要素资源互动不足，协作效果不强，竞争性平衡问题尚未得到有效关注和解决；（5）部分地区的体育产业布局随意性大，企业和项目的市场认可度低、拉动体育消费效果不明显、经营的连贯性差。

五、我国体育产业布局优化的导向与实施策略

（一）我国体育产业布局的政策导向

尊重差异性，推动多元化。我国体育产业从高速增长转向高质量发展的本质是注重体育产业的内涵式发展，从夯实产业发展基础、协调产业发展利益出发，尊重不同省、市、区体育产业发展的差异性，并在此基础上推动体育产业的多元化发展。基于此，我国体育产业布局的政策设计与制度选择要充分体现因地制宜、因时而动的原则，

既强调区域体育产业资源特点和产业发展基础，突出稳定性和可持续性，又注重不同区域体育产业结构的差异性，培育和塑造适度差异化和多元发展的体育产业良性竞争合作格局。

引导热点区域的优先发展。紧密结合当前我国进一步开放发展的新战略格局，突出基于"一带一路"和"自由贸易区（港）"的体育产业开放发展潮流，围绕京津冀区域、长三角地区、粤港澳大湾区（内地区域）、成渝地区、海南自由贸易港等政策集中投放的先发地区，引导其试点布局新兴、时尚、科技含量足、国际化水平高的体育产业业态和项目，推动政策落地和项目生根，在培育示范效应的同时，努力促进热点区域体育产业的壮大发展，提高其对区域经济社会的贡献率，提升其融入宏观经济发展的能力。在上述基础上，渐次引导和扶持中、西部地区的梯度发展，充分考虑不同区域、不同细分产业门类增长速度和实际发展水准的差异，避免"一刀切"式的传统评价方式，合理界定特定区域、具体细分产业门类的增速和价值。

突出主导细分产业的战略位置。以不同区域体育产业发展基础和资源配置情况为基本依据和出发点，以区域体育产业统计数据为依托，明确区域细分产业的排位和主导产业门类，突出主导细分产业在区域体育产业增长中的引领带动和融合发展的力量。以上海市为例，根据《上海市城市总体规划（2017—2035）》和《上海市体育发展"十三五"规划》提出的"建设世界著名体育城市和赛事之都"的战略目标，上海市聚焦发展体育服务业，创新发展体育用品业，推动体育新兴业态发展。在体育服务业聚焦发展进程中，明确"以体育竞赛表演为引领，推动赛事运作的市场化；以健身休闲为基础，扶持培育'专、精、特、新'的专业健身休闲市场主体；以体育场馆服务为核心，场馆实现标准化、智能化、多元化；以体育总部经济为特色，提升上海全球体育资源配置能力；以体育中介市场为桥梁，形成若干家有国际影响力的体育中介组织；以体育培训为重点，发展各类体育培训业"。此后，结合上海打响"四大品牌"推动内涵式发展的新举措，上海体育产业借力"体育＋文化""体育＋服务""体育＋互联网""体育＋会展""体育＋旅游"实现融合发展和打造上海体育服务品牌的战略意图逐步落地。

形塑完整的区域体育产业链条与格局。通过整合区域体育产业资源，夯实组织和项目基础，我国正在形成先"自上而下"，又"自下而上"的四级（国家、省、市、区县）体育产业示范评价体系，初步构建了以"体育产业示范基地、示范企业和示范项目""精品体育旅游推荐线路"等为主线的体育产业竞合发展环境。下一步，要继续下大力气形成和塑造有特色、差异化的区域体育产业链条，不断完善和优化区域体育产业布局，形成各具特色、百花齐放的区域体育产业大格局。在此基础上，逐步推动体育产业梯度转移与均衡发展，形成以体育服务业为主导和侧重点的体育产业梯度发展新格局，推动我国宏观经济的梯度发展与均衡发展，缩小地区间体育产业发展的整体差距。

（二）我国体育产业布局优化的实施策略

改革"自上而下"的体育产业布局决策机制。回顾20多年来我国体育产业演进发展的历程，可以较为清晰地看到政府"自上而下"通过会议、文件、展览和审批挂牌产业基地、示范单位、精品线路等一系列举措力推体育产业发展的决策反应机制。在行业和产业资源高度集中的状态下，这些做法似乎是顺势而为的结果。然而，单纯依赖从中央到地方层层指令推动体育产业发展的做法，并不符合现代市场经济的规则，在很大程度上强化了体育产业的政策引致性扭曲，必须引起高度重视，通过制度改革和机制创新予以根本性扭转。

形成"自下而上"的体育产业布局驱动链条。从根本上讲，体育产业作为新兴、时尚产业，其服务性特征十分显著。现代服务业发展的经验和现实告诉我们："驱动—博弈—协调—共赢"的反应机制可以通过市场供求关系的博弈均衡相对完美地解决后发产业的发展问题。回到中国社会主义市场经济发展的现实环境，就是要通过市场自身形成和塑造体育产业的利益链条，成为驱动体育产业布局的原发性动力，在此基础上，再通过政策引导和扶持，培育出具有区域特征和中国特色的体育产业生态。

完善体育产业布局的利益协调渠道。通过体育产业规划引致区域体育产业发展是各地发展体育产业的基本模式。然而，现实中的"体育规划""体育产业规划""体育产业统计""体育消费调查"都来自从国家到地方的各级体育行政主管机关，而这些规划和调查统计的工作内容和结果，并不能直接作用于体育产业发展的现实，仅能达到为体育行政机关发出部门声音、表达政策期望、倡导和激励市场主体的效果。上述局面，固然是政府部门权利分割造成的，但更重要的是体育产业发展的诸多核心资源来自多部门共治格局之下，体育行政部门的政策文件需要多部门联动才能达到好的效果。此外，体育产业发展过程中的区域竞合与博弈，也需要一系列规划磋商和利益协调，才能达到规避产业结构趋同风险的目的。因此，完善体育产业布局的利益协调渠道和工作机制，是实现体育产业高质量发展的必由之路。

拓展体育产业布局的梯度转移路径。随着中国经济从高速增长转向高质量发展，我国区域体育经济发展的差距有望进一步缩小，体育产业在东部和中、西部地区间的梯度转移正在成为现实潮流。2019年3月13日，A股上市公司莱茵体育（000558.SZ）控股股东莱茵达集团与成都体育产业投资集团签署股权转让协议，上市公司实际控制权转归成都市国资委，这是中国资本市场上迎来的首次西部地区收购东部体育类上市公司的案例。尽管成都体投收购莱茵体育的运营目标尚未经过市场验证，却从一个侧面提供了体育产业跨区域转移的新例证，预示着体育市场风向正在悄然转变，区域体育产业布局发展面临很多新动向，尤其是体育服务业的梯度转移和资本运作正在走向立体化和成熟化。

2018 年 11 月，首届中国国际进口博览会在上海成功举办，进博会上的体育元素吸引了多方眼球：意甲球队国际米兰作为唯一的足球俱乐部参展；世界一级方程式锦标赛全球 21 站赛事齐聚亮相；英超联赛成为英国馆"体育日活动"的主打品牌推出……随着国际体育组织、俱乐部关注并参展进口博览会，体育板块也成为进口博览会服务贸易板块的一大亮点，中国体育产业的组织的出海道路和对外布局跃然眼前。2019 年 5 月 23 日到 26 日，第 37 届中国国际体育用品博览会在上海国家会展中心举行，作为中国唯一的国家级、国际化、专业化的体育用品展会，"体博会"是亚太区域规模最大、最权威的体育用品盛会，是全球体育品牌进入中国市场的捷径，也是中国体育品牌向世界展示实力的重要窗口。尽管有观察者尖锐地指出了体博会存在的"环境越来越好、人气越来越差"的现实问题，但在中国经济从高速增长转向高质量发展的关键节点，体育产业作为新兴、慢热的产业门类，依然需要"打基础、强组织、优布局"，实现渐进式增长。与会的清华大学公共管理学院院长江小娟对体育产业从稳中求进、踏上高质量发展之路表达了充分信心。国家体育总局副局长李颖川、总局经济司司长刘扶民分别谈了对未来一个时期我国体育产业高质量发展的愿景与期望：下一阶段，将以供给侧结构性改革为主线，结合体育强国建设，全面深化体育改革，积极落实各项产业政策、措施和规划，推动体育产业的高质量发展。上述展会生态专家观点和官员发言，集中体现了当前和今后一个时期我国体育产业高质量发展的市场环境和政策基调，为下一步体育产业高质量发展的组织创新和布局优化指明了新的方向。

第二节　体育健康产业结构

体育强国是新时期我国体育工作改革和发展的目标与任务，体育强国战略指明了我国体育产业发展的新趋势、新理念及新思路。在信息化与数字化背景下，体育与健康间的内在联系更加紧密，更加深入，进而促使我国体育产业在结构、趋势及机理上呈现出新的发展特征与特点，然而也面临着全新的挑战。《健康中国的规划纲要》中指出：要将推动全面健身与全面健康作为小康建设的保障，从横向统筹体育产业，不断推动我国体育产业的快速发展。

体育产业是推动体育文化蓬勃发展的基础，对体育工作起着重要的支撑作用，从我国当前的体育发展总体水平来看，体育产业依旧没有达到相应的产值水平。在《健康中国规划纲要》中，国家将全面健康与全面体育的理念相融合，重点指出体育发展的未来目标是全面健康，我国体育产业在此背景下发生了巨大的变革，既面临着巨大的发展机遇，又面对诸多的挑战。因此，为有效促进体育产业的快速发展，加快健康中国政策的有效落实，需要从体育产业结构特征出发，探寻出适合社会主义现代化发展的体育产业结构优化路径。

一、健康中国理念的发展内涵

2016 年国务院将健康中国的理论内涵进行了精准定位与深入诠释，重点强调要想全面实现小康社会，必须落实全面健康，将全面健康放在国家战略的高度，推动体育强国等政策的落实与发展。随后在《健康中国规划纲要》中，高度强调体育产业是推动全民健康与全民体育的前提与关键，同时也是实现小康社会的必要条件。而全面健康又与体育健身有着密不可分的内在联系，体育健身能够有效推动全民健康的快速发展，能够为全民健康提供媒介与渠道，奠定坚实的物质基础。因此全面小康、全民健康与全民健身的实现，应将体育产业作为市场经济的重要组成部分，推进健康中国政策的有效落实。从市场经济层面来看，我国逐渐进入了经济发展的新形态，传统的产业格局逐步从低端生产向高端制造转变。而科技创新、产业创新便是产业结构改革、市场经济增长的重要手段。因此将体育产业置于市场经济体系中，健康中国政策的持续发展与落实，能够有效提升体育产业的总产值，使体育产业逐渐成为国民经济的重要组成部分，进而在供给侧改革的背景下提升体育产业的核心竞争力，使其成为推动市场经济发展，适应新经济形态的产业。

二、体育产业结构的基本特征

我国体育产业结构虽然存在着不足，但在整体层面上却拥有一定的优势，明确新时代背景下的产业结构特征，能够更好地满足健康中国政策的发展需求，推动体育产业的长效发展。

产值结构。我国体育主产业在体育总产值的占比为 32%，然而相关体育产业的产值却可以通过以竞技性、观赏性为主的休闲体育来带动。根据体育产业的内容、形式及功能来划分，我国体育产业的产值主要来源于主体产业（32%）、相关产业（68%），其中主体产业又包括竞技体育（45%）、休闲体育（55%）两个类别。而在相关产业中，则包括体育用品销售与制造、赛事服务、休闲指导、俱乐部、体育场馆等产业。由此可见，在我国体育产业的产值结构中，销售产业与制造产业虽然占有一定的比重，但是以观赏体育、休闲体育为主体的体育产业却能够创造出更为丰厚的产值收益。在体育主产业中体育赛事可以通过体育旅游、体育纪念品及赛事直播等形式获得经济收益。与上世纪末的体育产业结构相比，我国体育产业的产值结构逐渐从体育用品销售与制造向休闲体育、赛事体育、观赏体育的方向发展，并逐渐成为体育产值的主要来源。

人力结构。我国体育产业中的人力结构具体表现在各领域专业人才的比例与分布状态上。而作为市场经济的驱动力量，人力资本对体育产业的蓬勃发展具有较为直接的影响。我国体育产业在早期发展的过程中，由于相关产业不发达，致使从业者分布不均，且主要集中在体育用品制造与销售领域。相关调查显示，1995 年底我国体育产业从业者约为 3 万人，其中制造业与销售行业占 69%，拉动了 1.34 亿元的体育产业产值。2000 年以来，我国体育产业得到快速的发展，休闲体育逐渐成为体育产业快速发展的"先头军"，人力资本结构从侧重于销售业与制造业的格局转向为体育服务业。根据 2016 年我国统计部门的数据统计，我国体育产业从业者中从事休闲体育、健身体育等工作的从业者分别占 47%、34%，其中休闲体育从业者所占比例加大，体育用品制造与销售领域占比缩减。但从整体数据角度来分析，我国体育制造业及服务从业者并未出现下降趋势，只是在体育产业比重上有所转变。

需求结构。我国体育的需求结构具体体现在社会大众的需求上，而需要对我国参与体育产业的人群结构进行划分。假如以社会大众的消费目标为依据，那参与形式不同的体育赛事便会形成完全不同的人群结构。譬如健身场所的会员通过使用会员卡，能够享受专业的指导服务与场所资源，在需求结构上属于服务领域，而购买服装器材等运动用品的消费者，则对制造业形成需求。目前，国民对体育产品的喜好通常会借助参与赛事活动或健身项目的方式呈现出来，简而言之，就是体育需求带动相关体育产业的快速发展，进而拉动体育产值的增长。但从体育项目参与人次的层面上分析，参与人次能够有效反映我国体育产业的需求潜力，如果参与人次较低，则体育产业的需求程度将动力不足，产业结构也相对较差。相关数据调查显示，我国在 2010 年参与休闲体育活动的人数约为 1.5 亿人，而与之相对应的体育用品制造产业的生产总值却同比增长了 23%，因此社会大众在对特定体育产业形成需求的过程中，也能拉动相关体育产业的发展。尤其在"体育强国"政策与现代文化的影响下，我国体育总产值得到快速发展，这与我国需求结构的变化具有密不可分的联系。从体育产业整体角度出发，休闲体育需求、制造业需求在需求结构中所占比例较大，约 45%，体育旅游、赛事直播等体育相关产业占比分别为 12%、15%，而体育主产业的需求却相对较小。由此可见，在需求结构层面上，我国体育产业结构呈现出休闲体育为主、体育主产业为辅的发展趋势。

三、健康中国背景下优化体育产业结构的路径

新时代背景下，我国体育产业结构逐渐得到了优化与完善，并且形成了良好的发展态势。然而根据健康中国的发展理念，我国体育产业应将重心置于全民健康与全民体育的层面上，以此提升体育产业的社会影响力与产值增长力。

拓展休闲体育产业的受众范畴。在健康中国的背景下，休闲体育与竞技体育能够有效提升全民健康的意识与动力，推动我国体育产业的整体发展。大力发展休闲体育产业，可以有效地提升全民健身意识，使社会大众逐渐形成体育健身的习惯，进而增

强身体机能、提升自身健康品质。目前，休闲体育产业所面向的消费人群，主要以城市白领阶层为主，由于消费较高，普通大众对休闲体育望而却步，取而代之的是居民社区中的休闲健身设备及设施。因此，为有效扩大休闲体育的覆盖面，激活休闲体育的市场活力，相关政府部门应将休闲体育与其他产业相融合，使休闲体育拥有其他产业所带有的娱乐功能、交际功能及业务功能。譬如在乡镇地区，可针对中老年退休群体的生活习惯，设置休闲体育活动中心，会费主要从养老金中扣除，从而在满足中老年群体社交需求的同时，提高自身的身体机能及健康水平。而在城市地区，休闲体育场所应逐渐吸引年轻人加入，使城市青年积极地参与到健身活动中。

加强体育产业与其他产业的联系。与西方发达国家相比，我国体育产业结构依旧存在诸多的不足，目前体育产业产值的来源主要以传统体育产业、休闲体育产业、体育直播产业为主，而与其他产业的融合程度、融合质量，则相对较低。究其原因在于我国体育产业在体育资源与发展路径上相对保守，难以与其他产业构建出相互关联、相互帮扶的合作关系。因此在健康中国的背景下，我国体育产业应与休闲旅游、通讯传播、网络媒体等产业建立联系，以此延伸我国体育产业的结构体系。譬如在赛事直播层面上，我国传统的赛事直播主要以电视媒体为主，并以转让转播权的方式来盈利。而在移动互联网快速发展的背景下，体育产业应与网络直播产业构建出紧密的合作关系，将国内外各大赛事的比赛情况渗透到手机直播平台中，并通过赛程播放、赛事分析等形式延伸体育产业的发展范畴。而在旅游层面上，相关部门应将一些比赛基地安置在风景秀丽、充满人文色彩的旅游景区，从而在重大赛事后促进相关的旅游景点成为游客观光旅游的首选之地。

增强体育服务产业的服务功能。目前，我国体育服务业主要集中在健身场馆、游泳馆等实体休闲体育领域，在信息化领域依旧处于空白。因此，为有效提高体育服务业的发展质量，提升国民的健身意识，推动健康中国政策的持续发展，需要从体育服务业的类别、内容及作用机理等角度出发，将服务重心置于社会大众，以社会大众的心理认知规律为依据，构建出形式多样、内容丰富的运动类 APP 软件。譬如将"健身指导"融入运动类 APP 软件中，社会大众便能在专业的指导下，开展形式多样的休闲健身活动，如健美操、武术等。同时，此类软件能够有效帮助国民形成终身健身意识及能力，使国民在软件内置的任务系统、排行系统的引导下，开展相应的体育健身活动，进而改变传统的健身理念与消费观念，真正地推动体育产业与相关产业的发展。除此之外，提升体育服务产业的市场竞争力能够间接地促进全民健康理念的发展，使健康中国理念得到更好、更有效的落实，在体育强国的政策指引下，吸引更多的社会大众参与到体育健身活动中，激发体育产业在社会经济中的市场活力。

在健康中国的背景下，我国体育产业面临着全新的机遇与挑战，因此相关政府部门必须将工作重点置于全民健康的方向上，通过结合我国体育产业在产值结构、需求结构及人力结构层面的特征及特点，明确健康中国的发展理念。拓展休闲体育覆盖范围、加强体育产业与其他产业的内在联系，提升体育服务业的服务功能的形式，优化现有的体育产业结构，使我国体育产业得到更快、更好的发展。

第三节 体育健康产业政策

运用文献资料、访谈、对比研究等方法，采用治理方面的相关理论对中国体育产业政策的变迁进行研究。根据治理理论将体育产业发展划分为积淀期、探索期、泉涌期三个阶段。研究发现，体育产业政策主体由一元治理主体向多元治理主体的演变、体育产业政策权利主体的集权向分权的演变、体育产业政策由人治向法治的转变、体育产业政策逐渐由旧思想向新思想的转变。研究旨在通过治理视角对中国现有体育产业政策进行一定的梳理总结，为今后体育产业政策的颁布实施提供理论依据。

近期，以习近平总书记为首的党中央提出经济发展的"新常态"得到广泛的关注，新常态的出现是我国经济发展转型的重要转点，是摒弃以往仅以国内生产总值的增长作为经济发展主要衡量依据的一元模式，转而聚焦于经济结构转型升级、生产率提高和创新的多元模式的转变。体育产业作为第三产业的重要组成部分，在经济结构转型过程中起着重要作用。随着我国社会、经济的高速发展，国民的价值观念和行为方式发生了根本性的转变，体育的产业价值逐渐显现。体育产业不仅可以满足人民物质、精神层面的需求，提高人民身体素质、改善民生，而且可以拉动内需、增加就业岗位，作为新的增长点为国家经济转型提供必要支持。《国务院46号文件》《中国足球改革发展总体方案》等政策的相继出台，标志着国家在顶层设计的层面给予体育产业的发展以政策上的巨大支持，同时反映出我国政府对体育产业发展的重视。

20世纪90年代以来，在西方学术界，特别是在经济学、政治学、管理学领域，"治理"一词十分流行，主要是因为随着社会的发展，社会组织、团体、企业、个人等民间因素在公共生活领域扮演角色逐渐增大，对政治权利的渴求度、公共生活的影响力度逐渐加大，政府已无力利用行政职权对公共生活领域进行集权式管理。在此形势下，理论界开始重新定位市场与政府、社会与政府之间的关系，以期形成一个政府、市场、社会对公共事务共同管理的和谐渠道，在此情形下，治理理论应时而生，合理的解决权利关系，提出了治理的转变是一种由统治—善政—善治的渐进式过程，形成一种政府管理与社会自治相结合、政府主导与社会参与相结合的社会管理和公共服务体制，最大限度调动其积极性，最终达到具有合法性、法制、透明度、责任制、回应、有效、参与、稳定、廉洁、公正的善治状态。

治理理论的提出，为分析问题提供了可靠的理论依据，本节将在体育产业发展的大背景下，运用治理理论由统治—善政—善治三阶段的演化过程，对体育产业政策按照时间维度进行一定梳理，探寻体育产业政策发展方向，为今后体育产业政策的提出提供相应理论支持。

一、我国体育产业政策形成的"积淀期"：政府对体育事业的统领阶段

新中国成立之后，国家经济实力、国防建设、外交地位等方面相对落后，使新成立的国家政权无法得到世界各国的关注，体育作为一个能够"提升国际形象、增强民族凝聚力、强化民族意识"的工具，得到了党中央、国务院的高度重视，使体育在新中国所占的社会地位得到空前提升。1952 年，毛泽东主席在第二次中华全国体育总会中发出"发展体育运动，为生产和国防服务"的号召，为新中国体育的发展定下了总体基调。党中央任命贺龙元帅主管体育，沿用苏联体育发展模式，由国家统一对资源进行调配，统筹安排各项体育事业的发展。在此发展模式下，体育出色地完成了阶段性发展任务，在竞技体育方面，1956 年陈镜开成为中国首个打破世界纪录的运动员，1959 年容国团获得了在多特蒙德举行的世乒赛冠军，并于同年 9 月在北京举办了第一次全国运动会，近 8 000 名运动员创造了史无前例的好成绩。直至 20 世纪 70 年代，以乒乓球为首的许多项目已经跻身世界一流行列；在群众体育方面，国家一直将增强人民体质作为体育发展的首要目标，1951 年国家颁布第一套广播体操，并逐次完善，使其成为简单易行，适宜广大人民群众的健身活动，并依据国情，推行适宜广大工人阶级特点的"工间操"，方便工人在工作之余进行健身活动，保证生产质量。1954 年推行"劳卫制"的体育制度，以服务与当时的政治环境，并于 1960 年总结出"业余、自愿、因地、因时、因人制宜"的体育运动活动准则。

在这一时期，由于国家刚刚获得民族独立，经济的发展水平相对滞后，国内外政治局势仍有波澜，同时受到封建残余气息的侵袭，在此情况下，体育事业的发展主要依靠政府的权威和权利，以社会公共机构作为统治主体，通过自上而下的权利导向，对公共资源进行优化配置，社会参与度较低。造成这种现象的主要原因有：首先，当时处于计划经济阶段的中国，错误地将市场经济归类为资本主义的产物，抛弃了市场规律，单纯地使用计划模式对体育事业的资源进行配置；其次，由于国家初建，社会组织、企业、个人并未形成一定规模，无法完成国家"还政于民"的任务；再次，并未形成健全的法律体系，《体育法》尚未形成，国家的参与机制、回应机制、责任机制尚未成熟，社会组织无法有效的参与到体育治理之中；最后，在当时国家积贫积弱的情况之下，统筹安排，是体育事业获得较好较快发展的较好途径。在这一时期，"体育产业"尚未出现，但是，不可否认，国家经济实力的积聚、统筹下社会组织的形成与

发展、群众的开化程度以及对权利可求程度的不断提高等，为后续体育治理的形成奠定了基础。

二、我国体育产业政策发展的"探索期"：体育产业发展的善政扶持阶段

善政，顾名思义就是良好的统治，在中国传统历史中，善政就是官员的清正、廉明，各级官吏可以向父母一样热爱自己的子民，没有私心和偏爱，更加抽象地说，善政的内容包括以下几个方面：严明的法度、清廉的官员、较高的行政效率、良好的行政服务等，只要有政府的存在，善政就是公民对政府始终的期望。

体育产业的善政扶持阶段始于改革开放，随着国家经济体制逐渐由计划模式向市场模式过渡，体育事业的发展模式也逐渐发展改变，20 世纪 80 年代的初探期，政府逐渐由对体育事业的大包大揽改为适当放权，在党的领导下将"有实力""有基础"的项目转交给社会组织进行运作，直至 20 世纪 90 年代，国家对体育产业的概念进行了界定，并对体育彩票、体育旅游、体育表演、体育咨询、体育培训等体育业态逐步实现放开，促其发展，并给予社会更多的权利保障，但在法律滞后、政府干预过强、信息不对称、透明度较低、公平性、利益分配等因素的影响下，造成社会组织没有足够的权利参与到体育事业建设当中，造成责权失衡，最终使其失去应有活力，无法完成国家赋予的使命。

（一）我国体育产业政策发展的"萌芽期"

我国体育产业形成的政策背景。1978 年 12 月在京召开十一届三中全会，决定将党的工作重心转移到经济建设中去，确立解放思想、实时求实的思想路线，提出了对过分集中的经济管理体制进行改革的重大措施。拉开了我国经济体制改革的序幕，我国经济体制由过去"传统的计划经济体制"转变为以"计划经济为主，市场调节为辅"的经济发展模式，进而发展为"社会主义有计划的商品经济"的模式。

随着国家经济体制的改革，体育的经济功能逐渐引起国家的重视，并在顶层设计层面给予体育产业一定的支持，使其形成以国家政策为依托，以社会组织，"有实力""有条件"的项目为载体的机制，使其通过自身的运营产生一定量的经济效益。

我国体育产业政策方针的提出。1979 年 9 月，国务院同意由国家体委、国家旅游局共同申报的《关于开放山区、开展国际登山活动的请示》，并做出批示，凡来华进行登山、探险、攀岩的外国运动团队需经过国家体委批示，对于开放山峰的旅游收费标准由国家体委根据国家旅游局、国家物价局的相关意见最终确定，收入主要用于我国登山事业的发展，避免把开放山峰搞成纯商业性质。该请示是我国利用自身环境优势，

颁布的第一个通过体育经营活动获得经济收益的规章政策。1981 年 4 月，国务院批准《国家体委关于省、自治区、直辖市体委主任会议几个问题的报告》。报告中指出，在体育事业发展的大好形势下，为了迎接 1982 年亚运会、1984 年奥运会的到来，由国家给予大量人力、物力、财力，群众积极参与，形成政府、社会、个人共办体育的良好局面，这一报告的提出为今后体育治理体系的现代化的形成提供了雏形。1983 年 8 月，国家体委发布《关于对群众自办武术馆和私人教拳加强管理的通知》，各地社会组织经武术协会审核之后可以建立经营性武馆。随后国家又相继对体育场馆、群众性体育竞赛、体育运动队等方面进行了政策扶持，规定在保障其基础运营的情况下，进行适当的经营运作，适当收费，广开财路，以弥补体育事业经费的不足。

（二）体育产业政策发展的"全面推进期"

产业政策发展的背景介绍。1992 年，邓小平南行时发表重要讲话，计划和市场的区别不是资本主义和社会主义的区别，资本主义可以有计划，社会主义也可以有市场，计划和市场只是两种经济手段。中共十四大再次明确，经济体制改革的模式是正确处理计划与市场的关系，将两者有机结合，建立社会主义经济体制的目标模式。

第三产业作为社会主义市场经济体制转型的重心，具有十分重要的作用，1992 年在国务院下发的《关于加快发展第三产业的决定》明确指出第三产业作为经济体制改革的重要环节，具有投资少、收效快、效益好、就业容量大等特点，体育产业作为第三产业的重要部分，更好更快地发展具有十分重要的意义。在此契机下，红山口会议对足球职业化的改革为体育产业改革拉开了帷幕，国家接连对三大球、乒乓球等我国优势项目进行了职业化改革，并对体育彩票、竞赛表演，项目管理、财务捐助、社会办学等多方面进行了规范，并于 1993 年明确界定体育产业概念为体育产业政策后期的全面推进提供基础。

全面发展期体育产业政策的提出。1993 年 5 月，国家体委颁布《关于深化体育改革的意见》，明确界定体育产业概念，提出若干政策措施促进体育产业进程的发展，同时规范竞赛表演业、竞赛组织业，该《意见》的提出标志着我国体育产业政策的全面起步。1994 年，国家对体育彩票的销售和发行体制进行了完善，并成立了体育彩票管理中心，为今后体育彩票的资金筹集提供了组织保障。1995 年 6 月，《体育产业发展纲要（1995—2010）》提出争取用 15 年左右的时间，逐步建成门类齐全、结构合理、规范发展的体育产业体系。1996 年 3 月，全国人大八届四次会议上指出，形成国家与社会共同兴办体育事业的格局，走社会化、产业化道路，并于本年体委颁布《关于进一步加强体育经营活动管理的通知》中对体育经营者从业规范进行规定，坚决取缔非法体育经营组织。1998 年国家体育总局发布《全国水上项目体育经营活动管理暂行规定》，从经营、审批、体制等几个方面对水上运动经营场所进行有效管理。

随着我国体育产业政策的逐步放开，1993年起，体育产业政策的颁布进入了全面发展期，国家一改以往仅以单项体育项目作为改革试点的阶段性政策，转而扑向更适于市场开发的全面型发展策略，产业政策的颁布更加宏观化，同时为了保障体育市场的健康发展，对体育经营者的规范政策逐渐增多，严格准入、经营、审查制度，以保障体育市场健康有序的发展。

（三）体育产业政策发展的"阶段缓冲期"

2001年7月13日，我国获得2008年北京奥运会的举办权之后，体育工作的重心迅速发生倾斜，由最初以群众体育为核心迅速向以竞技体育为核心转变。国家希望借此百年之机，举办一届史上最成功的奥运会，顺利完成政治、经济、社会、文化等方面的预期目标，在此驱动下，国家迅速举全国之力投身于奥运周期发展建设之中，树立"以奥运为核心，带动其他周边产业发展"的发展观，竞技体育作为撬开整个奥运发展战略的钥匙，具有十分重要的意义，正所谓"竞技兴、奥运顺、产业旺"，可见，竞技体育的发展在整个奥运周期发展规划中占有十分重要的地位，竞技体育的强盛，不仅可以彰显国家实力，增强民族自豪感，而且可以间接拉动各产业的发展，为国家创造巨额经济财富。在这一时期，竞技体育政策的发展成为主流，体育产业政策的发展则进入"蛰伏阶段"，在这一阶段，体育产业政策发展的趋势主要是在保持原有政策有效发展的前提下，根据现有情况的改变和发展，对产业政策进行优化升级，使其更有效地适应当前产业结构的要求。

（四）探索期政策方针提出的治理评述

法治。法律作为规定全体公民的行为准则，在法律面前具有人人平等的特性。在体育产业政策的探索阶段，体育法治的发展也处于起步阶段，1995年《体育法》的颁布结束了"无法可依"的局面，但由于其法律尚未完善，假球、赌球、兴奋剂、阴阳合同等问题屡禁不止，如何实现体育的善治，法治是其基本要求，没有健全、合理、公平、有序的法律制度，体育善治的形成将变成一纸空文。

透明性。透明度即是信息发布的公开度与对称度。作为体育社会组织、团体、个人，信息的透明度直接影响着组织及个人的利益关系，同时信息的公开和对称，有利于社会组织对体育政策执行者行使公共管理的过程进行监督。可以说透明度的高或低，直接影响体育善治的成与否。

参与度。善治的实质是更多的权利归向社会组织，国家在顶层设计层面给予社会组织政策扶持、行为监督、总体筹划，社会组织、企业、个人在国家的扶持下负责具体事务的执行，在体育产业的探索阶段里，体育产业政策的颁布已由国家占统治地位改为支配地位，增加各社会组织、团体、个人对体育事业的参与度，但由于计划体制的影响无法彻底摆脱，在产业政策实行过程中仍存在一支独大的局面，造成了社会参与度较低，无法完成国家赋予的其他任务，降低了社会参与的积极性，如果没有社会组织的参与与合作，善治则无从谈起。

公正。公正主要指各社会组织无论阶层、文化程度、资产程度，资历的差异，都要同等享有政策执行过程中的公正原则。

三、我国体育产业政策发展的"泉涌期"：体育产业发展的善治探索阶段

政策背景。2008 年北京奥运会后，中国奥运代表团获得了历史性的突破，取得了金牌榜第一的好成绩，在成绩的背后，引发了中国由"体育大国"向"体育强国"观念转变的思考，在竞技体育层面，中国体育在足、篮、排、田径、游泳等市场化、参与度较高的项目中实力较弱，主要原因是政府在市场行为中的过渡干预。2013 年 11 月十八届三中全会通过了《关于全面深化改革若干重大问题的决定》，在经济体制层面明确提出，经济体制改革是全面深化改革的重点，其核心问题是如何处理好政府和市场的关系，使市场在资源配置中起决定性作用和更好地发挥政府的作用。在此背景下，如何更好地处理政府、社会组织、企业、个人的关系成为经济体制改革的关键。《关于加快发展体育产业促进体育消费的若干意见》的印发，不仅总结我国体育产业过往发展存在的问题，并为今后体育产业的发展提出目标任务，指定政策措施。

本时期体育产业政策的提出。2010 年 3 月，国务院下发的《关于加快发展体育产业的指导意见》。提出了体育产业的发展对人民群众身体素质与社会和谐发展具有重要意义。并提出了体育产业的发展目标与方针，为体育产业发展的新时期提供可靠的发展依据和明确的发展方向。2012 年 5 月，国家体育总局发布《关于鼓励和引导民间资本投资体育产业的实施意见》。为民间资本更好地进入体育产业行业提供政策支持，此《意见》的提出不仅是为了响应国家鼓励、支持、引导民间资本进入市场的号召，而且是为了推进体育产业主体的多样化，为创造公平、竞争、合法、有序的体育产业市场环境创造有利条件。2014 年 10 月，国务院印发《关于加快发展体育产业促进体育消费的若干意见》，《意见》提出体育产业发展至今虽取得巨大成就，但在成就的背后存在着体制机制滞后等问题，并以体制机制为核心，提出了体育产业发展的目标、任务，并制定了保障任务顺利完成的政策措施。2015 年 3 月，《中国足球改革发展总体方案》的颁布，标志着足球的又一次重大改革，本次改革将对我国现有足球管理体制进行一次彻底变革，推行"政社分开、政企分开、管办分离"，加快了体育行业协会与行政机关的脱钩，同时本次改革还对俱乐部、后备人才培养、校园足球等各个具体方面进行了规定。

四、善政通向善治，体育产业政策发展的治理评述

体育产业政策一元治理主体向多元治理主体的演变。体育的一元治理，即是治理主体的一元化，所有权利统归于最高权力主体，这种治理体系的形成具有其独特的政治背景。由于权利高度集中于顶层，下级机构极少参加顶层决策，即使下级组织能够参加顶层设计，也受到从众效应的影响，而无法真正行使权利，最终无法发挥"群策群力"效应，扼杀人们积极性、创造性，造成管理水平低下。随着社会发展，社会团体对其在体育治理中所扮演的角色要求逐渐提升，他们要求获取更多的权利，在这种情况下，民间组织不断涌现，并得到政府认可。政府在顶层设计层面加强对社会组织的检测与管理，社会组织通过其自身"小、快、灵"的优势及时把握市场动向，分担原有政府管理任务，最终形成了党组织、政府、企业、社会团体、个人共同治理的多元权利主体的局面。

体育产业政策权利主体由集权到分权的演变。治理主体的一元化必将导致权利的过于集中，过度集权在造成腐败的同时，严重影响着社会组织健康有序的发展。国家需要社会组织承担义务的同时赋予其等量的权利，实现责权对等，进而更好地通过借助个人、社会组织、企业的力量实现国家领导目标。在一元发展模式下，政治、经济、社会领域由政府把控，社会组织很难得到相应权利，以至于社会组织发展缓慢，无法跟上治理潮流，随着多元治理的出现，国家将部分社会权力移交社会组织，给予其独立发展的政策环境。赛事审批权的放开，标志着民间组织在未经审批的同时也能举办相应的体育赛事，政策的颁布，大大激发了民间办赛的热情，为体育产业的发展注入了新鲜活力。可见，从集权到分权的转变是社会组织迈向自治的重要一步。

体育产业政策由人治向法治的转变。我国是一个具有五千年历史的泱泱大国，虽然在我国历史中，各个朝代都有着一套维护本朝代运行的法律制度，但每个朝代都有"法不责君"的隐形规定，换言之，当法律无法涉及每一个人的时候，法律就失去了其本应有的意义。我国历史一直以来是一个"人治为主，法制为辅"的社会，新中国成立以后，由于对法制缺乏必要的认识，最终造成一些严重的错误。改革开放后，国家开始强调"法制""依法治国"等，并长期将"民主""法制"放于同等重要的地位。自从新中国成立以来，我国体育事业的发展长期处于"无法可依"的局面，仅由上层领导的主观判断或借助与体育法律相关法律领域判断体育事件发展的正确与否，直至1995年《体育法》的颁布才结束了这段历史，但就近年来体育事业发展出现的问题来看，体育法律仍需不断完善，最终形成覆盖范围广、公平公正、量裁适度的法律保障体系，达到依法治体的理想状态。

体育产业政策中旧思想向新思想的转变。进一步解放思想，冲破旧思想的束缚。

思想是改革之眼，随着社会环境的不断变化，原有思想将成为阻碍新思想产生的壁垒，如何破除不合时宜的旧思想，更好地提出新的见解和意见，打破传统和教条，成为解放思想、实事求是的关键。体育产业作为第三产业的重要组成部分，更接近市场行为，由于市场环境瞬息万变，如何更好地适应市场环境改变现有思想观念，关键在于看此种思想是否有利于体育产业健康有序的发展，只要是促进体育产业发展的新思想、新观念，都应该获得我们的尊重、认可。

　　改革开放以来，体育产业政策的制定颁发逐渐走向科学化，本节认为体育产业政策的制定应逐渐走向多元，并实现国家权力由集权向分权的过渡，以法治体、依法兴体，最终达到体育产业政策颁发的合理有效。

参考文献

[1] 曲宗湖，杨文轩.学校体育教学探究 [M].北京：人民体育出版社 .2000.

[2] 李元伟.科技与体育—关于新世纪体育科学技术发展问题 [J].中国体育科技，2002，38（6）：3-8，19.

[3] 徐本立.运动训练学 [M].济南：山东教育出版社，1990.

[4] 王智慧，王国艳.体育科技与体育伦理辨析 [J].体育文化导刊，2016，7（6）：146-148.

[5] 曹庆雷，李小兰.前沿科技与体育 [J].山东体育科技，2004，26（1）：37-38.

[6] 董传升."科技奥运"的困境与消解 [M].沈阳：东北大学出版社，2004.

[7] 张朋，阿英嘎.科技与体育的对话—利弊述评 [J].福建体育科技，2015，34（4）：1-3.

[8] 谢丽.从奥运会比赛成绩看运动器材的变化 [J].体育文史（北京），2000，7（4）：52-53.

[9] 杜利军.奥林匹克运动与现代科学技术 [J].中国体育科技，2001，8（3）：6.

[10] 于涛.从哲学角度再认识身体对揭示体育本质的意义 [J].上海体育学院学报，2008，7（3）：18-20.

[11] 张洪潭.体育的概念、术语、定义之解说立论 [J].西安体育学院学报，2006，8（4）：1-6.

[12] 张庭华.走出体育语言——从语言学界的共识看媒体体育语言现象 [J].体育文化导刊，2007，10（7）：50-53.

[13] 黄聚云.从哲学角度再认识身体对揭示体育本质的意义 [J].2008，9（1）：1-8.

[14] 爱德华·萨丕尔.语言论 [M].北京：商务印书馆，1985.

[15] 于涛.体育哲学研究 [M].北京：北京体育大学出版社，2009.

[16] 董文秀.体育英语 [M].北京：人民体育出版社，2009.

[17] 伊恩.罗伯逊.社会学（下）[M].北京：商务印书馆，1991,.

[18] 汪寿松.论城市文化与城市文化建设 [J].南方论丛，2006，12（3）：101.

[19]R.E.帕克.城市社会学 [M].北京：华夏出版社，1987.

[20] 乔尔.科特金.全球城市史 [M].北京：社会科学文献出版社，2006.

[21] 卢元镇.体育社会学 [M].北京：高等教育出版社，2001.

[22] 乔治.维加雷洛.从古老的游戏到体育表演 [M].北京：中国人民大学出版社，2007.

[23] 王祥荣.生态与环境——生态可持续发展与生态环境调控新论 [M].南京：东南大学出版社，2000.

[24] 郑杭生.体育学概论新编 [M].北京：中国人民大学出版社，1987.

[25] 周爱光.体育本质的逻辑学思考 [J].武汉体育学院学报，1999，6（2）：19-21.

[26] 熊斗寅."体育"概念的整体性与本土化思考：兼与韩丹等同志商榷 [J].体育与科学，2004，18（2）：8-12.

[27] 王春燕，潘绍伟.体育为何而存在：20 世纪 80 年代以来我国体育本质研究综述 [J].体育文化导刊，2006，15（7）：46-48.

[28] 宋震昊."体育"本体论（二）：体育概念批判 [J].南京体育学院学报：社会科学版，2006，9（3）：1-6.

[29] 胡科，虞重干.真义体育的体育争议 [J].南京体育学院学报：社会科学版，2010，14（4）：59-62.

[30] 张军献.寻找虚无上位概念：中国体育本质探索的症结 [J].体育学刊，2010，6（2）：1-7.

[31] 崔颖波."寻找虚无的上位概念"并不是我国体育概念研究的症结：与张军献博士商榷 [J].体育学刊，2010，6（9）：1-4.

[32] 何维民，苏义民."体育"概念的梳理及匡正 [J].武汉体育学院学报，2011，14（3）：5-10.